나는 시민이다

나는 시민이다

그리스와 로마에서 만나는
최초의 시민들

김헌 김기영 이윤철 최자영
김경현 김남우 성중모 박민 지음

아카넷

이 책은 2019년 대우재단의 지원을 받아 〈그리스와 로마에서 시민으로 사는 것〉이란 주제로 8회에 걸쳐 진행된 정암학당 고전인문학강좌를 바탕으로 씌어졌다.

19세기 중엽 프랑스의 정치가이자 사상가였던 알렉시 드 토크빌은 《앙시앵 레짐과 프랑스 혁명》이란 책의 서문에서 혁명이 가져온 가장 중요한 변혁에 대해 이렇게 썼다. "자유만이 시민들을 고립상태에서 벗어나게 하여 (…) 공통의 관심사를 실행에 옮기기 위해 서로 상의하며 (…) 그들 옆에 언제나 조국이 있음을 깨닫게 한다." 전제적인 구체제에 억압되었던 인민이 자유로운 시민들의 연대, 즉 시민사회로 전환하는 이 국면을 우리는 통상 근대화의 요체로 인식한다. 주지하듯, 대한민국은 1980~1990년대부터 비로소 본격적으로 그 변혁을 겪어 왔다.

그런데 기원론적으로 보면, 시민이라는 개념과 그에 기초한 공동체는 이미 그리스-로마적 고대에 그 원형이 있었다. 특히 고전기의 그리스와 로마 공화정기의 정치체(polis 혹은 civitas)가 그것으로, 권리와 의무, 곧 참정권과 전사로서의 의무를 공유하는 시민들의 공동체였다. 정암학당이 강좌명을 〈그리스와 로마에서 시민으로 사는 것〉이라 정한 것은, 이제 우리 모두가 일상적으로 체감하는 시민 사회의 경험을 고대적 원형과 견주어 보려는 뜻에서였다. 그에 비해 간결한 책 제목 '나는 시민이다'는 지금, 여기와의 연관을 의식해, '좀 덜 낯설게 하는' 효과를 겨냥한다.

이 책은 크게 그리스의 시민들(1부)과 로마의 시민들(2부)로 나뉘며, 각각 4편의 글로 구성된다. 시민공동체에서 최대 관심사가 기본적으로 공영역에서 시민의 권리와 의무를 규정하는 문제였던 만큼, 사적 영역(가정의 구성과 의식주 등)의 비중은 상대적으로 작았다. 이 책도 단 한 편만을 그에 할애한다. 박민음의 〈도무스, 빌라, 인술라〉(8장)가 그에 해당하며, 로마 시민의 여러 가지 주거형태를 다룬다. 도시에서는 세 형태, 즉 상류층의 저택(도무스)과 '별장주택', 그리고 요즘 한국의 '빌라'와 흡사한 서민공동주택, 즉 인술라가 확인되며, 한편 농촌에서 전형적인 형태는 주거 및 농경에 필요한 여러 부속 건물들로 이루어진 복합시설, 말 그대로 로마식 '빌라'였다.

나머지 일곱 편은 공영역에 관련되며, 크게 두 부류이다. 하나는 '시민은 누구인가?'의 문제를 설명하는 다섯 편으로, 시민의 생득적 혹은 귀속적 자격 및 권리와 의무, 나아가 그것들의 역사적 추이를 논의한다. 다른 두 편은 축제라는 특별한 시기와 공간에서의 시민 활동의 양상을 다룬다.

이윤철은 〈파레시아, 모두가 말할 권리〉(3장)라는 제목이 보여주듯, 공적 공간에서 시민의 권리들 가운데, 연설의 자유(파레시아)를 특히 강조한다. 광장(agora와 pnyx)에서 열리는 민회, 평의회, 법정에서 의사결정과 재판에 참여할 권리 외에, 특히 의제에 대해 발언할 수 있는 자유가 중요했다는 것이다. 비록 그리스가 아니라 로마의 사례이지만, 김남우의 〈설득의 정치가, 키케로〉(6장)는 시민사회에서 연설의 정치적 중요성을 잘 보여준다. 변론과 탄핵의 부문에서 키케로의 연설문들 가운데 각각 두 개씩이 소개된다. 법정 데뷔 케이스였던 로스키우스 변론(기원전 80년), 베레스 탄핵연설(기원전 70년)과 카틸리나 탄핵연설(기원전 63년), 그리고 무레나 변론(기원전 63년)이 그것이다. 한편 최자영의 〈누가 결정하는가?〉(4장)는 고대 아테네 사회에 대한 현대의 오해를 여섯 가지로 적시하고, 아울러 민주정치는 직접민주정치인가 대의 간접민주정치인가의 이분법적 담론을 지양해야 한다고 말한다. 고대 아테네에도 의회나 장관 등 대의정치가 있었으나 그 공직자에 대한 감시 처벌권은 민회에서 민중이 직접 행사했다는 것이다.

김경현의 〈나는 로마 시민이다〉(5장)와 성중모의 〈로마법, 국가 아닌 시민의 법〉(7장)은 시민권의 횡단면(즉 절정기의 양상)과 종단면(역사적 전망)을 함께 다룬다. 김경현은 로마 시민의 특권과 의무(납세 및 군역)를 설명한 뒤, 도시국가에서 제국으로 팽창함에 따라 시민권이 비시민(심지어 해방노예)에게 개방되는 과정을 개관한다. 성중모는 시민공동체가 공유하는 가치의 구현일뿐 아니라 형식적 합리성의 화신이란 점에서 로마인의 법의 발명을 '신들이 내린 축복'이라 역설한다. 특히 재화에 대한 개인의 권리를 둘러싼 다툼을 공권이 중재하면서 축적된 사법ius privatum의 체계야말로 로마법의 진수이다. 그러기에 중세와 근대의 유럽 대륙에서 로마법을 계수해 법학이 발전하고, 이윽고 그 파장이 동아시아에까지 미치게 되었다는 것이다.

김헌과 김기영은 축제라는 시민의 공적 활동의 국면에 주목한다. 먼저 김헌의 〈아테네의 축제와 시민으로서의 삶〉(1장)은 월별, 절기별로 중요한 아테나이의 축제들을 열거하면서, 각각의 축제가 어떻게 아테나이의 계층 간 긴장의 해소, 공동체의 통합, 망자 추모, 나아가 작물의 재배와 수확 등 자연의 리듬에 연관되는지를 설명한다. 그는 특히 대-디오뉘소스 축제를 중시하는데, 김기영의 〈그리스 비극과 시민 교육〉(2장)은 그 축제의 백미라 할 비극 공연을 상세히 해설한다. 비극 작품들은 대체로 인간의 지식과 의지 그리고 신들의 뜻 혹은 운명 사이의 긴장으로, 바꿔 말해 휘브리스(오만)와 네메시스(응징)의 형식으로 전개된다고 한다. 그런 의미에서 비극 작품의 메시지를 해석함에 있어서 너무 폴리스의 정치적 현안과 연관짓는 것은 부적절하다고 경고한다. 덧붙여 아테나이의 3대 비극 작가의 대표작을 하나씩 소개한다.

이 강좌를 기획한 정암학당과 다른 일곱 분의 강연자들을 대신해, 이 책이 모쪼록 서양의 고전과 현재 대한민국의 시민 대중이 의미 있게 접속하고 대화하는 계기가 되길 기원한다.

2021년 12월
고려대 명예교수 김경현

차례

일러두기

고대 그리스어의 우리말 표기는 전체적으로 통일하지 않고 지은이 각자의 표기 원칙에 따라 각 장마다 다르게 편집했다. 예를 들어, 그리스의 지명 아테네를 지은이에 따라 아테나이로 적는 것을 허용했다.

1부

/

그리스 도시국가의
활기찬 시민들

축제

비극

자유

민주주의

1

아테네의 축제와
시민으로서의 삶

축제

김
헌

"아테네의 축제와 시민으로서의 삶"이라는 주제와 관련해서 '시민'이라는 말의 의미에 유념해야 한다. 고대 그리스에서 시민의 조건이 굉장히 제한적이었기 때문이다. 따라서 당시의 시민적 삶에 대한 탐구가 오늘날에 어떻게 적용될 수 있을지, 고민이 필요하다. 잘 알려져 있듯이 아테네에서 시민은 특권과 같았다. 우리와 비교하자면, 독자 여러분 중에 절반 이상은 당시 아테네에서는 시민이 아니었다. 여성과 19세 이하의 사람은 시민에서 빠지기 때문이다. 19세가 넘는 남자라도 노예거나 외국인인 경우, 그리고 부모 중 한 명이라도 아테네 이외의 지역 출신이면 시민이 될 수 없었다. 아테네의 인구는 수백 년 동안 평균적으로 10만 명 내외였고 많을 때에는 30만 명 정도였다고 하는데, 시민의 조건이 까다롭다 보니 실제 시민의 지위를 가진 인구의 수는 2만에서 3만 정도에 불과했다. 어떻게 보면 서양의 역사는 그렇게 제한적이었던 시민의 범위가 점점 넓어지면서 모든 사람이 시민의 권리를 인정받는 과정이었다고 볼 수 있다. 그래서 이 글에서 '시민'이라는 말이 19세 이상 아테네 출신 남성에 제한된다는 것을 염두에 두어야 한다.

다음으로 당시 축제들의 성격이 종교적이었다는 데 주의해야 한다. 고대 그리스에는 신과 무관한 축제는 없었다고 보아도 좋을 정도다. 우리에겐 흥미로운 옛날이야기로 느껴지는 신화들은 그리스인들에겐 세계관이자 가치관이며 종교이자 진리였고, 그들은 축제의 순간에도 언제나 신이 함께한다고 생각했다.

따라서 이 글은 이러한 인적 구성에서의 제한과 오늘날엔 일반적이지 않은 종교에 대한 사람들의 태도를 전제한다. 이러한 문화적 차이를 고려함으로써 우리는 그리스의 문화를 서구 문명의 근원이나 보편적인 세계 문명으로 섣불리 이상화하는 대신 그것을 하나의 독특한 문화로서 이해하고 비판적으로 탐구할 수 있을 것이다. 이글의 많은 부분은 H.W.파크가 펴낸《아테네인들의 축제》에서 가져온 것이며, 그 밖에 여러 책들을 부분적으로 참조했다.[*]

아테네의 열두 달

———— 고대 그리스에서는 달月의 이름이 지역마다 달랐다. 예컨대 '헤카톰바이온hekatombaion'은 아테네와 아테네의 지배 아래

---

[*] Parke, H. W., 1977, Festivals of the Athenians, Cornell University Press. 그 밖에도 부분적으로 참조한 책은 다음과 같다. Burkert, W. (trad. by John Raffan), 1985 (독일어 원본은 1977), Greek Religion, Archaic and Classical, Oxford: Basil Blackwell; Burkert, W., 1987, Ancient Mystery Cults, Harvard University Press; Parker, R., 2005, Polytheism and Society at Athens, Oxford University Press; Spawforth, T., 2006, The Complete Greek Temples, London: Thames & Hudson.

에 있던 아티카 지방에서만 통용되는 이름이었고, 이오니아 지방이나 보이오티아 지방에서는 다른 명칭이 쓰였다. 그러니까 당시에는 지금과 달리 달력의 형태와 달의 이름이 제각각이었던 것이다. 지금으로부터 약 2700년 전의 사람들에게 다른 지방으로의 여행은 흔한 일이 아니었고, 대부분의 사람들은 자신의 거주지에 주로 머물렀기 때문에 자기네 동네에서만 같은 이름을 쓴다면 생활에 큰 불편이 없었다. 마치 경상도에서 쓰는 달력과 강원도에서 쓰는 달력이 다르지만, 서로 오고 가는 일이 드물다면, 사람들이 서로 다른 달력을 써도 별다른 불편함을 느끼지 못하는 것과 같다. 어쨌든 지금 소개하는 것은 아테네를 중심으로 한 아티카 지역에서의 달력이다.

당시 달력의 특이한 점은 새해가 1월이 아니라 7월부터 시작한다는 것이다. 7월은 낮이 짧아지기 시작하는 하지를 포함하고 있는데, 아티카 달력의 첫 번째 달인 헤카톰바이온은 하지 다음 날에 시작해 8월까지 계속된다. 헤카톰바이온은 '100마리 소를 바치는 제사의 달'이라는 뜻이다. 그리스에서는 매년 이 시기에 농사를 마무리하는 추수가 있었는데, 한 해의 성과를 거두어들이는 시점을 새로운 해의 시작이라 생각한 것이다.

그다음 달은 8월과 9월에 걸쳐 있는 '메타게이트니온metageitniōn'이다. '메타meta'에는 '옮기다' 혹은 '함께'라는 뜻이 있고 '게이톤geitōn'은 '이웃'이라는 뜻이 있다. 이달에는 이주를 많이 했다고 한다. 이달의 이름은 아폴론의 별명에서 따온 것이라고도 하는데, 아폴론이 델로스에서 태어났지만 델포이 신전으로 거처를 옮긴 것과 관련이 있어 보인다.

세 번째 달이자 지금의 9월과 10월에 해당하는 '보에드로미온 boēdromiōn'은 '외침'이라는 뜻의 '보에boē'와 '뛴다'는 뜻의 '드로미온 dromion'이 결합한 것이다. 외침을 듣고 달려온 달이라는 뜻이다. 이는 아폴론의 아들 중 하나인 이온이 위험에 처한 아테네의 외침을 듣고 달려와서 도와준 사건을 기념하기 위해 붙여졌다.

그다음은 10월과 11월에 해당하는 '퓌아넵시온pyanepsiōn'이다. '퓌 아노스pyanos'는 콩이나 보리를 뜻하고, '엡스hepsō'는 '삶다', '찌다'는 뜻이다. 그래서 이달엔 사람들이 콩이나 삶은 보리로 음식을 만들어 나누어 먹었다. 달의 이름이 농사와 관련해서는 파종을 하는 시기임을 잘 알려주고 있다.

11월과 12월에 해당하는 것은 '마이마크테리온maimakteriōn'이다. 이는 날씨를 관장한 제우스의 별명에서 유래했는데, '날씨를 험하게 만드는 자의 달' 정도로 풀이된다. 11월과 12월은 그리스에서 본격적으로 겨울이 시작하는 때인데 이 시기에 폭풍우가 많다. 그래서 고대 그리스인들은 궂은 날씨를 제우스가 짜증을 내는 것으로 생각해 달의 이름을 만든 것 같다.

다음 달은 '포세이데온poseideōn'인데, 12월에서 1월에 해당한다. '포세이돈에게 바쳐진 달'이라는 뜻이다. 이때에 바다가 가장 험했기 때문에 이런 이름이 붙여진 것 같다.

'가멜리온gamēliōn'은 '결혼의 달'이다. 제우스와 헤라가 이달에 결혼했다는 신화가 있다. 이런 까닭에 지금의 1월과 2월에 맞춰서 당시 사람들이 결혼을 많이 했다고 한다.

2월과 3월에 해당하는 '안테스테리온anthesterion'은 '안토스anthos', 즉 '꽃'이 피는 시기라는 뜻이다.

'엘라페볼리온elaphebolion'은 우리의 3월과 4월에 해당한다. '엘라포스elaphos'는 '사슴'이란 뜻이고 '볼리온bolion'은 '쏘아 맞힌다'는 뜻이다. '사슴을 쏘아 맞히는 달'이란 뜻을 갖는데, 이 이름은 아르테미스의 별명에서 따온 것이다.

우리의 4월과 5월에 걸친 달은 '무니키온mounichion'이라 불렸다. 이는 아르테미스 여신의 거처였던 무니키아mounichia 지방에서 따온 이름인데, 이달에도 아르테미스 여신을 기념하는 행사가 있었기 때문이다.

5월에서 6월은 '타르겔리온thargelion'이라는 달로 '첫 수확으로 만든 빵을 맛보는 달'이라는 뜻이다. 앞서 설명했듯 당시엔 7~8월에 걸쳐 추수를 하는데 아마도 7~8월이 추수가 본격적으로 시작되는 달이라면, 5~6월은 첫 수확을 얻어서 첫 번째 빵을 먹을 수 있는 달이었던 것이다.

마지막으로 6월에서 7월에 해당하는 '스키로포리온skirophorion'이 있다. '스키론skiron'은 아테네 여신, 아르테미스 여신, 혹은 아폴론 신의 사제들이 행렬이 있을 때 쓰던 하얀 우산이다. 그러니까 '스키로포리온'은 이 하얀 우산을 가지고 다니는 달이 된다.

지금까지 살펴본 달의 이름들은 그 시기에 있는 축제나 종교 행사와 밀접한 관련이 있다. 그래서 이름을 보면 그달에 어떤 활동을 하게 되는지를 짐작할 수 있는데, 이런 점에서 아티카 지방의 달력은 축제와 관련된 일정표인 셈이다.

풍요와 수확의 달, 헤카톰바이온의 축제

───── 이제 본격적으로 각 달에 어떤 축제가 있었는지 살펴보자. 첫 번째 달인 헤카톰바이온에는 크로니아Kronia, 쉰오이키아Synoikia, 그리고 판아테나이아Pan-athenaia라는 축제가 있었다.

크로니아

크로니아는 헤카톰바이온의 12일에 열렸는데, 크로노스 신을 기리는 축제이다. 크로노스는 시간의 신이자, 낫으로 우라노스를 거세한 신으로 알려져 있지만 본래 추수를 관장하던 신이었다. 그래서 추수의 달인 헤카톰바이온의 본래 이름은 크로노이온Kronion이기도 했다. 전통적으로 그리스에서는 한 해가 시작되고 추수를 하면서 신에게 감사를 드리기 위해 100마리의 소를 바치는 제사를 했다고 한다. 사람들은 제물로 바쳐진 소들을 함께 나누어 먹으며 지난해의 수고를 기리고 새로운 한 해를 이겨낼 힘을 얻고자 했다.

크로니아의 또 다른 특징은 축제 동안 신분에 따른 격차가 일시적으로 완화된다는 것이다. 노예들은 주인과 함께 식사하는 것이 허락되고 편하게 축제를 즐길 수 있었다. 헤시오도스가《일과 날》

에서 언급한 "황금 시대"를 연상시킨다. 헤시오도스에 따르면 이 시대는 크로노스의 지배를 받았으며 모든 인간이 법 없이도 잘 지내고 농사를 짓지 않아도 과실들이 잘 맺어졌다고 한다. 사람들은 크로노스를 기념하는 축제에서 크로노스의 황금기의 삶을 재현하고자 했던 것이다. 물론 여기에는 정치적인 목적도 있었다. 시민의 권리를 누렸던 사람은 소수였기 때문에, 이들이 권력에서 소외된 사람들, 특히 노예들을 이끌기 위해서는 그들을 위로하고 격려하는 방안도 마련해야 했던 것이다.

쉰오이키아

헤카톰바이온의 두 번째 축제는 16일에 개최된 쉰오이키아이다. '쉰$_{syn}$'은 '함께', '오이키아$_{oikia}$'는 '집'이라는 뜻이니, '집을 합한 것을 기념하는 축제'가 된다. 구체적으로는 아티카의 여러 도시들이 아테네를 중심으로 공동체를 이루게 된 것을 기념했다. 아테네는 세력을 확장하면서 주변 폴리스들을 식민지로 삼지 않고 공동체로 합병했다. 이런 취지를 고려하면 쉰오이키아가 아테네 중심주의 혹은 아테네 제국주의를 보여주는 축제인 셈이다. 주변 도시들이 아테네로 합병되는 것은 아테네로선 좋은 일이지만, 합병당한 도시들의 입장에선 유쾌한 일이 아니었다. 그러니 이런 축제를 열어 정치적 의의를 강조하는 건, 합병된 주변국들에겐 불쾌한 일일 수 있으며, 아테네에게도 부담스런 일일 수 있었다. 아테네는 주변 폴리스들에게 정치적인 자치를 허락하지 않으면서 하나의 공동체를 부각하며 의리를 강조했다. 주변 도시들의 불만을 효과적으로 잠재우면서 서로 간의 유대를 강화하는 영리한 방법이었다.

아티카 지방의 합병을 정당화하기 위해 아테네는 테세우스 신화를 활용하기도 했다. 이 일은 단순히 일어난 일이 아니라, 영웅 테세우스와 그의 아버지 포세이돈, 그리고 그의 조력자인 아테나 여신의 의지와 노력의 결과라고 내세우면서, 주변국들의 저항감을 신화적인 이데올로기로 무마했던 것이다. 투키디데스의 기록에 따르면 고전기 아테네인들은 '쉰오이키아'라는 이름으로 도시의 수호신 아테나를 기렸다고도 한다.

이 축제는 한 해에는 하루만 열리고 이듬해에는 이틀이 열리는 식으로 축제 기간이 2년 주기로 달랐다고 한다. 아마도 매년 주변국들을 불러 모아 성대한 축제를 치르기엔 현실적인 어려움이 있었기 때문에, 격년마다 규모를 달리했던 것이 아닌가 싶다.

쉰오이키아는 기원전 5세기의 펠로폰네소스 전쟁과도 관련이 있다. 기원전 431년부터 404년까지 아테네는 스파르타와 전쟁을 치렀는데, 스파르타는 승리했음에도 불구하고 그리스의 패권을 잡지 못했고, 아테나는 패배했음에도 얼마 후 국력을 회복하고 스파르타와의 간헐적인 전투를 벌였다. 그리고 기원전 374년에 두 도시국가는 다시 휴전을 하는데, 이때 에이레네라는 평화의 여신을 주신으로 삼아 쉰오이키아를 개최했다고 한다. 이렇듯, 쉰오이키아는 아테네가 정치, 외교, 군사적으로 확장되는 과정에서 일어날 수 있는 위협을 무마하고, 전쟁에 지친 이들에게 평화의 염원을 주는 메시지를 갖고 있었다.

판아테나이아

다음으로 28일에 열린 판아테나이아는 아테네인들에게는 가장 중요한 축제였다. 도시의 수호신 아테나 여신의 생일로 기려졌는데, '판pan'은 '모든'이란 뜻으로 이 축제 때는 모든 아테네인들이 참여했음을 축제의 이름이 알려주고 있다. 기원전 7세기부터 축제에 맞춰 여신상의 옷을 갈아입히는 의식이 치러졌다. 여신상은 처음엔 사람 크기였지만, 아테네가 점점 힘을 키워나가면서 마침내 델로스 동맹의 맹주국이 되어 제국주의적 힘과 위용을 갖추자, 파르테논 신전을 지배하는 거대한 조각상이 되었다. 가장 중요한 행사는 거대한 여신상에 입힐 옷을 옮기는 행렬이었다. 이 행렬은 온 아테네 시민들이 함께 했는데 도시의 대문에서 시작해서 아고라를 지나 파르테논 신전으로 향했다. 수많은 사람들이 모여들어 장사진을 이룬 가운데로 화려하고 엄숙한 행렬이 이어졌고, 그 주위로 떠들썩한 분위기가 연출되었으니, 엄청난 볼거리였음에 틀림없다.

파르테논 신전은 기원전 5세기에 페르시아 전쟁 이후 아테나가 델로스 동맹의 맹주로 부상하는 시기에 세워졌는데, 그전에는 그곳에 작은 신전이 있고 본래의 작은 크기의 아테나 여신상이 있었다. 페리클레스는 이 거대한 신전을 델로스 동맹의 보물고로 사용했고, 이곳에 거대한 신상을 세워 동맹의 위세를 과시했다. 신전의 바깥에 우뚝 서 있던 '프로마코스promachos 아테나'라는 거대한 여신상

판아테나이아 제전을 묘사한 도자기.

은 아테네 도성 안 어느 곳에서나 보였다. '프로마코스'는 '전투를 최
전선에서 이끄는 이'라는 뜻이었는데, 이 여신상은 아테네인들에게
자신감을 심어주었으며 주변국에게 아테네의 힘을 보여주는 대표
적인 상징물이었다.

아테나 여신의 옷을 갈아입히던 축제는 기원전 566년 즈음부터
아르콘archōn이었던 히포클레이데스의 제안에 따라 4년째 되는 해
는 특별히 아테네를 넘어 전 그리스인이 참여할 수 있는 대-판아테
나이아 제전으로 개최되었다. 그리스인 전체를 대상으로 하는 축
제, 즉 판헬레니카panhellenika 제전으로 가장 유명한 것은 다음 네 가
지였다. 올림피아Olympia, 퓌티아Pythia, 네메이아Nemeia, 그리고 이

스트미아Isthmia. 체육대회와 음악경연을 포함하게 된 판아테나이아는 이 제전들에 못지않게 규모가 커졌다. 판아테나이아의 대회에서 우승한 사람에게는 월계관이 씌워진 것은 물론, 아테나 여신과 우승한 경기종목이 그려진 커다란 암포라 도기에 30킬로그램이 넘는 양의 올리브기름을 채워 상품으로 주었다고 한다. 오늘날의 트로피와 같다.

이웃과 함께하는 달, 메타게이트니온의 축제

─────── 판아테나이아 제전을 성대하게 치른 직후인 메타게이트니온 달에는 주목할 만한 큰 축제가 열리지 않았다. 하지만 이 시기에도 일부 지역에서 소규모 축제들이 열렸다.

메타게이트니아Metageitnia는 멜리테에서 열린 축제로, 멜리테의 주민들이 디오미스로 이주한 것을 기념해 이주의 신 아폴론을 기렸던 행사이다. 축제의 이름에 따르면 이웃과 함께 잘 지내는 것을 목적으로 하는 축제로 보이지만 이에 대한 자료가 많이 남아 있지는 않다.

퀴노사르게스에서는 헤라클레이아Herakleia라는 축제가 열렸다. 이름에서 유추할 수 있듯 이 축제는 영웅 헤라클레스를 기리는 축제로, 헤라클레스를 모시는 곳이었던 퀴노사르게스의 체력 단련장에서 개최되었다. 축제 기간 동안엔 부모 중 한 명이 외국인이어서 출입이 금지된 사람들도 입장할 수 있었다고 한다. 이날엔 대식과 폭음을 즐기던 헤라클레스를 본받아 성대한 만찬을 벌였다고 전해지는데, 이는 억눌려 있던 일상의 욕망을 해소하는 축제의 기능에 충실한 것이었다.

아르테미스와 아폴론의 달, 보에드로미온의 축제

게네시아

보에드로미온 달의 5일에는 게네시아Genesia라는 축제가 있었다. '게네gene'는 '종족', '가문', '족보'라는 뜻이 있고, '게네시아'는 '탄생'을 뜻한다. 이 축제는 전쟁이 끝난 후 죽은 이들을 추모하기 위해 열렸다. 원래는 귀족 가문에서 사적으로 행해지던 제의적인 행사였지만, 솔론에 의해 국가 차원의 제전으로 확대되었다. 추모의 축제를 통해 시민들은 모두가 하나의 가문이요 가족이라는 공동체 의식을 가질 수 있었을 것이다. 마치 우리가 6.25 참전용사들의 유해를 계속해서 발굴하고 예를 표하는 것처럼, 국가를 위해 싸우다 죽은 이들을 국가가 책임진다는 것은 당시 그리스에서도 굉장히 중요한 의미를 가졌다. 혹자는 이 축제를 복수의 여신 네메시스를 기리는 축제, 네메세이아Nemeseia와 같은 축제로 보기도 한다.

아그로테라와 보에드로미아

6일 즈음에 열린 아그로테라Agrotera는 아르테미스 여신의 별명에서 이름을 따온 축제이다. 이날은 아르테미스의 생일로 여겨진다. 축제는 일리소스 강가의 아그라이에 있는 여신의 신전에서 열렸다. 이곳은 아르테미스가 델로스를 떠나 처음으로 사냥을 했던 곳이라고 한다. 이 신전은 페르시아 전쟁과도 관련이 있다. 마라톤 전투가 시작되기 전 그리스인들이 이곳에서 아르테미스 여신에게 승리를 기원하며 암염소를 바치겠다고 서약했고, 그 후 이와 관련한 제의적 행사가 계속된 것이다.

다음 날 7일은 아폴론 신의 생일을 기리는 보에드로미아Boēdromia라는 축제가 열렸다. 이 축제는 이달의 이름의 유래가 된 아폴론의 아들 이온의 이야기와 관련이 깊다. 에렉테우스가 아테나를 통치하던 시절이었다. 아테네인들은 엘레우시스의 사람들과 전쟁을 벌였다. 아테네의 패색이 짙었을 때, 아폴론의 아들 이온이 아테네를 구하기 위해 달려왔다. 아테네인들의 외침boē에 호응해 이온이 달려온dramein 사건을 기념한 것이 그의 아버지인 아폴론 신을 기리는 제의로까지 발전한 것이다.

미스테리아

마지막으로 살펴볼 미스테리아Mystēria는 엘레우시스에서 열렸던 비밀스러운 종교 회합이었다. 이 밀교 의식은 참가자들의 침묵과 비밀유지를 강조했기 때문에 남아 있는 기록이 많지 않으며, 전해진 기록도 사실과 추정이 혼재되어 있을 것으로 보인다. 밀교 의식은 한 해에 두 번에 걸쳐 이루어졌는데, 소규모의 회합은 우리의 2월과 3월에 해당하는 안테스테리온 달에 있었고, 이 보에드로미온 달에는 대규모 제전이 있었다고 전해진다. 이 두 번의 회합을 모두 거친 사람만이 밀교의 일원으로 받아들여졌다.

이 비밀종교회합은 대지의 여신인 데메테르와 그녀의 딸 페르세포네를 기리는 축제였다. 데메테르와 페르세포네의 이야기는 그리스인들이 계절의 변화를 설명하기 위해 고안되었다. 저승의 신 하데스가 페르세포네를 자신의 부인으로 삼기 위해 저승으로 납치했다. 딸을 잃고 실의에 빠진 데메테르가 대지를 돌보지 않자 세상은 황폐해졌다. 이를 해결하기 위해 제우스는 페르세포네가 일 년의 반은 어머니의 곁으로 돌아가고, 나머지 반은 다시 저승으로 돌아오는 방안을 제안했다. 데메테르와 하데스는 이 제안을 받아들였다. 그 후로 데메테르가 자신의 딸과 재회해 기뻐하는 때에는 대지가 활력을 얻어 싹이 나고 꽃과 열매가 맺히지만, 딸과 헤어지게 된 때에는 낙엽이 지고 땅이 얼어붙었다. 그래서 미스테리아는 데메테르와 페르세포네가 헤어지는 9월과 10월, 즉 보에드로미온 달과 모녀가 다시 만나게 되는 2월과 3월, 즉 안테스테리온 달에 열리게 되었다.

미스테리아에 대해서는 정확한 기록이 남아 있지 않지만, 입회자는 악을 모르는 영혼으로 정의롭게 잘 살아가는 사람이어야 하며 나이와 성별, 신분에 제한이 없었다고 한다. 마치 신분제 사회였던

엘레우시스(기원전 4세기 중반)의 성소에서 발견된 엘레우시스 밀교의 요소들을 묘사한 니니온 명판으로 알려진 봉헌판이다.

조선에서 신분과 성별에 따른 차이를 묻지 않았던 천주교가 백성들의 지지를 받은 것처럼, 미스테리아도 당시의 정치와 사회를 둘러싼 불만을 해소하는 해방의 공간으로 기능했을 것이다. 입교 희망자들은 심문을 받고 선정된 이후엔 수십 일의 임금에 해당하는 비용을 지불해야 했다. 입교는 아테네인들에게만 허용된 것이 아니라 모든 그리스인들에게 개방되었고, 회합이 있기 55일 전에 다른 폴리스들에도 예고되었다.

정해진 절차에 따라 참가가 허락된 사람들은 바닷물이나 돼지의 피를 몸에 뿌리고, 두 여신에게 제물을 바친 뒤 실내에서 조용히 시간을 보내는 정화의 의식을 치러야 했다. 기원전 5세기 후반, 좀 더 정확하게 말하자면 펠로폰네소스 전쟁 직후 아테네에 역병이 퍼지면서 수많은 사람들이 고통에 시달리게 되었을 때, 펠로폰네소스반도의 에파타우로스로부터 의학의 신 아스클레피오스와 그의 딸 휘기에이아에 대한 신앙이 아티카로 들어오게 되었는데, 엘레우시스 밀교에도 그들과 관련된 제의와 병을 치료하는 의식이 나중에 추가되었다. 축제의 절정은 성물을 신전 엘레우시니온으로 운반하는 행렬이었다. 목적지에 도착한 후 두 여신에게 곡물을 바치는 제의가 진행되었다.

파종의 달, 퓌아넵시온의 축제

프로에로시아

우리의 10월과 11월에 해당하는 퓌아넵시온 달은 파종의 시기로 '콩 또는 삶은 보리를 먹는 달'이라는 뜻이 있다. 이달은 거의 절반이 축제일로 지나갔다. 밀과 보리가 주식이었던 그리스인들은 늦가을과 초겨울에 씨를 심고 겨울이 지난 후에 결실을 거두었다. 결실을 위한 일이 많은 만큼, 신들에게 기원하고 감사해야 할 일이 많았던 때문일 것이다. 퓌아넵시온 달의 다섯 번째 날에는 데메테르 여신을 경배하는 프로에로시아proêrosia라는 축제가 열렸다. '프로pro'는 '앞', '에로시아êrosiaroô'는 밭을 쟁기로 가는 시기를 이른다. 그래서 밭에 쟁기질을 하기 전에 대지의 여신에게 농사의 성공을 기원하는 것이 프로에로시아의 의의였다.

이 행사는 엘레우시스에서 거행되었지만 실제로는 전 그리스 지역을 대상으로 했다. 한때 그리스 전체에 전염병이 돈 적이 있는데 사람들이 델피의 신전에서 아폴론 신에게 해결책을 구하자 데메테르 여신에게 수확량의 1/10을 바치라는 신탁이 내려졌다. 그래서 데메테르 여신을 기리는 축제에 맞추어 그리스 전역에서 생산된 곡식이 아테네로 보내졌고, 아테네 농부들은 보리의 6/100, 밀의 12/100을 엘레우시스로 보냈다. 한편 이런 신화는 그리스의 강대국인 아테네가 다른 지역으로부터 곡물을 세금으로 거두어들이는 것을 합리화하기 위해 도입된 것 같다.

테세우스와 관련된 3개의 축제

퓌아넵시아Pyanepsia는 프로에로시아 이틀 후에 열리는 축제로 엘레우시스에서 진행되었다. 이날은 프로에로시아와 관련해 신탁으로 해결책을 제시해준 아폴론 신에게 감사를 드린다. 콩 또는 탈곡한 보리pyanos를 삶고hepsein 그 밖에 파종하는 모든 종자의 곡식들과 합쳐 음식을 만들고 이를 아폴론 신에게 바치는 제의를 지낸 후에 사람들끼리 나누어 먹었다.

이 축제 음식은 아테네의 영웅 테세우스가 델로스섬에서 아폴론 신에게 바치기로 약속한 제물이었다고 한다. 테세우스는 크레타섬의 미노타우로스에게 바쳐질 젊은이들과 함께 모험을 떠나다가 델로스섬에 들렀을 때, 미노타우로스를 물리치고 무사히 아테네로 돌아올 수 있도록 아폴론 신이 돕는다면, 그 후로 매년 델로스로 감사의 제의를 지내는 배를 보내겠다고 약속했다고 한다.

오스코포리아Oschophoria는 퓌아넵시아와 같은 날에 열렸다. 선별된 두 젊은이가 덜 익은 포도송이가 달린 가지oschos를 들고phoros 풍요를 기원하며 행진했다. 행진은 포도주의 신 디오뉘소스의 신전에서 출발해 팔레론의 아테나 여신의 성지에 도착하는 것이었다. 페이라이에우스가 개발되기 전까지 팔레론은 아테네에서 가장 중요한 항구였다. 테세우스가 미노타우로스를 물리치기 위해 크레테섬으로 출항한 항구가 이곳이라 한다. 행진은 포도나무의 가지를 든 청년들의 뒤로 합창가무단이 노래를 부르며 따르는 식으로 진행되었고 팔레론에 도착한 후엔 향연이 이어졌다. 이는 테세우스의 무사 귀환을 재현한 것인데, 아테네 시민들의 애국심을 고취시키면서도 디오뉘소스 신에게 풍요를 기원하는 의미가 있었다.

테세이아Theseia는 오스코포리아 제전이 열린 바로 다음 날 포세이돈의 날인 8일에 개최되었는데, 포세이돈의 아들 테세우스를 기념하는 축제이다. 테세이아는 기원전 475년부터 시작되었다. 아테네의 정치가이자 장군이었던 키몬이 스퀴로스섬으로 원정을 떠나며 그곳에 테세우스의 뼈가 묻혀 있으며 그것을 수습해 아테네로 가져와야 한다는 신탁을 받았다고 주장한 것이 계기가 되었다. 이를 기념해 아고라에는 테세우스의 성지가 조성되기도 했다. 축제는 행렬과 제사는 물론 운동 경기와 향연을 벌이는 등 성대하게 치러졌다.

스테니아와 테스모포리아

테세이아 제전이 열린 다음 날인 9일에는 스테니아Stenia가 열렸다. 데메테르 여신과 페르세포네를 주신으로 삼는 여성들을 위한 축제였다. 하지만 이틀 후에 열리는 또 다른 여성 축제 테스모포리아Thesmophoria가 사흘에 걸쳐 대규모로 진행되었기 때문에 아무래도 그 비중이 점차 줄어들었다.

앞선 축제들이 아테네의 지역 축제라면 테스모포리아는 그리스 전역에서 거행되었다. 축제 자체가 밀교 의식처럼 세부사항을 비밀에 부쳤기 때문에 많은 것이 전해지지는 않지만, 그 이름으로부터 몇 가지를 유추해볼 순 있다. 우선 테스모스thesmos는 '놓다'라는 동사 티테미tithemi에서 파생된 말로, '놓여진 것' 혹은 '법'과 '명령'이라는 뜻을 가지고 있다. '포리아'는 '옮김phoros'이란 뜻이다. 그래서 '테스모포리아'는 어떤 놓여진 것을 가지고 온다는 의미를 담고 있다.

그렇다면 테스모포리아에서 여성들은 무엇을 가져오는 것일까? 이에 대한 추측 중 하나는 또 다른 여성 축제 스키라Skira와 관련된다. 이때 여성들은 동굴의 제단에 새끼 돼지와 밀가루 반죽으로 만든 뱀과 남근을 두고 온다. 이는 생식과 번성을 뜻하는 것들인데 몇 달이 지나 푹 썩은 그것들을 테스모포리아 제전 때를 맞춰 가져왔던 것으로 보인다. 부패한 제물들을 땅에 뿌릴 씨앗에 뒤섞으면 그 결실이 좋을 것이라는 믿음이 있었다고 한다. 종교적으로는 신에게 바치는 제물로서의 성격이 있었겠지만, 실제적인 측면에서 보자면 비료로서의 역할을 했을 것으로 보인다.

축제에 참가하는 여인들은 3일 전부터 몸을 정결하게 한 후 데메테르 여신의 성지인 테스모포리온Thesmophorion에 모여 행진을 한 후 3일 동안 지낼 움막을 지었다고 한다. 둘째 날에 여인들이 그 움막 안에서 단식을 했는데, 하데스에게 딸을 잃은 데메테르의 슬픔을 함께 느끼면서 그랬다고 한다. 특이한 점은 이 기간에 참가자들끼리 서로 욕설과 구타를 했다고 한다. 셋째 날은 '아름다운 자손을 낳는 제의', 칼리게네이아Kalligeneia가 있었는데 이날 여인들은 경건한 마음으로 휴식을 취한 후 풍요를 기원하며 하루를 보냈다고 한다.

칼케이아

칼케이아Chalkeia는 청동chalkos을 비롯해 금속을 다루는 사람들 chalkeis의 축제로, 대장장이의 신인 헤파이스토스와 기술과 지혜의 여신인 아테나가 주신으로 숭배되었다. 헤파이스토스는 소아시아에서 유입된 신이기 때문에 아테네 이외의 지역에서는 그리 숭배되지 않았지만, 아테네에서는 그를 존중해 기원전 5세기 중반에 아고라를 내려다보는 자리에 신전이 건립되기까지 했다. 칼케이아는 금속 노동자들에게 노동절의 성격을 가지고 있었다. 참가자들은 곡식이 가득한 광주리를 들고 행렬과 제사를 지낸 뒤 저녁에는 만찬을 즐겼다고 한다.

헤파이스토스의 신전 옆에는 그의 아들이자 고대 아테네의 지배자였던 에리크토니오스Erichthonios를 모시는 신전도 있다. 그의 이름은 양털을 뜻하는 '에리온erion'과 땅을 뜻하는 '크톤chthōn'이 합해진 말이다. 에리크토니오스의 탄생설화와 관련이 있다. 헤파이스토스는 무기 제작을 부탁하러 온 아테나를 보자 사랑와 욕정에 휩싸였다. 그러나 순결한 처녀 아테나 여신은 헤파이스토스의 손길을 거칠게 뿌리쳤다. 그러나 그 와중에 헤파이스토스는 사정했고 정액이 솟구쳐 올라 그녀의 허벅지에 묻었다. 아테나 여신은 극도의 불쾌감을 느끼고 양털로 그의 정액을 허벅지에서 닦아내 땅에 내던졌다. 그러나 땅에 묻은 정액에서 에리크토니오스가 태어났다. 나중에 아테나 여신은 자신의 허벅지에 닿아 태어났다는 이유로 이 아이를 자신의 자식으로 여겼다. 그래서 아테나 여신을 모시는 파르테논 신전 곁에 에리크토니오스의 신전도 있게 된 것이다.

추운 겨울, 마이마크테리온 달과 포세이데온 달,
가멜리온 달의 축제

──────── 한 달 중 13일이 축제였던 이전 달과 달리 본격적으로 동절기가 시작하는 마이마크테리온 달과 굿은 날씨로 야외 활동

이 어려웠던 포세이데온 달, 가멜리온 달에는 규모가 큰 축제가 없었다. 마이마크테리온에는 제우스를 날씨를 주관하는 신으로 존중하면서 그의 마음을 달래기 위해 마이마크테리아Maimakteria와 폼파이아Pompaia라는 두 가지의 축제가 열렸다.

그다음 포세이데온 달에는 8일에 포세이돈에게 바쳐진 날로 기리는 포세이데아Poseidea라는 축제가 열렸다. 포세이돈의 신전이 있는 수니온곶에서 5년마다 성대한 축제가 있었다고 하지만 그것이 날씨가 궂은 이달에 거행되었다고 보기는 어렵다. 어쨌든 포세이데아라는 축제가 있었다는 달력의 기록은 전해지고 있다.

할로아Haloa라는 축제는 '탈곡 마당halōs의 축제'라는 뜻이다. 어째서 탈곡의 시기가 다 지나간 겨울에 열리는 축제에 이런 이름이 붙었는지에 대해서는 전해지는 기록이 없다. 다만 데메테르 여신과 디오뉘소스 신이 할로아의 주신이었다고 한다. 한편으로는 할로아가 엘레우시스에서 열린 여성 축제라는 기록도 있다. 이 축제 때 여인들이 여성과 남성의 성기 모양으로 만든 과자를 식탁에 올려놓고 폭음을 했으며, 여사제는 여인들에게 애인을 가져야 한다는 이야기를 했다고 한다. 이 기록이 실제 풍속과 맞지 않는 과장된 내용을 담고 있다는 의견도 있지만 남근을 만드는 여성들의 그림이 그려진 도자기가 발견되는 등 전혀 근거가 없는 이야기는 아닌 것으로 보인다.

결혼의 달 가멜리온에는 실제로 혼사가 많이 이루어졌다. 하지만 신성한 결혼의 축제 가멜리아Gamelia에 관해서는 상세한 기록이 없다. 기록이 남아 있는 중요한 축제는 디오뉘소스 신에게 바쳐진 레나이아Lēnaia이다. 디오뉘소스를 위한 축제는 시골마다 있었는데 특별히 아테네에서 행해졌던 디오뉘소스 축제가 레나이아였다. '레노스lenos'는 포도 압축기를 뜻하는데, 포도주의 신 디오뉘소스에게는 '포도 압축기의 신'이라는 뜻으로 '레나이오스'라는 별명이 붙여졌고, 이것으로부터 축제의 이름이 유래한 것으로 보인다. 축제 때는 레나이온Lēnaion이라 불리는 디오뉘소스 신전에서 연극 경연대회가 열리거나 대규모의 행렬이 있었다.

꽃 피는 봄, 안테스테리온 달과 엘라페볼리온 달의 축제

———————— 겨울이 지나고 날이 풀리면서 봄이 오는 시간, 우리의 2월과 3월에 해당하는 안테스테리온 달에는 봄의 시작을 축하하는 안테스테리아Anthestēria 축제가 열렸다. 이때는 디오뉘소스 신에게 경배하며 지난해에 담근 포도주를 처음 시음하는 행사가 있었다. 또한 이 축제는 어린이들을 위한 축제이기도 했다. 어른들은 세 살이 되는 아이들에게 화관을 씌워주고, 어린이들에게 어울리는 작은 포도주 항아리를 선물로 주었다. 안테스테리아는 사흘 동안 지속했는데, 특히 첫째 날은 새로운 포도주를 개봉하고 시음하는 피토이기아Pithoigia라는 행사가 있었다. 아이들 잔치라고 생색내면서 실제 즐기는 주체는 어른이었던 셈이다.

디아시아Diasia는 안테스테리아 열흘 뒤에 열렸는데, 제우스를 경배하는 축제였다. 이는 날씨의 신 제우스를 달래 험한 날씨를 이겨내려는 마이마크테리아 축제의 연장선에 있었다. 하지만 이 축제는 대부분의 시민이 참여했고, 마이마크테리아보다 훨씬 더 대중적인 행사였다. 이날 모든 시민은 도성 밖에 있는 제우스의 신전에서 동물 모양의 빵을 봉헌했다. 본래 소나 염소, 양과 같은 동물을 제물로 바쳐야 하는 제사에는 많은 돈이 필요하지만, 동물 모양의 빵을 올리는 제사는 가난한 사람들도 편하게 참여할 수 있었다. 이러한 제사의 간소화는 경제적 불평등에 의한 종교적 불평등을 막기 위한 것이었다.

3월과 4월에 해당하는 엘라페볼리온 달의 아르테미스 날, 즉 6일에는 사냥의 여신에게 사슴을 제물로 바치는 엘라페볼리아Elaphēbolia 제전이 있었다. 이 축제는 이후에 개최되는 대-디오뉘시아 제전에 밀려 점점 중요성을 잃었고, 제물로 바치던 사슴도 점차 꿀과 참깨를 넣은 사슴 모양의 과자로 대체되었다.

아스클레피오스 신에게 바치는 축제, 아스클레피아Asclepieia도 기원전 420년에 도입되었다. 펠로폰네소스 전쟁이 일어난 이듬해, 아테네에 역병이 돌면서 수많은 시민들이 쓰러져가자, 이들을 치료하고 병의 확산을 예방하기 위한 목적으로 아스클레피오스 신앙을 아테네로 들여온 것이다. 이는 본래 에피다우로스에서 5년마다 개최되는 유명한 축제였다. 아테네에서는 그것보다는 간소한 형태로 열렸다고 한다. 대-디오뉘소스 제전 전날에 거행되었으며 아스클레피오스 신전이 극장 바로 옆에 있었는데, 당시 유명한 비극작가이자 장군이었던 소포클레스가 신전 건축의 위치에 관여했다는 기록이 있다.

판디아Pandia 축제에 관해서는 자세한 내용이 전해지지 않는다. 축제의 이름이 어디에서 유래했는지에 대해서는 몇 가지 추측이 있다. 먼저 아테네의 전설적인 왕인 판디온을 기리는 영웅 축제라는 설이 있다. 그는 아름다운 두 여인 프로크네와 필로멜레의 아버지였다. 두 자매와 관련해서는 비극적인 이야기가 전해진다. 트라케의 왕인 테레우스는 프로크네를 아내로 맞이했지만, 처제인 필로멜레를 보고 반해 겁탈했다. 그리고 자신의 범행이 드러나는 것이 두려운 나머지, 필로멜레의 혀를 자르는 범죄를 저지른다. 이 사실을 알게 된 프로크네는 자신과 테레우스 사이에서 태어난 자식을 죽여 요리로 만들어 남편에게 먹이는 끔찍한 복수를 감행한다. 이런 비극적인 일을 축제로 기렸을 거라 생각하기엔 어렵기 때문에 또 다른 연구가들은 이 축제가 판디오니스 부족이 관장한 행사였다는 가설을 제기한다. 축제의 주신은 제우스였던 것으로 보이지만, 그 밖의 자세한 내용은 전해지지 않는다. 기록에 따르면 아마도 대-디오뉘소스 제전 다음에 진행되었던 것으로 보인다.

그리스인들이여, 대-디오뉘소스 제전으로!

─────── 우리의 3~4월에 해당하는 엘라페볼리온 달의 대표적인 축제는 뭐니뭐니해도 '대大-디오뉘소스 제전Megala Dionysia'이다. 이 제전은 포도주의 신 디오뉘소스를 주신으로 하는 농촌의 축제, '미크라 디오뉘시아Mikra Dionysia'를 도시에서 대규모로 확장 개최한 것이다. 기원전 6세기 중반 아테네의 참주僭主, tyrannos 페이시스트라토스가 도입했다. 참주는 민중들의 지지를 등에 업고 합법적인 절차 없이 귀족과 왕족을 몰아내고 정권을 차지한 독재적인 지도자를 가리킨다. 그들은 대중의 관심사를 정치에 활용했는데, 당시 농촌 곳곳에서 행해진 디오뉘소스 제전은 참주 페이시스트라토스에게 대중적인 인기를 얻을 훌륭한 방안으로 보였다. 그리스의 다른 전통적인 신들이 왕정과 귀족정의 흔적을 가지고 있다면, 디오뉘소스는 민주정의 특징을 가장 많이 가진 신이라 볼 수 있다. 그래서 아테네 정치에서 대중의 힘이 강화됨에 따라 디오뉘소스 신의 위상은 점차 높아졌고, 그를 기리는 디오뉘소스 제전도 점차 중요해졌다. 페이시스트라토스는 이러한 시류에 착안해 연회와 비극 경연을 곁들인 호화로운 도시의 디오뉘소스 제전을 벌임으로써 아테네 시민들의 인기를 얻었다.

디오뉘소스는 그리스 본토의 신이 아니라 소아시아 지역에서 유입된 신으로 알려져 있다. 특히 아테네와 보이오티아 사이에 있는 엘레우테라이의 사람들이 아테네로 유입되면서 디오뉘소스 축

아테네 아크로폴리스에서 내려다본 디오뉘소스 극장과 아스클레피오스 신전. ©김현.

제가 아티카 지방으로 퍼지게 되었다고 한다. '엘레우테리오스 eleutherios'는 '자유시민'이라는 뜻인데, 디오뉘소스의 별명 중 하나가 '디오뉘소스 엘레우테레우스'이다. 두 단어가 통한다고 한다면, 디오뉘소스는 '자유로운 디오뉘소스'로 볼 수 있고, 그의 신앙이 유입된 경로와 이유와도 관련이 있다. 디오뉘소스와 관련된 신화 중에 이 신이 영웅으로 태어났다가 여신 헤라의 미움을 받고 인도까지 갔다가 돌아왔다는 얘기가 있다. 아마 이방의 신이 그리스로 유입된 것을 신화적으로 재구성한 것으로 보인다.

　디오뉘소스 제전을 아티카 지방으로 들여온 사람은 페가소스로 전해지는데 이와 관련된 신화가 있다. 페가소스가 디오뉘소스 신과 함께 아테네에 왔을 때 그들은 아티카의 전설적인 왕 암픽튀온의 연회로 초대를 받았다. 그런데 그곳에 있던 아테네인들은 디오뉘소스 신을 무시하고 신으로서 존경을 표하지 않았다. 화가 난 디오뉘소스는 아테네 남성들의 성기에 병이 돌게 했다. 아테네인들은 병을 치료하기 위해 신탁을 청했고 그들에게 디오뉘소스를 존중하며 남근 모형phalloi을 들고 행진을 하라는 계시가 내려졌다. 그래서 디오뉘소스 신의 축제에서는 항상 거대한 남근을 들고 돌아다니는 일이 벌어졌다. 에우리피데스의 비극 《박코스의 여신도들》에서도 디오뉘소스가 테바이 사람들에게 배척당하는 서사가 등장하는데, 마찬가지로 이방의 신이 그리스에 수용되고 정착하는 과정에 대한 묘사로 이해할 수 있다.

디오뉘소스 제전의 남근 모형은 다른 식으로 풀이될 수도 있다. 당시 그리스인들은 자연의 변화를 신화를 통해 이해했는데, 그중 겨울이 지나 해빙기를 거쳐 굳었던 땅이 농사에 적합하게 풀리는 것은 대지의 여신 데메테르의 성적인 흥분으로 풀이되었다. 그래서 거대한 남근의 모형을 동반한 행진은 얼어붙은 땅이 녹기를 바라는 의식이기도 했다.

아테네에서 벌어진 대-디오뉘소스 제전에서는 축제를 시작하기 며칠 전에 디오뉘소스의 목상을 도시 외곽에서 아카데미아로 가져오는 행렬이 있었다. 아카데미아에 도착한 목상은 그곳에서 제사를 지낸 후 축제 이틀 전에 디오뉘소스 신전이 있는 극장 곁으로 옮겨졌다. 앞서 판아테나이아 제전 때 아테나 여신을 위해 거대한 행렬이 있었듯, 대-디오뉘소스 제전에서도 또 다른 큰 행렬이 거행된 것이다. 이 행렬은 디오뉘소스의 목상 외에도 남근 모형과 제물로 바칠 200여 마리의 소, 신에게 바칠 새 포도주와 농사의 첫 소출 따위를 운반했다. 이때 귀족 가문의 자제 중 한 명이 황금 바구니에 첫 포도를 담고 행렬에 참가했다고 한다. 이 행렬과 더불어 이어지는 디오뉘소스 제단에서의 제사는 이 축제의 본체인데, 제사 때는 무려 황소 200여 마리가 제물로 바쳐졌다고 하니 그 규모가 얼마나 엄청난 것인지를 짐작할 수 있다. 그날 밤에는 횃불을 켜고 춤과 노래를 곁들인 성대한 만찬과 포식, 그리고 어느 정도 허용된 방종이 늦은 시간까지 계속되었다.

그러나 대-디오뉘소스 제전을 전 그리스적으로 유명하게 만든 것은 비극공연이었다. 이 비극 공연은 본래 디오뉘소스를 숭배하는 제의로부터 출발한다. 본래 우리가 극장이라 부르는 곳은 디오뉘소스 신을 모시는 신전에 가까웠다. 극장에 모인 사람들은 단순히 예술적인 공연의 관객이 아니라 디오뉘소스의 제사에 참여하는 신도들이기도 하다. '비극'의 원어인 그리스어 '트라고디아tragōidia'도 농촌 디오뉘소스 제전에서 숫염소tragos를 바치며 코러스들이 노래aoidē를 부른 것에서 유래했다. 그래서 이 "염소의 노래"는 처음엔 배우들의 연기가 없는 합창이었다. 그러나 페이시스트라토스가 트라고디아 경연을 개최하면서 점차 극예술의 형태를 띠게 되었다. 최초로 배우를 도입한 것은 테스피스였다. 그는 합창단 이외에 화려한 분장을 한 배우를 등장시켜, 지휘자나 합창단의 질문에 대답하는 역할을 맡겼다. 그래서 '배우'로 번역되는 그리스 말 '휘포크리테스hypokritēs'는 원래 '대답을 하는 사람'이라는 뜻이었다. 대화의 형태로 진행된 테스피스의 무대는 큰 호평을 받았고 그해 경연에서 우승을 차지했다.

테스피스 이후, 합창단 외에 배우를 등장시키는 무대 구성이 널리 퍼지게 되면서 점차 우리에게 익숙한 드라마의 형태가 등장했다. '드라마drama'라는 말은 본래 '행위'라는 뜻이다. 기존의 합창단이 춤과 노래, 즉 코러스choros를 보여주는 반면, 새로이 도입된 배우들은 '행위drān'로서 무대를 이끌었기 때문에 '드라마'라는 이름이 붙게 된 것이다. 극작가 아이스퀼로스는 배우를 두 명으로 늘렸다. 그 결과 합창단과 배우 사이의 대화뿐만 아니라 배우들끼리의 대화가 생겨났다. 이런 흐름 속에서 점차 합창단의 코러스보다 배우들의 드라마 비중이 더 커지게 되었다. 그리고 마침내 소포클레스에 이르러 배우의 수는 셋이 되었다. 덕분에 소포클레스의 작품은 아이스퀼로스의 작품보다 더 입체적인 플롯을 가질 수 있었다. 그는 무대그림을 도입하기도 했는데 이로써 트라고디아는 시각 예술로서의 특징이 더 강해졌다. 이러한 경향은 무대 연출에 기계장치를 적극적으로 도입한 에우리피데스에게서도 나타난다. 그는 거중기를 이용해 신이 하늘에서 내려오는 것과 같은 연출을 하는 등 무대에서의 볼거리를 더욱 풍성하게 만들었다.

비극의 주 무대인 극장도 시간이 지남에 따라 점차 변화했다. 기원전 6세기 중엽에 아고라에 간이 극장이 설치되었는데 기원전 5세기 초에 그 극장이 붕괴하는 사고가 발생했다. 그래서 아크로폴리스의 비탈을 깎아 만든 자리에 오늘날에도 그 터전이 남아 있는 디오뉘소스 엘레우테레우스 극장이 세워졌다. 처음엔 무대와 객석이 목재였는데, 점차 석조로 대체되었고 헬레니즘 시대에 이르러서는 대리석 좌석도 추가되었다. 디오뉘소스 극장은 제전뿐만 아니라 각종 의례를 위해서도 사용되었는데, 가령 전사자들의 자녀들을 격려하는 의식이나 전리품을 두고 벌이는 의식 등이 이곳에서 열렸다고 한다.

축제에 참가한 시민들은 극장의 객석theatron에 앉아 관객theatēs이 되어 공연을 바라보았다theōrein. 각각의 그리스어 표현들은 동사 '테오레오theōreō'에서 파생한 것이다. 이 단어는 단순한 시각 활동이 아니라 대상을 바라보며 통찰하고 깊이 생각한다는 의미를 담고 있다. '이론'을 뜻하는 영어단어 'theory'가 바로 이 단어에 뿌리를 두고 있다. 말의 의미를 잘 새겨본다면, 비극 공연을 관람하는 것은 무대 위에서 벌어지는 일들을 보며 작품이 담고 있는 본질, 즉 인간이 무엇인지에 대한 통찰을 꿰뚫어 보는 체험이기도 했다. 이런 맥락에서 디오뉘소스 제전에서 제물을 바치며 부르던 트라고디아는 점차 극이 되면서 비극의 주인공들은 염소를 대체하며 제물로서의 의미를 갖게 되었다. 마치 염소가 인간의 죄를 대신해 죽게 되는 것처럼, 관객들은 뜻하지 않은 실수를 저지른 인물이 큰 불행에 빠지는 모습을 보며 자신의 일이었을 수도 있는 실수와 고통에 공감하고 무대 위에서 마치 자기 자신이 죽는 것과 같은 경험을 하게 된다. 이러한 체험 속에서 비극 작품이 갖는 종교성은 새로운 차원에서 부각된다.

대-디오뉘소스 제전은 비극, 즉 트라고디아 경연 이외에도 디튀람보스와 희극 경연대회를 포함하게 되면서 점차 다양한 장르의 예술 경연대회로 변모했다. 이러한 경연은 주변의 다른 제전에도 영향을 주지만, 아테네의 대-디오뉘소스 제전은 비교를 불허하는 가장 유명한 디오뉘소스 제전으로 부각된다. 앞서 디오뉘소스 신을 기리는 축제로 레나이아 제전을 설명했었는데 이 축제가 오직 아테네 시민들에게만 개방된 반면, 대-디오뉘소스 제전은 거류외국인과 외국인에게도 개방되었다는 점에서 아테네의 문화적 우수성을 선전하는 효과를 낳았다.

여성은 원칙적으로 극장 출입이 제한되었지만 여러 문헌을 살펴보면 여인들도 비극을 관람했던 것으로 추정된다. 다만 희극 관람은 비극보다 더 엄격하게 통제되었던 것으로 보인다. 기록에 의하면 이 극장이 3만 명까지 수용했다고 하는데 현대의 고고학자들은 1만 8000명 정도의 관객 수를 추산하고 있다. 이는 실질적으로 제전에 참여할 수 있는 시민의 수와 비슷한데, 애초에 극장을 고안할 때 아테네 시민이 모두 입장할 수 있도록 설계된 것으로 보인다.

입장료는 2오볼로 당시 하루 최저임금 정도였다고 한다. 페리클레스는 모든 사람들이, 특히 가난한 사람들이 경제적인 이유 때문에 대-디오뉘소스 제전에 참석하지 못하는 일이 없도록 입장료를 지원해 주었다고 한다. 민주주의를 급진적으로 발전시킨 페리클레스가 극장과 축제를 시민 교육의 장으로 활용하려 했던 까닭이다. 당시 비극에서 아테네의 영웅들은 긍정적으로 묘사되고, 고난을 겪는 주인공들은 테바이, 미케네, 코린토스 출신들이 많았기 때문에 관객들이 아테네에 대한 긍정적인 인상을 갖게 되는 효과도 있었다. 극장에는 귀빈석도 있었는데 고위 공직자와 사제들 혹은 해외 귀빈들에게 제공되었으며 때로는 디오뉘소스의 목상을 배치하기도 했다. 특이하게도 무대를 준비하는 비용은 폴리스가 아니라 코레고스Chorēgos라 불리는 부유한 시민들에 의해 지불되었다. 이들은 아르콘에 의해 선발되어 각각의 작품에 배정되었다. 당시 아테네에서 코레고스로 선발되는 것은 부유한 시민의 명예이자 의무였다.

아쉽지만 무니키온 달(4/5월), 타르겔리온 달(5/6월), 스키로포리온 달(6/7월)의 축제는 다루지 못했다. 아테네의 축제와 관련된 자료를 좀 더 준비해서 더욱 풍성한 내용을 전달할 수 있는 기회가 생기면 좋겠다. 이번에는 이것으로 만족해야 할 것 같다. 이 글의 큰 주제로 제시된 아테네에서 시민으로 살아간다는 것의 의미를 '축제'라는 키워드로 되새겨보는 데에는 지금보다 더 많은 자료가 추가로 꼭 필요한 것 같지는 않다. 지금 제시된 정보의 양도 적지 않아 보인다.

달력과 함께 축제의 일정을 살펴본다면, 아테네인들이 정말 많은 축제를 통해 공동체 생활을 했다는 것을 알 수 있다. 축제는 때로는 공동체 전체의 안정과 번영, 그리고 그 구성원들 모두의 행복을 위해 개최되었고, 때로는 일상의 공동체 생활 속에서 소외되었던 일들을 위로하고 그들의 불만을 해소할 수 있는 분출의 기회를 제공

하기도 했다. 종교와 문화, 그리고 정치적인 기획이 어우러져 축제
가 기획되고 실행되었으며, 축제와 함께 아테네인들은 고된 삶을
견뎌내고 이겨나갔던 것이다.

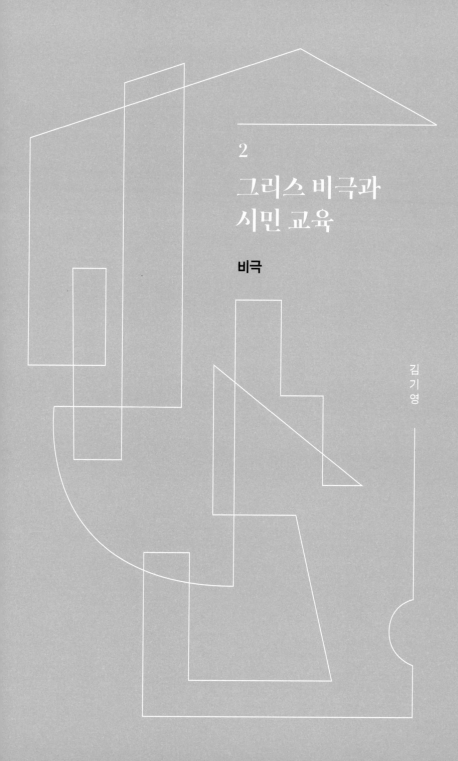

2

그리스 비극과
시민 교육

비극

김기영

비극은 번영을 구가한 나라와 민족에서만 나타나는 특별한 장르라고 한다. 먹고사는 게 힘들고 삶이 고단한 민족에게는 비극이란 문학 장르가 없었다. 마치 영국에서 셰익스피어가 등장했듯이, 도시국가 아테나이가 해상제국으로 번영했기 때문에 비극 장르가 꽃을 피울 수 있었다고 볼 수 있다.

이러한 배경에서 신화가 비극으로 변형되는 과정엔 몇 가지 특징이 있다. 첫 번째는 전통과 개혁 간의 긴장이다. 아리스토텔레스는 《시학》에서 다음과 같이 말한다. "전통적으로 내려오는 이야기는 해체해서는 안 된다. 예를 들어 클뤼타임네스트라가 오레스테스에 의해 죽는다든지 혹은 에리퓔레가 알크마이온에 의해 죽는다든지 하는 것을 말한다. 하지만 시인은 독창적일 뿐만 아니라 전해 내려오는 이야기도 잘 사용해야만 한다."(《시학》1453b22~25) 따라서 클뤼타임네스트라는 오레스테스에 의해 죽어야 하지, 거꾸로 클뤼타임네스트라가 오레스테스를 죽이는 식으로 비극 작가가 이야기를 바꿀 수 없다는 말이다.

─────── 전통적인 줄거리를 해체하지 말아야 한다고 해서 비극 시인이 본래의 이야기를 자신의 작품에 그대로 옮기기만 하는 것은 아니다. 가장 대표적인 예로 소포클레스의 《오이디푸스 왕》을 들 수 있다. 호메로스의 《오뒷세이아》에는 오이디푸스 신화가 소개되어 있는데(11권 271~280), 오이디푸스가 자신도 모르게 아버지를 죽이고 어머니와 결혼했다는 핵심 줄거리는 소포클레스의 작품에도 그대로 이어진다. 하지만 오이디푸스가 끔찍한 진실을 알게 된 후 자신의 두 눈을 찌르는 장면은 《오뒷세이아》의 신화에는 없던 것으로 소포클레스가 새롭게 창작한 것이다. 마찬가지로 오이디푸스가 도시에서 추방되어 길을 떠나는 장면도 소포클레스가 본래의 신화에 없던 것을 새로이 추가한 것이다. 이런 식으로 비극 시인은 전해 내려오는 이야기를 수용하면서도 자신의 독창성이 구현된 신화 판본을 만들어냈다.

두 번째 특징은 신화적 과거와 역사적 현재의 결합이다. 전통 신화는 신화적 과거에 해당하고 비극 시인은 이것을 독창적으로 개혁하게 되는데, 이때 그 당시 도시국가 아테나이의 시민들이 겪었던 역사적인 경험이 반영된다. 대표적인 사례들을 꼽자면 페르시아 전쟁, 민주주의의 발전, 그리고 소피스테스 운동 같은 것이 있다. 비극 시인은 전래된 이야기를 재활용할 때 당시의 관점을 반영함으로써 시대정신을 구현하는 캐릭터를 만들어낸다. 예컨대 오이디푸스는 자신을 파멸로 몰아가는 진실조차도 끝까지 추구하면서 모든 것을 드러내는 탐구의 화신으로 나타나며 왕정 시대의 왕과 달리 민주주의적인 사고방식을 드러내는 인물로 묘사된다.

세 번째 특징으로는 비극의 영웅과 도시국가 공동체가 빚는 갈등과 긴장을 생각해볼 수 있다. 비극 주인공은 대체로 호메로스 서사시의 영웅들로, 《일리아스》의 아킬레우스나 《오뒷세이아》의 오뒷세우스처럼 개인적인 명예를 중시하는 인물들이었다. 그런데 개인의 뛰어난 역량을 강조하는 영웅 서사는 공동체적 가치, 특히 당시에 발전하고 있었던 민주주의의 가치와는 어울리지 않았다. 그래서 새로운 시대에 처한 영웅들은 결국 비극의 주인공으로 몰락하게 되지만, 비극 작품에서 드러난 그들의 고귀한 모습은 다시금 관객들이 훌륭한 지도자의 가능성에 대해 생각하게 했다. 이런 식으로 비극 작품은 영웅의 위대성과 도시국가의 공동체적 가치 사이의 갈등을 형상화했다.

비극의 주제들

그리스 비극이 주로 다루었던 몇 가지 주요 주제들은 다음과 같다. 신의 섭리와 인간의 지식, 운명과 자유의지, 그리고 휘브리스hybris와 네메시스nemesis 같은 것들이 그것이다. 복수의 정의正義는 특히 '오레스테이아 삼부작'의 중요한 화제인데, 이 작품에서는 복수의 정의에서 문명적인 정의로 발전하는 과정이 극화된다. 퓌시스physis와 노모스nomos의 갈등과 국가(폴리스polis)와 가족(오이코스oikos)의 갈등도 상당히 중요한 주제로, 곧 다루게 될《자비로운 여신들》과《안티고네》에서도 엿볼 수 있다. 잘 알고 있듯이 비극 주인공 오레스테스는 가족의 가치보다는 국가의 가치를 구현하지만 안티고네는 국가의 가치보다는 가족의 가치를 구현한다. 다음으로 그리스 비극에선 젠더 갈등으로 이해할 만한 대목들도 많이 나타나 있는데, 예를 들어 딸의 복수를 위해 아내인 클뤼타임네스트라는 트로이아 정복을 마치고 돌아온 남편 아가멤논을 도끼로 살해하고, 안티고네는 가부장적인 모습의 독재자 크레온과 용감하게 맞선다. 그리고 가장 대표적으로 에우리피데스의《메데이아》에서는 메데이아가 배신한 남편에게 복수하기 위해서 자신과 남편 사이에서 태어난 아이들까지 살해한다. 이런 사례들을 보면 가족 내에서 남편과 아내, 또는 국가에서 남녀 간의 대결이 비극의 단골 소재였음을 알 수 있다. 또 다른 주제는 '통과의례'이다. 우리가 성년이 되면서 거치게 되는 중요한 과제를 통과의례라 하는데, 에우리피데스의《힙폴뤼토스》가 이를 잘 보여준다. 힙폴뤼토스는 순결을 중시해서 성애를 완전히 거부하는 소년으로, 사랑의 여신인 아프로디테를 무시하고 순결의 여신인 아르테미스만을 공경하는 인물이다. 순결과 성애의 조화가 성인에게 필요한 덕목임을 고려하면 힙폴뤼토스는 통과의례를 제대로 거치지 못한 자라고 이해할 수 있다. 그 밖에도《안티고네》에서 크레온의 파멸을 보면서 우리는 통치자의 조건이 무엇인지 생각할 수 있고, 여러 비극 작품들로부터 헬라스와 이방의 대조, 비이성적인 감정의 힘, 전쟁의 참상과 같은 문제들을 숙고할 수 있다.

어떤 학자는 그리스 비극을 논할 때 종교와 정치를 빼놓을 수 없다고 강조한다. 물론 종교와 정치는 그리스 비극 형성과 공연에서 중요한 역할을 했다. 하지만 그리스 비극은 대체로 특정 이데올로기를 노골적으로 선전하거나 종교적 교리나 믿음을 강요하지 않는다. 그리스 비극이 무엇보다도 윤리적인 내용에 그 초점이 맞추어져 있다는 점에 유념해야 한다. 아리스토텔레스가 말하는 비극의 정의에서도 비극은 '진지한 행위'를 모방하는 것으로 설명된다. (《시학》1449b24) 여기서 '진지한 행위'란 열의를 가지고 보통의 사람들이 구현하지 못하는 상당히 높은 가치를 구현하는 행위를 말하며 보통 어떤 도덕적인 가치와 밀접하게 연관되어 있다. 이런 측면에서 시민 교육의 일환으로서의 비극은 어떤 정치적인 프로파간다 propaganda나 종교적인 교훈을 제시하기보다는 시민 관객이 성찰의 시간을 갖도록 인간 행위와 관련된 여러 윤리적인 문제들을 제시하는 것을 주된 목적으로 한다.

대-디오뉘시아 제전의 특별한 순간들

대-디오뉘시아 제전과 관련해서는 먼저 비극의 기원

과 발전에 대해 생각해보아야 한다. 그리스 비극의 기원에 있어서 가장 중요한 두 가지 요소는, 디튀람보스와, 호메로스로 대표되는 서사시이다. 그리스 비극은 디오뉘소스 신을 찬양하는 제의인 디튀람보스에서 시작하기는 했지만, 어느 시점에선가 호메로스 서사시, 즉 영웅 신화를 수용하게 되었다. 이 중요한 변화에 대한 전거는 헤로도토스의 《역사》 5권 67장에서 찾아볼 수 있다. 그에 따르면 도시국가 시퀴온의 참주 클레이스테네스가 디튀람보스 공연에서 디오뉘소스 신을 대신해 아드라스토스라는 영웅에 대해 노래하게 만들었다. 바로 이 시점에서 디오뉘소스 신을 찬양하던 제의는 영웅의 고난과 업적을 노래하는 공연으로 변모하게 되었다.

그러나 본격적인 그리스 비극의 태동은 기원전 534년의 대-디오뉘시아 제전에서 찾아볼 수 있다. 당시 경연의 우승자는 테스피스라는 시인이었는데 그는 최초로 무대에 배우를 도입한 것으로 유명하다. 본래 디튀람보스는 마치 바흐의 칸타타와 같이 합창단을 중심으로 하는 공연이었지만, 테스피스는 이 합창단을 지휘하면서도 합창단과 상호작용하는 배우의 역할을 만들어냈다. 이렇게 함으로써 집단을 대표하는 합창단과 영웅이나 개인을 대변하는 배우 간의 대화, 즉 디알로고스dialogos라는 형식이 탄생하게 되었다. 이후 테스피스에 뒤이어 아이스퀼로스는 두 번째 배우를, 소포클레스는 세 번째 배우를 도입했다(《시학》 1449a15~19). 이처럼 등장하는 배우의 수가 늘어남에 따라 비극에서 형상화하는 등장인물의 수도 늘어나게 되는데, 이는 비극이 보다 다양한 갈등 상황을 표현할 수 있게 되었음을 뜻한다. 예컨대 배우들이 두서넛의 역할을 맡아준 덕분에 시인은 사회 내에서의 남녀의 갈등이나 가족 내에서 구성원들 간의 불화와 같은 주제들을 다룰 수 있게 되었다. 이러한 변화는 비극이 본래의 종교적인 성격에서 벗어나서 보다 세속적으로 발전하는 결과를 낳았다.

대-디오뉘시아 제전은 경연에 참가할 작가를 선발하는 것으로 시작했다. 여기서 참가자로 선정되는 것은 개인에게 굉장한 명예로 여겨졌다. 필요한 재정은 아테나이의 시민 중에서도 부유층들이 지원했는데 보통 정치적인 야망이 동기가 되었다고 한다. 본격적인 경연에 앞서 프로아곤proagōn이 진행되었는데, 이는 작가들이 시민들에게 자신의 작품을 소개하는 시간으로 요즘의 기자회견과 같은 행사였다. 이후 디오뉘소스의 신상이 도착하면 흥겨운 축제의 전야제가 벌어졌다. 축제의 첫날은 행렬과 집회로 시작해 디튀람보스 공연으로 이어졌다. 둘째 날엔 다섯 명의 작가가 경쟁을 벌이는 희극 경연이 있었다. 축제의 주요 부분은 사흘에 걸쳐 진행되는 비극 경연이었다. 매일 세 명의 비극 시인이 각자 사부작으로 된 작품을 무대에 올리며 경합을 했다. 심사는 꽤 독특한 방식으로 이루어졌는데, 열 명 정도의 심사원이 자신이 뽑은 작가의 이름을 도자기 파편에 적어 단지 안에 넣으면, 그중에서 다섯 표만 뽑아서 우승작을 가렸다. 이는 지나치게 과열된 경쟁을 완화하려는 목적이었던 것으로 보인다.

그런데 대-디오뉘시아 제전이 단순히 흥겨운 축제이기만 한 것은 아니었다. 고전학자 사이먼 골드힐은 이 축제에 몇 가지 특별한 순간들이 있었다고 주장한다. 첫 번째는 비극 공연이 시작하기에 앞서 열 명의 장군들이 신에게 헌주를 하고 맹세를 한 후 심사위원으로 나선다는 것이다. 국방을 책임져야 할 장군들이 전선을 비워 두고 축제의 심사위원으로 참가한다는 것은 다소 의아하게 느껴질 만한 대목이다. 둘째로 당시 도시국가 아테나이는 해상제국으로서 델로스 동맹을 이끌었으며 여기에 소속된 도시국가들은 대-디오뉘시아 제전을 기해 아테나이로 조공을 보냈는데, 축제 기간에 그 조공들이 극장에 전시되었다. 셋째로 축제 동안에 국가 유공자들이 시민들 앞에서 거명되고 화관을 받는 절차가 있었다. 마지막으로 전사한 자들의 아이들을 무대로 불러 세우는 시간도 있었는데, 이들이 성년이 되었을 때에는 국가에서 무장武裝을 수여했다고 한다. 골드힐은 이러한 특별한 순간들로부터 대-디오뉘시아 축제가 가진 시민적 또는 공민적 성격을 알 수 있다고 주장한다. 그에 따르면 비극 공연을 둘러싼 축제의 프레임들은 시민 개인과 도시 사이의 유대를 강조하고 시민의 여러 의무를 상기시킴으로써 도시국가의 이데올로기를 강화하는 데 기여했던 것이다. 이를테면 성년이 된 아이들에게 무장을 지급하는 것은 그들의 군사적 의무를 확인시켜 주고 애국정신을 고취하는 것으로 이해할 수 있다.

한 가지 흥미로운 점은 축제의 프레임이 다양한 방식으로 시민의 규범을 강조하는 반면에, 비극 공연에서는 오히려 규범을 위반하는 비극 주인공들이 무대 위에 등장한다는 것이다. 이러한 긴장 관계

아테나이 디오뉘소스 극장.

로부터 축제 의식과 비극 공연 간의 관계에 대한 의문이 생겨난다. 이는 비극 시인들이 비극의 역할 중 하나로 시민 교육을 꼽는다는 점에서 의미심장하게 다가오는 주제이다. 희극 《개구리들》에서 에우리피데스는 우리가 시인에게 경탄하는 세 가지 이유로, "시적인 재능과 조언, 그리고 시민을 더 나은 사람으로 만든다"(1008~1012)는 점들을 든다. 그리고 아이스퀼로스는 "아이들에게 가르치는 교사가 있다면, 어른들에게는 시인들이 있다"(1054~1056)고 말한다. 이런 점에서 디오뉘소스 극장이라는 공간은 성인 시민들을 교육하는 공간으로 이해할 수 있다. 이곳에서 어떻게 시민 교육이 이루어지고 있는지, 그리고 그 방식이 공민적 제도로서의 축제와 어떻게 구분되는지, 세 편의 비극을 사례로 살펴볼 것이다.

《자비로운 여신들》, 복수를 잠재운 설득의 로고스

———————— 처음으로 살펴볼 작품은 아이스퀼로스의 《자비로운
여신들》이다. 이는 오레스테이아 삼부작의 세 번째 작품인데 작품
을 제대로 이해하기 위해서는 먼저 당시의 역사적 상황을 이해할
필요가 있다. 기원전 462년에 페리클레스와 에피알테스가 주도한
급진적인 개혁을 통해 시민은 입법, 사법, 그리고 행정의 주체가 되
었다. 그 과정에서 에피알테스는 아레이오스 파고스Areios Pagos의 귀
족 협의체를 해체하고 이곳에는 오직 친족 간의 살인 사건을 재판
하는 권한만을 남겨두는 과감한 조치를 단행했다. '아레이오스 파
고스'는 '아레스 신의 언덕'이라는 뜻으로, 기원전 6세기 말 민주주
의를 발전시킨 클레이스테네스의 개혁 이후에도 공직자를 임명하
고 감사하는 기능을 도맡으며 보수 귀족들의 입장을 대변한 강력한
정치 기구였다. 이를 무너뜨리려는 에피알테스의 개혁은 귀족과 보
수 세력들의 분노를 야기했고, 결국 기원전 461년에 에피알테스는
귀족 세력에게 살해되었다. 이 사건을 계기로 도시국가 아테나이는
진보세력과 보수세력 간의 극심한 갈등이 생겨났다. 내전이 발발할
수 있는 상황이었다.

바로 이러한 위기 상황에서 도시국가의 현자인 아이스퀼로스가

오레스테이아 삼부작을 무대에 올렸다. 앞서 트로이아 전쟁에서 돌아온 남편 아가멤논을 죽인 클뤼타임네스트라에 대해 언급했었는데, 삼부작의 두 번째 작품인 《제주를 바치는 여신들》은 아폴론의 명에 따라 오레스테스가 아버지 아가멤논의 복수를 위해 어머니인 클리타임네스트라를 죽이게 되는 이야기를 다룬다.

작중 오레스테스는 모친살해라는 끔찍한 범죄를 앞두고 주저하게 되는데 이 대목에서 오레스테스와 클뤼타임네스트라의 급박한 대화는 비극적 함의를 극대화한다. 먼저 클뤼타임네스트라가 한 줄의 대사로 오레스테스를 위협한다. "봐라, 어미의 분노한 개, 복수의 여신을 조심하라."(924) 이는 모친을 살해할 경우 혈족 간의 살인을 추궁하기 위해 복수의 여신이 나타나게 됨을 경고한 것이다. 이에 대해 오레스테스 역시 한 줄의 대사로 맞선다. "허나 이 일을 그르치면 아버지의 개들을 어떻게 피할까?"(925) 이는 클뤼타임네스트라를 살해하지 않을 경우 부친의 혼령이 오레스테스에게 복수의 여신들을 보낸다는 것을 암시한다. 결과적으로 오레스테스는 딜레마에 빠지게 되는데, 만약 모친을 살해하게 되면 그 행위의 결과로 복수의 여신들의 추격을 받게 되고, 만약 복수하지 않으면 아폴론의 명을 거역한 것이 되고 부친의 혼령이 보낸 복수의 여신들에게 시달리게 되는 것이다. 이러지도 저러지도 못하는 딜레마 상황에서 결국 오레스테스는 어머니를 살해하고 복수의 여신들에게 쫓기는 신세가 된다.

오레스테스의 모친살해는 세 번째 작품인 《자비로운 여신들》에

오레스테스, 아테나 여신, 아폴론 신.

서 신들 사이의 갈등으로 번지게 된다. 여기에서는 오레스테스에게
복수를 요구한 신세대의 아폴론 신과 친족 살해의 죄를 묻는 구세
대의 복수의 여신들, 그리고 그 사이에서 중재를 맡게 된 아테나 여
신의 삼각관계가 이루어진다.

복수의 여신들에게 쫓기던 오레스테스는 아폴론의 신전이 있는
델포이에 가서 아폴론 신에게 탄원을 하고, 그의 조언에 따라 도시
국가 아테나이로 가서 아테나 여신에게 탄원을 올리게 된다. 이 순
간 오레스테스가 겪었던 딜레마는 아테네 여신의 딜레마로 변주
된다. 여신은 아폴론의 지시로 찾아온 오레스테스를 쉽게 내칠 수
도 없고, 자존심이 강한 옛 신들의 심기를 선불리 거스를 수도 없었

기 때문이다. 지혜의 여신 아테나의 해결책은 바로 '아레이오스 파고스'였다. 아테나는 이 법정에서 오레스테스가 11명의 인간 배심원과 자신에 의해 재판을 받도록 했다. 작중 아테나는 다음과 같이 말한다. "이곳 위에서 밤낮으로, 타고난 공포와 함께 존경을 가지고 시민들이 부정한 짓을 저지르지 못하게 하리라. 무정부도 아니고 독재도 아닌 정체를 존경하고 유지하며, 외경의 대상을 도시에서 완전히 추방하지 말라고 시민들에게 조언하는 바이다."(691~698) 이 발언은 아테나이 도시국가의 헌장이라고 볼 만큼 중요한 메시지를 담고 있는데, 공포와 존경이라는 도덕적 원리를 강조하며 아테나이의 법치를 강조하고, 무정부와 독재의 중용이라는 정치적 원리를 부각하며 민주주의를 옹호하고 있기 때문이다. 그런데 이러한 뜻은 이미 복수의 여신들이 부르는 코러스 노래에서 강조되었다. "무서운 것이 쓸모 있고 두려움이 영혼을 감시하며 앉아 있는 드높은 장소가 있다네."(517~519) "찬양하지 마라, 무정부의 삶도 폭정 아래의 삶도. 중용에게는, 만물 가운데 신이 우월한 지위를 주셨나니."(526~530) 결과적으로 아테나 여신은 복수의 여신들의 도덕적, 정치적 원리를 받아들임으로써 구신과 신신 사이의 갈등 또한 해결한다. 이는 아이스퀼로스가 당시의 정치적 난국에 던지는 메시지로도 읽을 수 있다. 복수의 여신들이 보수 세력이라고 본다면 아폴론과 아테나는 진보 세력으로 볼 수 있다. 이 경우 극 중 아테나가 두 신들 간의 갈등을 원만하게 해결하는 장면은 당대 그리스의 현실 정치에서 보수와 진보의 화해를 권유하는 것으로 해석할 수 있다.

그 외에 주목해야 할 점은 아테나가 발휘하는 설득의 힘이다. 오레스테스에 대한 재판은 6 대 6의 가부 동수로 끝나게 되고 자비의 법칙에 따라서 그의 석방이 결정되지만, 이런 판결에 불만을 품은 복수의 여신들은 독을 퍼뜨려서 아테나이에 역병을 일으키겠다고 아테나를 협박한다. 전쟁의 여신 아테나는 이러한 위협에 폭력으로 대응하지 않고 설득의 로고스logos를 이용한다. "설득의 여신이 지닌 놀랄 만한 힘을 당신이 공경한다면 내 말의 애무에 매혹되어 황홀하게 되리라."(885~886) 이 대사는 당시 아테나이 시민들이 도시국가 내 갈등을 해결하는 로고스의 힘을 신뢰했음을 잘 보여주는 대목이다. 게다가 놀랍게도 복수의 여신들은 "자비로운 여신들"로 변모하게 된다. 오레스테이아 삼부작의 이 마지막 장면은 당시 시민들에게 강렬한 인상을 남겼을 것이다. 복수라는 부정적인 에너지가 도시의 번영을 위한 긍정적인 에너지로 전환되는 광경은 일순간 연극과 현실을 경계를 무너뜨리며, 모든 시민들이 힘을 모아 선진조국의 찬란한 미래를 향해 나아가는 미래를 상상하게 했을 것이다.

이처럼 아이스퀼로스는 내전 위기 상황에서 대화와 타협을 중시하는 정치적 역량을 발휘해 국가적 위기를 극복하자고 조언한 것이었다.

《안티고네》, 조화를 이루지 못한 자들

──────── 오레스테이아 삼부작은 가정과 국가의 갈등이라는 측면에서도 감상할 수도 있다. 예를 들어 트로이아로 출정하기 위해 자신의 딸 이피게네이아를 제물로 바친 아가멤논은 국가(원정군)의 관점에서 가정을 파탄 낸 인물이고, 딸의 복수를 위해 남편을 죽인 클뤼타임네스트라는 다시금 가정의 가치를 회복하려는 인물이다. 나아가 오레스테스의 복수는 가정 내의 끔찍한 가족사로 볼 수도 있지만 끝내 도시국가의 관점에서 해결되는 사건으로 이해할 수 있다. 두 번째 사례인 비극 《안티고네》는 이런 측면에서 오레스테이아 삼부작과 얼마간 대비를 이룬다. 여기서는 안티고네의 행위를 통해서 도시국가보다 가정의 가치가 더 강조되기 때문이다.

《안티고네》의 이야기는 테바이의 통치권을 둘러싼 오이디푸스의 두 아들에 대한 이야기를 배경으로 한다. 테바이에서 추방된 오이디푸스에 이어 그의 두 아들인 폴뤼네이케스와 에테오클레스가 도시의 통치권을 이어받게 되는데, 두 아들은 일찍이 아버지인 오이디푸스에 의해 서로 죽임으로써 재산을 나누게 될 거라고 저주를 받은 바 있었다. 형인 폴뤼네이케스는 동생 에테오클레스와 함께 1년씩 서로 돌아가며 테바이를 통치하는 것에 합의했다. 에테오클레스가 먼저 테바이를 통치하게 되었다. 1년이 지난 후 폴뤼네이케스가 왕권을 돌려달라고 요구했지만 에테오클레스가 이를 거부하는 일이 발생했고, 폴뤼네이케스는 아르고스로 가서 이방의 군대를 이끌고 테바이를 공격하게 된다. 그 결과 오이디푸스의 저주대로 형제는 테바이의 일곱 번째 성문에서 만나 서로를 죽이고, 마침내 테바이는 침략군을 물리치게 된다.

소포클레스의 《안티고네》는 테바이의 성문이 열리며 오이디푸스의 두 딸 안티고네와 이스메네가 등장하면서 시작한다. 안티고네는 혈족의 관습에 따라서 오라버니인 폴뤼네이케스의 시신을 매장하자고 이스메네를 설득하지만, 이스메네는 전장에서 크레온 장군이 이를 금지하는 명령을 내렸다는 이유로 거절한다. 그러자 안티고네는 분노하면서 혼자서라도 폴뤼네이케스의 시신을 매장하겠다며 퇴장한다. 이후 크레온이 테바이의 왕으로 등극하게 되고 도시를 배신한 폴뤼네이케스의 매장을 금지하는 포고령을 내린다. 그러나 곧 파수꾼이 등장해 누군가가 포고령을 어기고 폴뤼네이케스의 시신을 매장하려 한다는 소식을 전한다. 그래서 현장에서 붙잡힌 안티고네는 크레온 왕 앞으로 끌려오게 되고 긴 논쟁 끝에 결국 안티고네는 도시의 법을 어긴 죄로 사형을 선고받는다. 이때 크레온의 아들이자 안티고네의 약혼자인 하이몬이 등장해 안티고네의 처사를 두고 아버지와 반목한다. 하지만 그 역시 끝내 아버지를 설득하는 데 실패하고 안티고네가 죽으면 누군가가 죽을 것이라는 의미심장한 암시를 남긴 채 자리를 떠난다.

크레온은 안티고네를 동굴 안에 산 채로 매장하는 형벌을 내리지만, 이에 대해 예언자 테이레시아스는 신들의 뜻을 전하며 "크레온 당신의 포고령으로 인해 도시국가가 완전히 오염되고 있다"(1015)

안티고네와 크레온.

고 경고한다. 크레온은 처음엔 이 예언에 저항하지만 결국 자신의 결정을 철회하고 매장한 안티고네의 석방과 폴뤼네이케스의 장례를 허락하게 된다. 하지만 그것은 너무 늦은 결정이었다. 동굴 안에 갇혀 있던 안티고네가 이미 스스로 목숨을 끊었기 때문이다. 파국은 거기에서 멈추지 않았다. 동굴 안에서 안티고네의 죽음을 발견한 하이몬은 약혼녀를 잃은 슬픔에 아버지가 보는 앞에서 자결하게 되고, 아들의 자결 소식을 들은 크레온의 아내 에우리디케마저 스스로 목숨을 끊는다. 이로써 《안티고네》는 크레온의 가정이 완전히 파괴되는 것으로 끝이 나게 된다.

《안티고네》는 상반된 가치들의 충돌을 그리고 있다. 예컨대 가족과 국가, 여성과 남성, 타고난 본성인 퓌시스physis와 인간이 만든 노모스nomos 간의 갈등이 다루어지고 있으며, 특히 노모스들 중에서도 안티고네가 강조하는 혈족의 관습과 크레온이 대변하는 국가의 법이 충돌한다. 전자가 개인적이고 가족적이며 신들에게서 나온 영원한 불문율이라면, 후자는 세속적이고 국가적이며 신이 아닌 인간의 질서로서 유한한 성문법이다. 이러한 가치들의 충돌은 극중 안티고네와 크레온의 대사를 통해서도 살펴볼 수 있다. 안티고네는 "나는 오빠를 묻을 거야. 그런 일을 하고 죽는다는 건 명예로운 일이지"(71~72)라고 말하며 관습의 실천을 위해 죽음을 불사하는 모습을 보여준다. 반면 크레온의 연설은 정반대의 관점을 드러낸다. "자신의 조국보다 친구 또는 가족을 소중하게 여기는 자는 이 땅 위에 설 자리가 없소. 이 나라에 악의를 품은 인간을 결코 친구로 여기지 않을 것이오. 이러한 원칙 아래 나는 이 도시를 위대하게 만들 것이오."(182~191) 도시를 위해 친구와 적을 명확히 구분해야 한다는 그의 정치철학은 유공자인 에테오클레스 왕은 성대하게 장례를 치러야 하고, 외국의 군대를 이끌고 도시를 침공한 폴뤼네이케스의 시신은 짐승의 먹이로 던져야 한다는 결론을 내놓게 된다.

그런데 두 인물을 통해 전개되는 가치관의 충돌에 대해 소포클레스는 어떤 관점을 취하고 있는가? 코러스는 이 갈등에 대한 비극 시인의 입장을 함축적으로 전달한다. 크레온이 폴뤼네이케스의 장례를 금지하는 포고령을 내리자마자 파수꾼이 등장해서 누군가 포고령을 어기고 폴뤼네이케스의 장례를 치르려 한다는 보고를 올린다. 이 장면에서 코러스는 파수꾼이 경계하는 와중에도 자신의 뜻을 관철하는 범인의 대담함에 놀라며 인간 존재에 대한 성찰을 시작하고, 이로부터 다음의 유명한 구절이 나오게 된다. "놀랍고 두려운 것이 많지만polla ta deina 인간보다 놀랍고 두려운 존재는 없다네." (332~333) 이 노래에서 소포클레스는 인간 문명의 발전을 정리한다. 인간은 자연을 지배했고 동물을 길들였으며 자신의 이성적인 능력을 통해 언어를 사용하고 도시를 건설했다. 그러나 "기술로 만든 발명품은 기대 이상으로 교묘하기에 인간은 때때로 피해를 주고 때때로 이익을 준다"(364~367)는 가사처럼 인간의 기술은 양가적인 성격을 가지고 있다.

인간 존재와 인간 문명에 대한 코러스의 첫 구절은 언뜻 작품의 문맥을 벗어난 듯한 인상을 줄 수 있다. 하지만 놀랍고 두려운 존재인 인간의 발명품 중 하나가 바로 도시이며, 그 도시를 관리하고 운영하는 통치술 또한 인간의 기술임을 생각한다면, 코러스의 궁극적인 메시지는 도시국가 테바이를 둘러싼 갈등을 조정하는 문제를 겨냥하고 있다고 볼 수 있다. 코러스는 계속해서 다음과 같이 노래한다. "나라의 법, 그리고 신들에게 맹세한 정의를 잘 조화시키는 자는 도시에서 뛰어난 자hypsipolis가 되지만, 무모함으로 수치스러운 일을 벌이는 자는 도시에서 추방된다네apolis."(368~372) 여기에서 '나라의 법'은 폴리스와 관련한 크레온의 포고령과 연결되고, '신들에게 맹세한 정의'는 안티고네가 지키려 하고 테이레시아스의 예언을 통해 신들이 지지하는 혈족의 관습과 연결된다. 이런 맥락에서 코러스는 충돌하고 있는 두 가지 원리의 조화를 강조하는 소포클레스의 견해를 대변하고 있다고 볼 수 있다.

조화를 이루지 못한 자가 폴리스에서 추방될 것이라는 코러스의 메시지는 크레온과 안티고네 모두를 향하고 있다. 서로의 입장을 조화시키는 데 실패한 결과 안티고네는 말 그대로 도시에서 추방되었고, 크레온은 자신의 가정이 완전히 파괴되는 파국을 맞이한다. 크레온의 파멸은 테바이에 디오뉘소스 신이 도착하는 장면을 통해서도 예고된다. 자신의 잘못을 깨달은 크레온이 안티고네를 풀어주기 위해 무대에서 퇴장한 후 코러스는 디오뉘소스 신의 도착을 알리는 노래를 부른다. "지금 전 도시가 역병의 공격으로 병에 걸려 있으니 파르나소스 산비탈이나 메아리치는 해협을 건너 정화하는 발걸음으로 오소서."(1140~1145) 하지만 디오뉘소스 신의 도착은 곧 크레온의 파멸을 의미한다. 신은 민주주의의 수호자로서 독재자 크레온를 무너뜨리는 존재인 것이다.

비극 《안티고네》를 통해서 소포클레스가 시민들에게 전달하려고 했던 메시지는 가족의 원리와 국가의 원리를 조화롭게 함으로써 국가를 잘 통치할 수 있다는 것이었다.

《힙폴뤼토스》, 어른이 되지 못한 소년의 죽음

───────── 《힙폴뤼토스》는 에우리피데스의 5대 걸작 중 하나이다. 이 작품은 기혼 여성의 애욕이라는 민담의 중요 주제 중 하나를 다룬다는 점에서 에우리피데스의 《스테네보이아》나 구약성경 〈창

세기〉의 요셉과 보디발의 이야기와 함께 다뤄볼 만한 작품이다. 하지만 이번에는 남자 주인공인 힙폴뤼토스에 초점을 두고 작품을 살펴볼 것이다.

이야기의 주요 등장인물은 아테나이의 왕인 테세우스와 부인 파이드라, 그리고 테세우스와 아마존의 여전사 힙폴뤼테 사이에서 태어난 힙폴뤼토스이다. 비극은 극단적으로 순결을 추구하는 힙폴뤼토스에 대한 아프로디테 여신의 경고로 시작한다. "내 힘을 존중하는 자는 나도 명예를 높여주지만, 내게 오만한 생각을 가진 자는 반드시 넘어뜨리노라. 힙폴뤼토스는 유독 저 혼자만이 나를 가장 사악한 여신이라 부르며, 사랑도 거부하고 결혼도 염두에 두고 있지 않는구나."(4~14) 사랑의 여신은 힙폴뤼토스에 대한 징벌을 예고한 후 무대에서 퇴장하고, 뒤이어 힙폴뤼토스가 등장해 순결을 관장하는 아르테미스 여신의 신상에 화환을 바치고 여신을 찬양한다. 그는 맞은편에 있는 아프로디테 여신의 신상에는 눈길조차 주지 않는데, 곁에 있던 노인이 아프로디테 여신에게도 경배해야 하지 않느냐고 묻자 "나는 밤에 경배해야 하는 신은 마음에 들지 않네"(107), 하며 아프로디테를 무시한다.

아프로디테의 응징은 테세우스의 아내인 파이드라가 힙폴뤼토스를 욕망하게 함으로써 시작되었다. 파이드라는 상사병에 걸리게 되고 그녀를 돌보던 유모는 그 원인이 힙폴뤼토스에게 있다는 사실을 알게 된다. 유모는 이 문제를 해결하려고 힙폴뤼토스를 찾아가 사정을 설명하지만, 그 이야기를 들은 힙폴뤼토스는 크게 분노한다.

그는 이 사실을 발설하지 않겠다고 맹세했지만 파이드라의 부정에 대해 마땅한 조치를 취할 거라고 위협한다. 이 대목에서 힙폴뤼토스는 자신의 여성 혐오를 드러낸다. "오 제우스시여, 왜 그대는 인간들에게 위선적인 재앙인 여자들을 이 세상에 내놓으셨나이까? 인간의 종족을 이어가는 것이 그대 뜻이라면, 굳이 여자를 통해서 그러실 필요는 없으니까요."(616~619) 힙폴뤼토스는 신에게 바치는 제물에 따라 아이를 얻으면 된다는 괴상한 생각을 가지고 있었는데, 어쨌든 그가 드러낸 여성 혐오는 파이드라에게는 상당한 위협이 되었다.

사실 파이드라는 작품 내에서 고귀한 인물로 그려진다. 그녀는 아프로디테의 자장 아래 금지된 애욕에 휘둘리고 있지만 스스로 절제하려고 노력하며, 만약 자신이 감정을 억제하지 못하면 자결하겠다고 선언할 정도로 명예를 중시했다. 그러나 유모가 개입해서 비밀을 누설함으로써 그녀의 명예는 위기에 처하게 되고 결국 힙폴뤼토스의 위협에서 벗어나기 위해 그녀는 계략을 꾸미게 된다. 이 장면에서 비로소 아프로디테 여신의 동기가 인간 파이드라의 동기와 겹치게 되는데, 파이드라 또한 힙폴뤼토스의 파멸을 바라게 되었기 때문이다. 다음의 대사는 그녀의 의도를 잘 보여준다. "내 죽음으로나는 다른 이에게도 재앙을 안겨줄래요. 그는 내 불행을 보고 우쭐해서는 안 된다는 것을 알아야 해요. 내 고통에 말려들면 그도 절제가 무엇인지 배우게 되겠지요."(728~731) 여기에서 '절제sōphrosynē'로 옮긴 말은 '양식良識'이나 '중용'으로도 옮길 수 있는데, 이는 극단적

마차를 모는 힙폴뤼토스.

으로 순결만을 중시하는 힙폴뤼토스의 치우친 가치관을 향한 비판으로 볼 수 있다. 어쨌든 파이드라는 서판에 힙폴뤼토스가 자신을 겁탈하려 했다는 거짓말을 남기고 스스로 목숨을 끊음으로써 자신을 향했던 위협을 힙폴뤼토스에게로 돌리게 된다.

귀향하자마자 그 서판을 읽은 테세우스는 힙폴뤼토스에게 격노한다. 힙폴뤼토스는 부친에게 자신의 결백을 주장했지만 끝내 설득할 수 없었다. 결국 힙폴뤼토스는 "이 여인은 순결할 수 없었는데 순결해졌고, 저는 순결함에도 그것이 도움이 되지 않네요"(1034~1035) 하며 억울한 심정을 토로하며 추방의 길을 떠나게 된다. 그러나 테세우스의 분노는 거기에서 멈추지 않았다. 그는 바다의 신 포세이돈에게 힙폴뤼토스의 죽음을 빌었고, 전차를 타고 해안가를 달리던 힙폴뤼토스는 포세이돈이 보낸 바다의 괴물 때문에 말들이 미치면서 불의의 사고를 당한다. 비극의 마지막 장면에서야 사건의 본질을 해명하기 위해 아르테미스 여신이 나타난다. 테세우스는 아들의 결백함을 뒤늦게 알게 된다. 힙폴뤼토스가 아버지를 용서하며 죽어가자, 테세우스는 "얼마나 경건하고 고결한 심성인가!"(1454) 하며 탄식한다.

비극 《힙폴뤼토스》는 순결과 성애의 조화라는 통과의례를 통과하지 못한 소년의 모습을 통해서 성애라는 우주적인 원리가 갖는 힘을 인정하며 우리 삶에서 성애와 순결의 중용이란 핵심적인 가치를 부각한다.

고통을 통한 배움

─────── 이제 비극을 통한 시민 교육이라는 주제로 돌아가 보자. 앞서 설명했듯이 사이먼 골드힐은 규범을 강조하는 축제의 순간들과 규범의 위반을 재현하는 비극 사이에 간극이 있음을 짚어냈다. 그래서 이 상반된 성격의 변증법적인 종합이 대-디오뉘시아 축제에서 비극 공연의 의미라는 결론을 내렸다. 그런데 이 규범의 위반을 재현하는 비극은 비윤리적 감정을 자극하는 것이 아니라 우리가 인간의 행위와 결과에 대해 주체적으로 성찰하게 하여 앞으로

어떻게 살아가야 하는지 질문하게 해 준다. 이러한 점에서 그리스 비극은 종교적이기에 앞서 정치적이고, 정치적이기에 앞서 윤리적이라 하겠다.

오레스테이아 삼부작에서 제우스는 인간을 통치하는 원리로 '고통을 통한 배움pathei mathos'을 제시한다(《아가멤논》177). 이는 비극을 통한 교육의 핵심이기도 하다. 극장에 모인 관객들은 비극의 주인공이 겪는 고통에 연민과 공포를 느낌으로써 자신의 삶에도 닥칠 수 있는 여러 윤리적인 문제들과 마주하게 된다. 비슷한 상황에서 자신도 비극의 주인공과 똑같이 행동하기 쉬우며 마찬가지로 파멸에 이를 수 있다고 상상하면서 배움의 기회를 가지게 된다. 이 깨달음의 순간이 바로 아리스토텔레스가 말하는 비극의 목적, 즉 카타르시스(정화淨化)라 하겠다. 이처럼 '고통을 통한 배움'의 과정에서 우리는 덕성 있는 시민으로 성장하게 될 것이다.

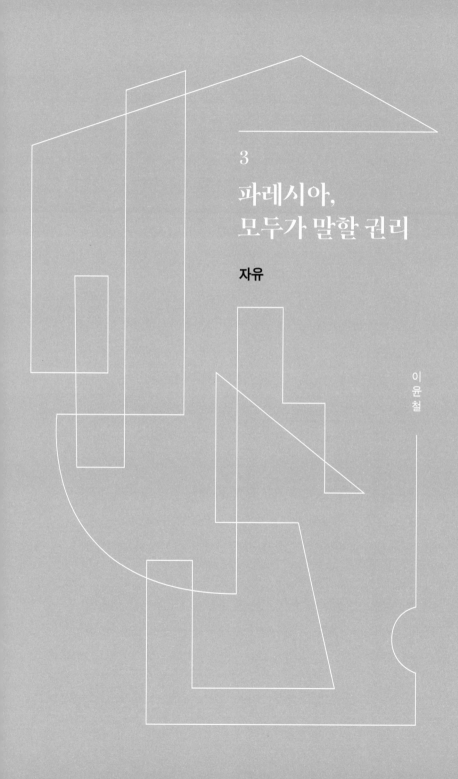

3

파레시아,
모두가 말할 권리

자유

이윤철

고대의 그리스에서, 특히 기원전 6~4세기의 아테나이에서 사람들은 민주주의를 최초로 꽃피우며 '시민polítēs'으로서 살아갔다. 그들은 시민을 자유로운eleutheros 자, 즉 자유민으로 이해했으며, 이를 시민이 아닌 자들과 분명히 구분하고자 자신들에게 특정의 고유한 의무와 권리를 부여했다. 그들이 스스로에게 부여한 시민의 의무와 권리는 크게 경제와 안보 그리고 복지와 정치의 영역에 걸쳐 있었으며, 이는 자신들의 자유를 최대한 보장하기 위해 마련한 일종의 사회적 장치이기도 했다. 아테나이인들이 의미하던 자유란 기본적으로 참정의 자유를 가리켰다. 그리고 참정의 자유는 파레시아parrēsia, 즉 연설의 자유 혹은 자유 연설의 실천을 통해 보장받았다. 간단히 말해, 아테나이에서 시민이란 주어진 의무를 충실히 수행하면서 동시에 정치 모임에서 연설을 하거나 들을 권리를 그 누구로부터도 침해받지 않아 주체적이면서 자유롭게 정치 및 사회의 활동에 참여할 수 있는 자였다.

자유로운 자, 시민

———————— 시민은 도시polis 즉 공동체의 구성원을 가리킨다. 하지만 아테나이의 경우 도시의 구성원 모두가 시민이었던 것은 아니다. 시민들 외에도 다양한 신분들이 함께 어우러져 아테나이 공동체를 구성했다. 그들 가운데에는 '메토이코스metoikos'라 불렸던 거류외국인, '크세노스xenos'라 불렸던 외지인, '둘로스doulos'와 '오이케테스oiketēs'로 불렸던 공적 및 사적 노예가 있었다. 거류외국인은 외지 출신으로서 아테나이 시민의 권리를 지니지는 못했지만 아테나이에 합법적으로 머무를 자격을 취득한 자들을, 외지인은 아테나이를 잠시 방문한 자들을 가리켰다. 그리고 공적 노예는 도시에 소속된 노예를, 사적 노예는 개인의 가정에 귀속된 노예를 의미했다.

이처럼 다양한 구성원들 가운데 시민은 '자유로운 자', 즉 '자유민'이라 불렸는데, 이러한 명칭이 사용되었다는 것은 당시에 시민이 아닌 구성원들에게선 자유가 상대적으로 제한되었음을 보여준다. 이사야 벌린이 자신의 《자유론》에서 자유를 두 개념으로 구분해 제안한 이래로, 현대에는 자유를 크게 적극적 자유와 소극적 자유로 나누어 생각한다. 이때 적극적 자유란 개인 자신이 원하는 바를 자신의 자발적인 의지에 따라서 추구하고 할 수 있는 자유를, 그리고 소극적 자유란 개인이 외부의 강제나 속박에 벗어나 있는 상태를 의미한다. 고대 아테나이인들은 이와 같은 식으로 자유의 두 의미를 명시적으로 구분하지는 않았다. 그럼에도 그들은 어떠한 종류의 외압에도 영향을 받지 않아 무엇이든 원하는 바를 행할 수 있는 상태를 자유로 여겼으니, 그들의 자유 개념은 자연스럽게 현대의 자유에 대한 두 의미를 모두 포괄한다고 이해할 수 있다.

그렇다면, 도대체 누가 이와 같은 자유를 누리는 시민이 될 수 있었던 것인가? 널리 알려져 있듯, 기본적으로 고대 아테나이에서 시민으로 간주되었던 자들은 성인 남성이었다. 그래서 《정치학》 1278a에서 아리스토텔레스는 아직 성인이 되지 못한 남성을 단지 가정적으로만hypotheseōs 시민이라고, 혹은 미완성atelēs 시민이라고 부르기도 한다. 그러나 무턱대고 성인 남성만을 시민이라고 이해하는 것은 자칫 오해를 불러일으킬 수도 있다. 단지 성별에 따른 성장의 입장에서만이 아니라, 상속 개념과 참정 맥락에서 아테나이의 시민권을 이해할 경우, 시민에 대한 그들의 입장이 보다 분명해진다. 아테나이는 시민권의 획득 및 보장을 위해 속인주의屬人主義를 채택했다. 초기 아테나이의 속인주의는 아버지 중심으로 이루어졌다. 그래서 기원전 5세기 중엽 이전까지는 아버지만 시민이라면 그 자녀도 시민권을 갖기에 충분하다고 여겨졌다. 예를 들어, 기원전 6세기 초에 아테나이에서 민주 개혁을 시도한 것으로 잘 알려진 클레이스테네스는 아테나이의 귀족 출신의 아버지인 메가클레스와 펠로폰네소스반도 북쪽에 위치한 시퀴온의 왕족 출신의 어머니인 아가리스테 사이에서 태어났다. 그리고 6세기 말에 아테나이의 장군이었던 키몬 역시 아테나이 장군 출신의 아버지인 밀티아데스와 발칸반도 남동부에 맞닿아 있는 그리스 북부 지역인 트라케의 왕족 출신의 어머니인 헤게시퓔레 사이에서 태어났다. 이들은 자신들의 아버지가 아테나이의 시민권을 가지고 있었기 때문에 태어났을 때 부터 시민권을 인정받았고, 시민으로 성장해 아테나이의 정치가이자 장군으로 활동했다.

그런데 기원전 451/450년을 기점으로, 아리스토텔레스의 《아테나이의 정체》 26장 4절에서 보고되고 있는 바를 따를 경우, 안티도토스가 통치 조직의 최고 행정관직인 아르콘archōn으로 역임한 지 3년이 되었을 때 페리클레스의 제안에 따라 시민권에 관한 법령이 개정되었다. 그는 이전에 비해 보다 극단적인 형태의 속인주의로 시민권 부여를 제한하고자 요구했고, 이에 따라 아버지와 어머니 모두가 시민인 경우에만 그 자녀도 시민권을 갖게 되었다. 이 법령은 페리클레스 자신의 아들에게도 적용이 되었다. 그래서 플루타르코스는 《페리클레스》 37절에서 페리클레스가 오늘날 터키의 서부에 속하는 밀레토스 출신의 두 번째 부인인 아스파시아 사이에서 얻은 아들인 페리클레스 2세는 자신의 아버지가 제안한 법령으로 인해 아테나이의 시민권을 가질 수 없었으며, 훗날 이런 이들을 구제하기 위한 특별 조령이 발효된 후에야 비로소 아테나이의 시민권을 취득할 수 있었다고 보고한다. 시민권을 취득한 후에야 페리클레스 2세는 펠로폰네소스 전쟁 중에 아테나이와 스파르타 사이에 발생한 아르기누사이 해전에 장군으로 참여했고, 아테나이의 승리를 이끄는 데 일조했다. 그러나 그는, 전투에서 승리했음에도 불구하고, 좋지 않은 기후 사정으로 인해 부상자들과 전사자들을 제대로 본국에 송환시키지 못한 일에 분개한 아테나이인들에 의해 민회에 소환되어 해전에 참여한 다른 장군들과 함께 처형을 당했다.[*]

어쨌든 페리클레스의 시민권 개정안은, 성인 남성만이 시민으로 여겨졌다는 기존의 통념과는 달리, 아테나이의 시민권 개념은 아버지와 어머니 모두가 시민이어야 한다는, 즉 여성도 시민으로 간주되고 있었다는 점을 보여준다. 따라서 시민인 남편이 사망할 경우, 그 부인이 시민으로서의 권리를 일부 나누어 받아 가정의 가장kyrios으로서 자녀 양육에 책임을 다하기도 했다. 그 경우 여성인 부인도 성인 남성을 중심으로 제공되었던 복지와 재정에 관한 시민의 권리를 일부 획득할 수 있었다. 그렇다고 해서 당시 아테나이에서 여성이 남성과 전적으로 동등한 위치에서 시민으로 대우를 받았던 것으로 보이지는 않는다. 뒤이어 살펴보겠지만, 아테나이에서는 특정한 의무를 이행하고 권리를 향유할 수 있도록 인정받은 자만이 진정한

[*] 당시 오직 아테나이의 시민만이 장군직 더 나아가 공직에 선출되었는지는 다소 불분명하다. 일부 사료들에서는 시민이 아닌 자들도 그 능력이 인정되는 경우 아테나이의 장군이나 공직자로 선출되었다고 보고되고 있기 때문이다. 예를 들어 플라톤은《이온》541c~d에서 외지인인 키지코스 출신의 아폴로도로스가 아테나이의 장군으로, 또 안드로스 출신의 파노스테네스와 클라조메나이 출신의 헤라클레이데스가 공직자로 선출되었다고 보고한다. 아리스토텔레스의《아테나이의 정체》41이나 로마의 역사가인 클라우디우스 아엘리아누스의《다양한 역사》14.5에서도 유사한 내용이 보고된다. 그러나 이러한 보고들이 시민이 아닌 자들이 공직과 장군직에 선출되었다는 점을 단정하고 있는 것은 아니다. 피터 로즈 등 현대 사가들의 연구에 따를 경우, 그들 대부분이 아테나이의 시민권을 받은 것으로 해석되기 때문이다. 그럼에도 불구하고, 그들이 장군이나 공직자로 역할 했기에 시민권을 부여받은 것인지, 아니면 시민권을 부여받았기에 그처럼 역할 했는지에 대해선 여전히 의견이 분분하다. 아울러 이러한 경우들이 특정 상황들에서 벌어지긴 했지만, 그렇다고 일반적으로 시행되지는 않았던 것으로 보인다.

시민이었으며, 그러한 의미에서 시민권을 가진 자는 민회에 참석할 자격이 주어지는 18세 이상의 남성, 보다 완전한 의미에서는 민회 외에도 행정 및 입법 기관에 참여할 자격이 주어지는 30세 이상의 남성으로 한정되었다.

이후 펠로폰네소스 전쟁에서의 패배로 인해 정립된 삼십인참주 정을 타파하고 다시 민주정을 수복하는 가운데, 시민이 아니면서도 이를 위해 시민과 함께 목숨을 바쳐가며 노력한 이들 모두에게 시민권을 부여하자는 주장이 아테나이에서 제기되기도 했다. 특히 아테나이의 민주정 수복을 이끌었던 트라쉬불로스가 이러한 주장의 선봉에 섰다. 아리스토텔레스의 《아테나이의 정체》 40장 1~2절에 따르면, 트라쉬불로스는 거류외국인들뿐만 아니라 노예들도 시민들과 함께 페이라이에우스로부터 아테나이로 진격했으니 이들 모두에게 시민권을 부여하자고 제안했다. 그러나 그의 주장은 기존 시민들의 반대로 인해 실천으로 옮겨지지 못했다. 종합하면, 고대 그리스의 아테나이에서 시민이란 시민인 부모로부터 태어나 의무를 이행하고 권리를 보장받으며 공동체에서 자유를 누리는 자로서, 특히 참정과 관련한 의무와 권리를 향유하는 자였다. 그래서 누군가 의무를 이행하지 않거나 의무가 제한되는 경우, 혹은 권리가 제한되는 경우에는 전적인 자유를 누리지 못하는 것으로 여겨졌고, 따라서 그러한 자는 완전한 의미에서의 시민으로서도 인정받지 못했다고 이해할 수 있다.

시민의 의무

──────── 당시 아테나이의 시민에게는 네 가지의 의무가 부과되었다. 그것들은 납세, 군역, 효도, 매춘 금지였으며, 그 가운데서도 특별히 중요하게 여겨졌던 것은 납세와 군역의 의무였다. 이 네 가지 의무들의 기본적인 내용은 다음과 같다.

납세의 의무는, 데모스테네스의 연설을 통해 볼 수 있듯, 시민의 재산 등급에 따라서 차등적으로 부과되었다.

아테나이인들이여, 만약 당신들이 [재산의 정도에 따라 세금을 낸다는] 이런 원칙을 이제 기꺼이 수용하려 든다면, 이전에는 없었던 것처럼, (…) 각각의 시민이 도시를 위해 마땅히 해야만 하는 듯이 최선을 다해 봉사를 할 것이고, 부유한 자들은 [더더욱 세금을] 지불할 것입니다.

_데모스테네스, 《필립포스에 맞서 1(4)》, 7절

당시에는 지금처럼 동산과 부동산의 구분이 명확하지 않았기 때문에, 소득을 기준으로 세금의 규모가 정해졌다. 가령, 아리스토텔레스가 《아테나이의 정체》 7장 3~4절에서 보고하고 있듯, 솔론은 각기 다른 권리와 의무를 갖는 네 개의 과세 구간, 즉 펜타코시오메딤노이pentakosiomedimnoi, 힙페이스hippeis, 제우기타이zeugitai, 그리고 테테스thêtes를 소득 등급에 따라 구분했으며, 그 가운데 가장 높은 등급인 펜타코시오메딤노이에는 1년에 500량metron 이상의 마른 물품과 유동 물품을 생산해내는 이들이 속했다. 여기서 마른 물품이란 곡물이나 과실 등의 고체형 생산물을, 그리고 유동 물품이란 포도주나 올리브유 등의 액체형 생산물을 의미했다. 그 아래 등급들인 힙페이스, 제우기타이, 테테스에는 각각 300~500량 사이, 200~300량 사이, 그리고 200량 이하의 마른 물품이나 유동 물품을 생산하는 자들이 속했다. 시민들은 재산 수준에 따라 네 등급 가운데 한 등급으로 분류된 뒤, 자신들 생산량의 5%에서 10%에 해당하는 세금을 도시에 납부했다.

재산에 따른 시민의 구분은 그들의 정치적 삶에도 영향을 끼쳤다. 직접민주주의를 채택한 아테나이에서는 모든 시민이 민회에 참여했지만, 행정과 관련한 관직들은 가급적이면 상위의 세 등급에 분류된 시민들로 구성되도록 유도되었다. 공무의 집행에 예산이 필요한 경우 가능한 한 담당 관직자가 스스로 그 비용을 충당하도록 하기 위해서였다. 반대로 가장 아래 등급인 테테스의 경우에는 민회, 그리고 필요에 따라서는 시민 법정에만 관여했다. 아테나이인들이 이처럼 재산의 수준에 따라 차등적으로 행정 직책에 참여하도록 했던 까닭은, 부유한 사람이 도시 재정의 책임을 맡음으로써 시민 모두가 재산의 정도 차와 무관하게 정치활동에 참여할 수 있도록 하는 것이 사회적 평등을 최대화시킬 수 있는 방안이라고 여겼기 때문이다.

재산 수준에 따라 등급화되어 있던 과세 제도는 기원전 4세기에 이르러 '에이스포라eisphora'라고 불리는 재산세가 도입되면서 변화를 겪었다. 새로이 도입된 세금제 역시 가급적이면 부유한 사람들을 중심으로 도시의 세수를 확충하자는 이념을 담고 있었는데, 이때 가리키는 부유층은, 단순히 네 등급 가운데 가장 높은 등급인 펜타코시오메딤노이를 가리키는 것이 아니라, 그보다도 더 높은, 즉 도시에서 오직 2~3퍼센트만이 해당되는 최상류층을 의미했다. 초창기에는 에이스포라가 필요할 때마다 민회의 법령에 따라 산발적으로 징수가 되었지만, 기원전 347년을 기점으로 일종의 일반세 형태로 전환되었으며, 이때 최상류층은 에이스포라로 연간 약 10탈란톤 가량을 정기적으로 납부했다. 그 외에도 아테나이 시민들은 특별세 성격의 공공봉 사세leitourgia를 납부했다.* 이는 도시에서 운영하는 의식과 행사의 비용을 충당하고 해군력을 유지하기 위해 함선을 유지하거나 증강하기 위해 거두어졌다. 나중에는 이 공공봉사세 역시 부유층이 담당해서 경제력이 없는 사람들이 피해를 받지 않도록 조정되었다.

납세만큼이나 중요하게 여겨졌던 또 다른 시민의 의무는 군역이었다. 납세와 마찬가지로 군역도 재산 등급에 따라 차등적으로 부과되었다. 당시 시민들은 일상의 삶을 영위하다가 전쟁이 일어나면 각자의 방식으로 전쟁에 참가해야 했다. 그리고 그 외에도 군역을

---

* 당시 아테나이의 화폐 단위에는 오볼obo, 드라크메drakmē, 므나mna 그리고 탈란톤 talanton이 있었다. 6오볼이 1드라크메에, 100드라크메는 1므나, 또 60므나는 1탈란톤에 해당한다. 당시의 1드라크메가 정확히 얼마의 가치를 갖는지를 규명하거나, 이를 현대 화폐 가치로 완벽하게 환산하는 것은 불가능하나, 그럼에도 1드라크메가 2020년 기준의 우리나라 화폐 가치로 약 25,000원에서 45,000원 사이 정도가 된다고 가늠할 수 있다.

수행하기에 적합한 나이에 이른 시민은 대표 행정관직인 에포뉘모스 epōnymos가 정한 기간만큼 군역의 의무를 이행해야 했다. 앞서 살펴본 네 개의 등급이 군역에서도 기준이 된다. 펜타코시오메딤노이는 직접 전쟁에 참가하기보다는 군사 제반 전체에 걸쳐 경제적 책임을 맡았다. 펜타코시오메딤노이만큼은 아니나, 그럼에도 경제적 조건이 어렵지 않았던 힙페이스와 제우기타이는 전투에 필요한 무장 물품을 자력으로 구비했다. 힙페이스는 기병으로 역할하며 자신이 탈 말과 무장을 직접 구비해 전투에 참가했고, 제우기타이는 중장갑 무장보병으로 역할하며 자신의 무기와 갑옷, 그리고 방패를 스스로 갖추어 전투에 임했다. 그러나 상대적으로 재산에 여유가 없던 테테스 등급은 그와 같은 무장을 스스로 준비할 수가 없었기 때문에 별다른 개별적인 전투 준비가 필요하지 않은 보직을 맡았다. 대표적으로 그들은 해군의 삼단노선에서 수병으로서 복무했다.

시민의 주된 의무인 납세와 군역은 거류외국인 즉 메토이코스에게도 부과되었다. 시민과 마찬가지로 거류외국인 역시 재산 등급에 따라 군역의 의무를 수행했고, 재산이나 소득 수준과 상관없이 매년 '메토이키온metoikion'이라 불리는 거류외국인세를 납부했다. 남성 거류외국인의 경우엔 12드라크메, 여성 거류외국인의 경우엔 6드라크메가 부과되었으며, 특별히 부유한 거류외국인에게는 시민이 납부했던 공공봉사세를 추가로 부담했다고 전해진다. 거류외국인이나 외지인 가운데서 아테나이 공동체의 안정적 유지 및 발전에 커다란 도움을 제공했다고 여겨져 그들이 시민에 준하는 자격이 있다고 인정받은 이들은 아테나이 시민과 동등한 세율의 세금을 내는 혜택을 받았다. 이는 '이소테리아isoteria'라고 불렸는데, 이 혜택을 받은 경우엔 거류외국인세가 면제되었다.

납세와 군역 외에 아테나이의 시민이 지녔던 독특하고 흥미로운 의무들로는 효도와 매춘 금지가 있었다. 현대에는 효도가 법적인 개념이 아니라 도덕적인 개념이지만, 당시 그리스의 시민은 불효를 저지른 경우 법적인 처벌을 받았다. 안도키데스와 아이스키네스 그리고 데모스테네스의 연설은 이러한 시민의 효도 의무를 잘 보여준다.

자신의 부모를 제대로 대하지 않았다는 이유로 유죄판결을 받는다면, 권리들은 박탈당해 마땅하며, 부모의 재산을 소유하는 것을 유보시켜야 합니다.
_안도키데스, 《비의祕儀와 관련하여 (1)》, 74절

'공인에 대한 면밀한 조사'라는 이름 아래, 누구든 자신의 아버지 혹은 어머니를 구타한 자가, 아니면 부모를 공양하거나 부모에게 집을 마련해주는 데 실패한 자가 대중들 앞에서 연설을 하려 하는 경우, 그런 자는 연설을 하지 못하도록 금해야 합니다.
_아이스키네스, 《티마르코스에 반대하여 (1)》, 28~32절

[불명에 처분 외에] 어떤 적합한 벌금을 당신은 배상할 수 있겠으며, 혹은

어떠한 처벌로 당신은 벌을 받을 수 있겠습니까? 소위, 연로한 자들을 보호해야 한다는 법률들과 살아생전 부모를 잘 봉양해야만 한다는 법률들, 그리고 부모가 죽을 때 관례에 따라 명예롭게 받들어져야 한다는 바를 보장하는 법률들을 파기한 당신이?
_ 데모스테네스, 《티모크라테스에 반대하여(24)》, 107절

효도의 두 핵심적인 의무는 부모의 부양과 장례였다. 부모가 연로해 스스로 일하거나 거처를 마련하기 어려울 경우, 자녀는 부모의 숙식을 의무적으로 책임져야 했고, 부모가 사망하면 적합한 방식과 절차에 따라 장례를 치른 후 묘소를 관리해야 했다. 시민이 이와 같은 의미를 제대로 이행하지 않는 경우, 말 그대로 '부모에 대한 나쁜 행실' 즉 '불효'라는 뜻인 '카코시스 고네온kakōsis goneōn'이라는 죄목으로 기소를 당했고, 그 처벌로 시민권이 박탈되는 '불명예atimia' 처분을 받았다.

매춘 금지 의무는 시민이 스스로 매춘을 하지 않는 것과 다른 어떤 시민을 매춘시키지 않는 것을 핵심으로 했다. 이를 어길 경우엔, 불효의 경우와 마찬가지로, 시민권이 박탈되는 불명예 처분이 그 처벌로 주어졌다. 매춘 금지 의무에 대한 이와 같은 내용은 아이스키네스의 연설에 잘 드러나 있다.

법률은 시민들 각각을 사형으로서 다스리니, 누구든 아테나이인을 수치스러운 목적으로 고용한다거나, 아니면 어떤 아테나이인이 자발적으

로 자신의 신체를 모욕되게 한다면 말입니다.

_아이스키네스, 《티마르코스에 반대하여 (1)》, 87절

소싯적에 명예로운 야망에 굴복해 수치스러운 탐닉에 의해 이끌렸던
자는, 정말이지 그런 자는 이후 시민의 어떠한 특권도 소유하지 못하게
끔 해야 합니다.

_아이스키네스, 《티마르코스에 반대하여 (1)》, 160절

시민의 권리

─────── 시민은 의무를 이행함으로써 경제, 재정, 복지, 법률,
정치의 영역에서 권리를 적극적으로 보장받았다. 경제에 관한 권리
는 경제활동에 대한 권리 및 경제권 보장, 즉 사유 재산 소유에 대
한 권리를 의미했다. 아테나이 시민은 자신이 원하면 행정 기관의
허락 없이도 '토지와 주택의 구매 획득enktēsis gēs kai oikias'을 자유로이
할 수 있었다. 이러한 권리는 아테나이 안에서만이 아니라 아티카
지역 전역에서 유효했다. 반면 거류외국인은 민회가 허락했을 때에
만 제한적으로 토지나 주택을 획득할 수 있었고, 노예는 주인의 허
락이 있어야만 개인적인 부동산을 획득하는 것이 가능했다. 물론
노예의 부동산이나 소유물은 언제든 주인의 것으로 귀속될 수 있었
다. 그 밖에도 시민이 소유한 토지에서 생산되는 광물들은 모두 시

민의 사유 재산으로 인정받았다. 다만 시민의 토지에서 은이 발견된 경우에는 예외적으로 도시에 귀속되는 재산으로 간주되었는데, 이는 당시 아테나이의 경제가 은광에 의존하고 있었기 때문이다. 하지만 그 경우에도 은광 개발과 관련해 발생하는 부수적인 이득은 다시 토지를 소유한 시민에게 귀속되었 다. 또한 시민은 도시의 다른 구성원과 비교해 상대적으로 낮은 세율을 누릴 수 있었다. 앞서 거론했듯, 거류외국인이나 외지인은 아테나이의 안정적 유지 및 발전에 일조했다고 확실히 여겨지는 경우에만 시민과 동등한 세율, 즉 이소테리아의 혜택을 얻을 수 있었기 때문에, 시민의 이러한 경제적인 이점은 일종의 특권으로 여겨졌음을 알 수 있다.

재정과 관련해서도 아테나이 시민은 권리를 지녔다. 이때 '재정'이란 사회 활동에 참여한 대가로 받는 보수를 의미했다. 예를 들어, 민회나 시민 법정, 혹은 평의회에서 정치활동에 참여했을 때 시민은 각각에 따른 보수를 받았다. 기원전 4세기 중후반까지 민회에 참석한 시민은 민회 참여의 보수로 1드라크메를 받았고, 민회 가운데서도 핵심이 되는 주主 민회에 참여한 시민은 1.5드라크메를 보수로 받았다. 시민 법정의 경우에는 시대에 따라 보수에 차이가 있었는데, 기원전 431년 이전에는 2오볼의 금액이 보수로 지급되었고, 기원전 431년에 클레온의 제안에 따라 3오볼로 액수가 상향 조정되었다. 이후 펠로폰네소스 전쟁에서 아테나이가 패하고 민주정 대신 삼십인참주정이 시행됐을 때는 이 정책이 폐지되었다가, 기원전 430년 트라시불로스를 중심으로 한 저항군이 아테나이에 민주정을 수복한 이후에는 민회 복원과 함께 다시 3오볼이 보수로 지급되었다. 전쟁 직후 아테나이의 재정이 넉넉하지 않다는 의견이 제기되어 시민 법정의 보수가 1오볼 혹은 2오볼로 조정된 적도 있었지만, 시민들이 보수가 삭감된 것을 달가워하지 않았기 때문에 이후 다시 3오볼로 액수가 인상되었다. 평의회의 경우엔 일정이 있을 때마다 5오볼이 일일 보수로 제공되었다. 이와 같은 보수가 지닌 정확한 금전적 가치를 산출하는 것은 어려우나, 통상적으로 민회에 참여했을 경우 받는 보수는 당시 하루 일당의 절반 정도 혹은 이를 조금 상회하는 정도의 가치를 지녔을 것이라고 추측된다.

시민은 정치활동뿐만 아니라 축제활동에 대한 보수도 받을 수 있었다. 보통 축제 기간에는 정치 모임이 열리지 않았으며, 대신 행정기관은 이 기간에 시민들이 축제나 의식에 참여하도록 독려하기 위해 재정적으로 지원했다. 예를 들어, 극장 공연과 종교 및 문화 제전을 위해 필요한 재정을 지원하는 한편, 시민에게 무료 관람과 참여 보수를 제공했다. 그뿐만 아니라 열병식과 같은 군사적인 행사 때도 군역에 적합한 나이에 이른 시민이 참여할 경우엔 보수를 지급했다. 특히 데모스테네스의 연설은 축제 참여 지원금이, 그리고 이소크라테스의 연설은 열병식 행사 참여 보수가 시민의 권리로서 여겨지고 있었다는 점을 잘 보여준다.

공연 관람 지원 자금을 관리하는 법률, 아울러 몇몇 공공행사 조정에 대한 법률을 의미합니다. 그런데 전자는 군대자금을 도시 안에 남아 있는 자들의 공연자금으로서 배분합니다.

_데모스테네스, 《올륀토스 방어를 위해 3(3)》, 11절

그렇기에 우리는 [열병식 행사 참여에 대한] 보수가 주어지지 않는 한,
[주어진 문제에 대해] 재검토하는 것조차 허락하지 않을 것입니다.

_이소크라테스, 《아레오파고스 연설 (7)》, 82절

이 당시 아테나이에서는 평소 기간엔 대체로 매일 민회가 열렸
고, 민회가 열리지 않는 기간엔 축제가 지속되었기에, 시민은 거의
매일 재정적 지원을 받았을 것이다. 그 유명한 소크라테스가, 초기
시절에 자신 아버지인 소프로니코스의 직업을 이어받아 조각가로
활동했던 일부 기간을 제외하곤, 생계를 위해 일을 했다는 보고가
없는데, 아마도 이처럼 시민에 대한 도시의 재정적 지원이 연중 지
속되었기 때문에 늘 일정 보수를 받으며 생활할 수 있었을 것이라
유추할 수도 있다.

시민이 지닌 복지 권리는 보조금이나 지원금 혜택 및 공공 탁아
행정 등으로 이루어졌다. 시민이 선천적이든 후천적이든 장애를 지
녀 자발적인 경제활동을 이행하기 어려운 경우 시로부터 보조금을
받았다. 당시에는 주변의 도시국가들과 전투가 끊이질 않았기에 상
해를 입은 이들이 많았는데, 그 경우 직접 평의회에 출석해서 어려
움을 호소하면 보조금이 지급되었다. 액수는 초창기에는 1오볼이
었다가 이후 2오볼이 되었다. 이와 같은 보조금 혜택 외에도, 경작

상황이 좋지 않은 곤궁기에는 시민에게 생계를 위한 지원금이 제공되었다. 이는 특히 주로 곡물 등의 식품으로 제공되기도 했는데, 이런 지원물은 거류외국인이나 외지인으로부터 수거해 마련되었다. 시민인 부모가 전쟁으로 사망했을 경우, 도시는 그 자녀들의 보호와 양육을 책임졌다. 부모가 시민이었으므로 그 자녀들도 장래에 시민이 될 것이기 때문이었다. 따라서 탁아의 혜택은 시민 외의 구성원들에게는 주어지지 않았다. 거류외국인이나 외지인이 사망할 경우 그들의 자녀는 보호와 양육을 책임져 줄 후견인을 스스로 찾아야 했고, 노예의 자식들은 주인의 소유물로 귀속되었다. 데모스테네스와 아이스키네스의 연설들은 아테나이 시민이 누린 복지 권리에 대해 잘 보여주고 있다.

> 그는 중요한 시기에 이와 같은 일을 했습니다. 즉 도시에 살아가는 아테나이인 당신들이 오데온에서 식량용 보리가 부족했던 때, 그리고 페이라이에우스에 살아가던 이들이 1오볼에 양배추 묶음을 항구에서 그리고 뜰에서 받았던 때, (…) 그리고 지난해 나의 동생과 나는 무료 선물로 1탈란톤을 주었습니다. 사람들을 위한 곡물을 사라고 말이지요.
> _데모스테네스, 《포르미온에 반대하여 (34)》, 37~39절

> 이 어린 아이들은, 자신들의 아버지가 용맹함을 드러내며 전쟁에서 죽어간 이 아이들은, 적정 나이에 이를 때까지 도시로부터 지원을 받았습니다.
> _아이스키네스, 《크테시폰에 반대하여 (3)》, 154절

시민에게 부여된 법적 권리는 시민에 대한 법적인 특별 보호를 의미했다. 예를 들어, 아테나이에서는 어떤 범죄 사건이 발생한 경우 피해자의 신분에 따라 가해자에 대한 처벌의 경중이 달랐다. 만약 누군가가 시민을 의도적으로 살해한 경우에는 가해자에게 무조건 사형이 선고되었지만, 피해자가 거류외국인인 경우에는 가해자에게 사형 대신 종신 추방형이 내려졌고, 공적 혹은 사적 노예를 살해한 사람에겐 벌금형이 부과되었다. 시민이 누린 또 다른 법적 특혜는 고문을 받지 않을 권리였다. 이 당시엔 대화나 회유를 통해 이루어지는 자백보다는 신체적 고통을 가함으로써 받아내는 자백이 더욱 신빙성을 지닌다고 여겨졌다. 그래서 사건에 연루된 당사자가 공적이나 사적인 노예인 경우엔 자백을 받기 위해 주로 고문을 사용했다. 설령 노예가 스스로 자백 의사를 밝히더라도 일단은 우선 고문을 당할 정도였다. 거류외국인을 상대로도 필요한 경우에는 고문하는 것이 가능했다. 하지만 시민을 고문하는 일은 법적으로 금지되었다. 마찬가지로 채찍질로 처벌을 받았던 노예의 경우와는 달리 시민은 신체적 처벌로부터도 면제가 되었다. 이러한 차이는 데모스테네스와 이사이오스 그리고 뤼시아스의 연설들을 통해 확인할 수 있다.

실로, 만약 당신이 노예와 자유민(시민)을 대조하길 바란다면, 노예는 모든 [신체적 처벌로서의] 모욕을 직접 받을 책임이 있으나, 자유민은, 설령 그가 가장 운이 안 좋은 상황에 처했을지라도, 보호를 받을 수 있다는 점입니다.

_데모스테네스, 《안드로티온에 반대하여 (22)》, 55절

노예인 것과 자유민(시민)인 것 사이의 차이가 무엇인지에 대해, 당신은 가장 큰 차이점을 발견할 수 있습니다. 노예의 신체는 그의 모든 잘못에 대해 책임이 있는 반면, 신체적 처벌은 자유민에게 결코 가해지지 않는다는 점을 말이지요.

_데모스테네스, 《티모크라테스에 반대하여 (24)》, 167절

당신 아테나이인들은 공적으로나 사적으로나 고문을 통해 검사하는 것이 가장 뛰어난 확인법이라는 의견을 가지고 있습니다. 그래서 당신들은 당신들 앞에 노예와 자유민(시민)이 있을 경우, 그리고 어떤 불분명한 점이 명확해져야 할 필요가 있는 경우, 당신은 자유민의 증거를 차용하진 않되 노예를 고문함으로써 사실에 대한 진상을 규명하고자 합니다.

_이사이오스, 《키론에 대하여 (8)》, 12절

여기 이 사람과 같은 이유로 기소되어 평의회에 소환되었던 [거류외국인들인] 타소스의 힙피아스와 쿠리에오스의 크세노폰 모두 죽임을 당했습니다. 그 가운데 크세노폰은 많은 고문을 당한 뒤, 반면 힙피아스는 얼마간의 고문을 당한 뒤 말이지요. 왜냐하면 삼십인참주정의 눈에 그들은 죽어 마땅했기 때문입니다.

_뤼시아스, 《아고라토스에 반대하여 (13)》, 54절

죄를 저지른 시민에게는 사형 대신 불명예 처분이 내려졌다. 불명예 처분은 시민의 자격, 권리, 그리고 이행해야 할 의무와 책임을 박탈해버리는 무시무시한 처벌로 간주되었다. 불명예 처분을 받을 경우, 시민은 모든 정치적이자 사회적인 권리를 상실할 뿐만 아니라, 아고라나 신전과 같은 공공장소에 드나드는 것도 금지되었다. 그러나 도시를 배반하는 반역죄와 신을 모독하는 불경죄, 그리고 매춘을 상습적으로 일삼은 죄와 같이 그 정도가 무척이나 심각하다고 판단되는 중범죄와 관련해선 시민도 사형을 선고받았다. 앞서 페리클레스 2세와 관련해 언급되었던 아르기누사이 해전의 아테나이 장군들에 대한 처형이나 소크라테스의 사형과 같은 경우가 시민에게도 사형이 선고될 수 있음을 보여주는 역사적 사례들이다.

시민이 지닌 정치 권리는 다른 권리들에 비해서도 특히 중요한 권리로 여겨졌다. 시민은 도시 공동체의 운영과 관련된 제반 업무에 관여하고 직접 처리할 수 있는 권리를 가졌다. 이러한 일들은 주로 민회ekklēsia와 평의회boulē를 거쳐 처리가 되었는데, 시민이라면 누구나 민회의 민회원ekklesiatē으로 그리고 평의회의 평의회원prytanis으로 참여할 권리를 지녔기 때문이다. 민회는 최고 주권 기관으로 모든 종류의 정치 및 사회적 사안과 관련한 문제를 결정했다. 평의회는 민회에 어떤 종류의 법안을 상정할지를 선결하는 기관이었다. 그 밖에도 평의회는 다양한 역할을 했는데 행정관이나 장군과 같은 고위 관직에게 조언을 하거나 관련된 사안을 감독 및 평가했다. 외국에서 찾아온 대사를 영접하는 것도 평의회의 일이었다. 보통 민회는 6000명 이상으로 구성이 되었는데, 펠로폰네소스 전쟁 당시에는 많은 남성이 군역의 의무를 수행하고 있었기 때문에 5000명 정도로 구성되었다. 평의회는 솔론 시대에는 400인이었고, 클레이스테네스의 개혁 시기에는 아테나이에 있던 10개의 부족으로부터 30세 이상의 시민을 50명씩 뽑아서 500인으로 구성했다.

정치 모임에 참여하는 것뿐만 아니라 행정 및 사법과 입법 직책에 참여할 자격을 지니는 것도 시민의 권리였다. 30세 이상의 시민은 행정 업무와 법의 집행 및 제정에 참여할 권리를 가지게 되는데, 행정 업무에 참여할 경우에는 행정관으로 역임했고, 법을 집행할 때는 배심원dikastēs으로서 재판에 참여했으며, 법을 제정할 때는 입법관nomothētēs으로 나섰다. 초기 아테나이에서 시민들은 '퓔레phylē'라고 불리는 네 부족들로 구성되었으며, 그 신분은 상속되었다. 그러나 부족에 따른 구성원 분류 방식은 기원전 508/507년 보다 효과적으로 정치와 법집행을 수행하려는 목적을 위해 클레이스테네스의 제안에 따라 지역에 기반을 두는 새로운 종류의 조직인 지역구에 따른 분류 방식으로 대체되었다. 각 시민은 자신이 사는 지역구의 구성원으로 등록되었으며, 이 지역구는 '데모스dēmos'라고 불렸다. 지역구는 전원으로 둘러싸인 교외의 작은 마을일 수도 있고, 아테나이 도시의 제법 큰 구역일 수도 있었다. 초기에는 약 150개의 지역구가 있었다가 이후 약 170개 정도로까지 확장되었으며, 이 지역구들은 서로 묶여 전체 10개의 그룹으로 등록되었다. 그처럼 분류함으로써, 각 그룹은 (아테나이 도시, 해안 지역, 내륙 지역 등을 포함한) 아티카에 속한 다른 부분들의 지역구들을 포함했으며, 대략 전체 아테나이 시민의 수의 10분의 1을 그 구성원의 수로 지니게 되었다. 각 지역구는 매년 추첨을 통해 해당 구성원들로부터 의장 dêmarchos을 임명했다. 의장은 지역구 구성원들의 모임에서 의장 역할을 했으며, 각 모임들과 관련된 등록부를 보관하는 임무를 수행했다. 등록부에 부가사항들을 기재하는 일은 새로운 한 해가 시작되는 여름 중엽에 이루어졌다. 이처럼 조직된 체계 안에서 행정관은 스스로 입후보한 사람들을 대상으로 추첨을 통해 선출했고, 배심원은 서약을 한 6000명의 민회원단으로부터 추첨을 통해 선출했다. 입법관의 경우엔 법률과 관련된 제반 사항을 묻는 심사를 통과한 배심원 가운데에서 민회의 승인을 얻은 자가 선출되었다. 기원전 430년 이전에는 입법 발의도 민회에서 일반 시민에 의해 이루어졌다. 그러나 이후 삼십인참주정으로부터 다시 민주정이 수복된 이후엔 입법관이 선출되어 입법을 주도적으로 맡았다. 민회는 가장 중요한 정치기구로서 시민의 삶 제반에 걸친 다양한 사안들에 대해 결정했으며 이를 행정관이나 입법관이 전담하도록 지시했다. 따라서 민회나 평의회 등의 구성원이 특정 지역구 출신의 시민들로 편향되어 결성되지 않도록, 그래서 각 지역구의 인구수에 비례해 결정되도록, 당시 각 지역구는 구성원들 가운데 누가 의원에 임명되기에 적합한지를 확인할 수 있는 '관직 추첨을 위한 등록부 lexiarkhikon grammateion'를 작성했다. 여기에는 해당 지역구에 속한 모든 성인 남성이 등록되어 있었다. 이 등록부에 기재된 시민은 의원

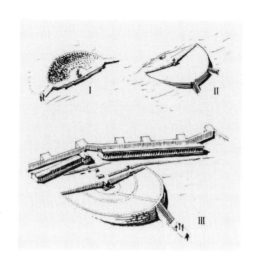

그리스의 건축가, 고고학자
이오아니스 트라불로스의
고대 프닉스 삽화.

임명뿐이 아니라 민회에 자유롭게 참여하는 것도 허락되었다. 그러나 시민의 지위를 지닌 여성과 아이까지 모두 기재한 등록부가 따로 작성되지는 않았다.

민회는 '프닉스pnyx'라고 불리던 아고라 뒤편의 언덕에서 열렸다. 위 삽화에서 볼 수 있듯, 프닉스는 시대에 따라 구도와 형태에서 변화를 거치며 형성되었다.

기원전 500년 이전(I)에는 언덕 뒤편의 개방된 곳을 중심으로 사람들이 모여 회의를 했고 이후 기원전 404~403년(II), 즉 펠로폰네소스 전쟁 이후 아테나이가 다시 민주정을 수복한 이후에는 언덕의 앞쪽에 터를 잡아 연설을 할 수 있는 연단bēma을 세웠다. 그리고 기원전 4세기경(III)에 이르러서는 민회 모임과 관련된 제반 시설 및 신전이 언덕 뒤편에 추가적으로 건설되었다. 프닉스에서 민회가 열릴 예정인 경우엔 터의 한 편에 빨간색 깃발이 달린 높은 장대를 세워 누구나 이를 볼 수 있도록 했다. 이것을 본 시민들은 논의가 필요한 사안이 있다는 것을 알 수 있었고, 민회에 참여하고자 도시의 곳곳에서 프뉙스로 모일 수 있었다. 그런데 보수를 받기 위해 매번 필요 이상의 인원이 모였기 때문에, 선착순으로 6000명이 모이면 더 이상 참여할 수 없다는 의미로 걸어났던 빨간색 깃발을 거꾸로 매달거나 아니면 색깔을 바꾸어 깃발을 달았다.

연설의 자유와 파레시아

————— 시민의 정치 권리 행사는 정치 모임에서 이루어지는 자유 연설로 한층 더 확고히 보장되었다. 물론 전문적인 지식이나 조언이 요청되는 사안과 관련해서는 해당 전문가의 의견이 존중 되었다. 그러나 시민들의 삶 제반에 걸친 정치적이자 사회적인 일반 사안들은 정치 모임에서 다루어졌으며, 시민이라면 누구든지 연단에 올라 이에 대한 자신의 생각을 거리낌 없이 피력할 수 있었다. 누군가 연단에 올라 연설을 하면, 모임에 참여한 시민들은 이에 대해 거수나 도편陶片 투표로 찬성 의사와 반대 의사를 표시했고, 때로는 발언권을 얻어 직접 연단에 올라 스스로 연설하기도 했다. 그러므로 아테나이에서는 정치활동을 한다는 것이 곧 연설을 자유로이 하는 것과 동일하다고 간주되었다. 이러한 자유 연설의 중요성은 투

퀴디데스가 보고하는 페리클레스의 연설 안에서도 강조되고 있다.

그리고 [아테나이 정체politeia의] 명칭은, 소수가 아니라 대다수를 위해 유지되기에, 민주정dēmokratia이라 불립니다. 그런데 우리의 법률에 따라 개개인들을 상대로 모두에게 분쟁[의 상황]에서 평등성to ison이 공유되어 있으며, (…) 이곳에서 사람들은 가정적인 일들 및 정치적 일들에 동시에 신경을 쓰고 있습니다. 사적인 일들에 전념하는 이들조차도 정치적인 일들을 완전히 이해하지 못하는 것은 아닙니다. 그런 [정치적인] 일들에 참여하지 않는 자를, 공적인 일에 무심한 자가 아니라, 쓸모없는 자achreion로 우리가 생각하기 때문입니다. 고로 우리가 연설logos을 행동에 대한 해악이라고 여기는 것이 아니라, 오히려 필요한 일을 놓고 논의로 미리 고려하지 않되 [무턱대고] 행동으로 치고 나가는 것을 해악이라 여기니, 스스로 판결을 내리고 공적인 일들에 우리는 정말이지 옳게 열의를 지니고 있습니다.

_투퀴디데스, 《펠로폰네소스 전쟁사》, 2권 37장 1절 및 40장 2절

페리클레스의 연설은 모든 시민이 동등한 정치적 권리를 가지고 있으며, 이 권리란 곧 누 구나 자유롭게 의견을 말할 권리라는 점을 강조하고 있다. 이처럼 어떠한 외부적 제한이나 속박 없이 어디에서나 자유롭게 이루어지는 연설은 '자유 연설' 즉 '파레시아parrēsia' 라고 불렸으며, 이러한 연설에 관한 시민의 동등한 권리는 '이세고리아isēgoria'라고 불렸다. 정치적 권리가 다른 분야에서 자신이 누릴

권리를 조정하고 확보하는 데 필수적이기 때문에, 앞서 살펴본 경제, 재정, 법률, 복지와 관련된 시민의 권리는 모두 이 자유 연설의 권리에 의존했다. 다른 모든 권리가 예속되는 가장 핵심적인 권리인 정치적 권리야말로 시민의 가장 주된 권리였으며, 이 권리는 파레시아 즉 연설의 자유이자 자유 연설의 형태로 드러났기에, 아테나이 시민으로서의 '자유로운 자'란 결국 궁극적으로 '연설하는 데서 자유로운 자'를 의미했다.

'파레시아'는 '모두'를 뜻하는 'pan(판)' 혹은 'pas(파스)'와 '말함'을 뜻하는 'rhēsis(레시스)'가 조합되어 이루어진 단어로 알려져 있다. 그래서 그 기본적인 의미는 '모두 말함'인데, 이는 전통적으로 이해되어 온 바와 같이 '모든 것을 말함$_{pan+rhēsis}$'을 뜻할 수도 있고, 또는 '모두가 말함$_{pas+rhēsis}$'을 의미할 수도 있다. 이 의미들을 종합하면, 파레시아는 '모두가 모두를 말한다', 즉 '누구나 모든 것을 말한다'는 의미를 담고 있다. 이때 모든 것을 말한다는 것은 일반적이고 다양한 정치 및 사회 관련 사안에 대해 말한다는 의미와 더불어 이에 대한 자신의 생각을 빠짐없이 전부 드러낸다는 점을 함께 가리킨다. 따라서 파레시아는 도시의 운명과도 연결된 중요한 정치적인 사안들을 놓고 이루어지기도 했다. 이는 공동체 유지 및 안위에 대한 전적인 책임이, 일부 소수 사람들의 일방적인 결정에 달려 있는 것이 아니라, 자유로운 시민 모두의 생각과 견해에 놓여 있었다는 것을 의미했다. 이와 같은 맥락에서, 연설의 자유 혹은 자유 연설의 형태로 민회나 평의회 혹은 시민 법정, 그리고 때때로 극장에서도 실천되었던 파레시아는 아테나이 민주주의의 근간이자 토대로서 역할을 했다.

연설의 자유 혹은 자유 연설인 파레시아는 종종 수사술rhêtorikê과 유사한 혹은 같은 어떤 것이라고 여겨지기도 했다. 당시 아테나이에는 전문적으로 연설문을 작성하는 수사가들이 활동하면서 여러 모임에서 자신의 수사 기술을 통해 큰 설득력을 지닌 연설을 구성해 사적이나 공적으로 영향력을 끼쳤기 때문이다. 실제로 이소크라테스나 안티폰과 같은 아테나이 시민인 수사가들뿐만 아니라, 이탈리아 남부의, 오늘날엔 시칠리아로 불리는, 시켈리아섬에 있는 레온티노이 출신의 고르기아스나 에게해의 케오스섬 출신의 프로디코스와 같은 외지인들도 수사술을 통해 아테나이의 사회 및 교육 영역에서 실력을 행사하며 명성을 쌓기도 했다. 특히 트라케의 압데라 출신인 프로타고라스는 자신의 수사 능력과 지혜로 페리클레스와 친밀한 관계를 유지하며 아테나이의 정치에도 큰 영향을 끼쳤을 것이라 추정되기도 한다. 그러나 파레시아와 수사술은 그 기본적인 의미에서 구별된다. 파레시아가 자신의 의견을 가감 없이 진솔하게 말하는 것이라면, 수사술은 설득과 회유라는 특정 목적을 겨냥한 연설 기술이다. 그래서 설득과 회유의 달성이라는 목적을 위해, 수사술은 자신의 생각을 모두 드러내지 않되 일부는 숨기는 식으로 논의를 작성하기도 하며, 심지어 의도적으로 내용을 조정해 전혀 진술하지 않은 방식에서 연설을 구성하기도 한다. 특히 수사술이 몇몇 전문가의 혹은 그러한 전문가를 고용할 수 있었던 일부 부유한 시민의 전유물이었던 반면, 파레시아는 모든 시민의 권리이 자 활동으로 간주되었다는 점에서도 여전히 이 둘 사이의 차이점 을 구분할 수 있다. 그럼에도, 기왕이면 정치 모임에서 연설을 통해 제시되는 자신의 의견이 다른 시민들을 효과적으로 설득할 수 있는 게 좋다고 여겨졌기에, 파레시아를 잘하기 위해 수사술이 활용될 수 있었으며, 실제로 활용되기도 했다. 그로 인해 연설이 실천되는 영 역에서는 그 구분이 모호했으며, 때로는 커다란 사회적 문제를 공동 체에 불러일으키기도 했다. 그 사례로 아테나이의 시켈리아 원정에 대한 결정을 들 수 있다.

시켈리아 원정은 아테나이를 중심으로 이루어진 델로스 동맹과 스파르타가 주도한 펠로폰네소스 동맹 사이에 벌어진 펠로폰네소 스 전쟁 도중, 기원전 415~413년에 아테나이가 시켈리아를 상대 로 벌인 군사 작전이었다. 당시 시켈리아를 주도하던 도시는 쉬라 쿠사이로, 아테나이가 시켈리아 원정에서 성공을 거두기 위해선 쉬 라쿠사이를 필히 점령해야 했다. 그러나 원정을 통해 전쟁을 치르 려면 상당한 재정과 인력이 투입되어야 했기에 전쟁의 효용과 사회 의 건전성과 관련해 면밀히 따져야 했으며, 따라서 시민들은 이 문 제를 놓고 열띤 공방을 벌였다. 당시의 두 유명한 장군들인 니키아 스와 알키비아데스가 쉬라쿠사이 점령과 관련해 각각 반대하는 입 장에서의 연설과 찬성하는 입장에서의 연설을 펼쳤다. 원정에 반 대하는 니키아스는 쉬라쿠사이가 아테나이로부터 너무 멀리 떨어 져 있기 때문에, 설사 전쟁에서 승리해서 그곳을 점령하게 되더라도 실효적으로 지배하기엔 어렵다고 주장했다. 더 나아가 그는 만에 하나라도 아테나이가 전쟁에서 지게 될 경우 본국을 지킬 국방력도 상실하게 되어 주변 도시들의 봉기에 취약한 상태가 될 것임을 강조했다. 반면에 원정에 찬성하는 알키비아데스는 전쟁의 위험성이 그리 크지 않다고 주장했다. 그는 쉬라쿠사이가 왕정이나 귀족정처럼 위계에 따른 체계적 정치체제를 유지하고 있는 것이 아니라 여러 지도자들이 번갈아 지배하는 형태의 정체를 유지하고 있는 만큼, 아테나이는 쉬라쿠사이를 쉽게 물리칠 수 있다고 지적했다. 아울러 알키비아데스는 원정이 이루어지게 될 경우 시켈리아 지방에 있는 아테나이의 동맹국들이 자원을 지원할 것이기 때문에 니키아스의 우려만큼 본국의 병력 공백이 크지 않을 것이라고도 강조했다. 마지막으로 그는 커다란 위세를 떨치는 해상 제국인 아테나이가 델로스 동맹의 중심 국가로서 그 위상을 유지하기 위해선, 외부의 공격을 막아내는 방어에만 치중할 것이 아니라, 가능한 외부의 위협을 선제공격을 통해 사전에 제거하는 것도 반드시 필요하다고 강변했다. 당시의 아테나이 시민들은 알키비아데스의 연설이 더욱 설득력을 지닌다고 여겼고, 그 결과 시켈리아 원정은 감행되었다. 그리고 원정에 반대했던 니키아스와 원정에 찬성했던 알키비아데스, 그리고 앞선 여러 전투에서 명성을 떨쳤던 라마코스가 원정대를 인솔할 지휘관으로 선출되었다.

원정의 찬반을 두고 논쟁했던 니키아스와 알키비아데스의 운명은 엇갈리게 되었다. 원정대의 출정 전날 밤에 헤르메스의 흉상이 놓인 기둥인 헤르마herma 다수가 훼손되는 사건이 발생했으며, 그 주동자로 알키비아데스가 거론되었다. 알키비아데스는 자신의 결백을 주장하기 위해, 아울러 자신이 원정을 떠난 사이 자신의 정적들에 의해 허위 정보가 제시될까 우려해, 원정에 앞서 이에 대한 재판을 열어달라고 청구했으나, 이는 받아들여지지 않았다. 그의 정적들은 알키비아데스가 원정대를 이끌고 출정을 한 뒤에 그를 기소했고, 알키비아데스에게는 재판 참석을 위한 소환 명령이 떨어졌다. 결국 정적들에 의해 자신이 사형을 선고받게 될 것을 우려한 알키비아데스는 그 길로 스파르타로 망명했으며, 아테나이를 효과적으로 공격하기 위한 전투 조언을 스파르타에게 제공했다. 알키비아데스의 부재와 배반은 니키아스에게 부담으로 작용했다. 원정의 초기에는 아테나이가 우세를 보였으나, 이는 오래가지 못했고, 형세의 우위는 스파르타의 지원을 받는 쉬라쿠사이 쪽으로 점차 기울었다. 결국 니키아스는 쉬라쿠사이 점령을 포기하고 군대를 본국으로 귀환시키기로 결정했다. 그런데 아테나이로의 귀환을 준비하던 도중에 월식이 발생했고, 이를 불길한 징조로 여긴 니키아스는 신관들에게 어떻게 해야 할지에 대해 조언을 구했다. 악운이 사라지도록 27일을 더 기다렸다가 배를 띄우라고 신관들이 조언을 하자, 니키아스는 이를 받아들였다. 그러나 그 기간을 틈타 쉬라쿠사이는 아테나이의 해군을 적극적으로 공격해 대파했다. 이로 인해 큰 피해를 입은 아테나이군은 전쟁에서 참패하게 되었으며, 이는 결국 펠로폰네소스 전쟁의 전환점이 되어 스파르타 및 펠로폰네소스 동맹의 승리에 밑거름이 되었다.

니키아스는 시켈리아 원정에 반대했음에도 자신이 지휘관으로 선출되자 원정대를 인도했다. 그렇기에 니키아스는, 비록 원정을 승리로 이끌지는 못했으나, 원정에 대한 입장을 자신의 생각에 보다 부합되게 피력했던 것이면서 동시에 아테나이 시민으로서의 자신의 역할 역시 충실히 수행하고자 했다고 이해할 수 있다. 반면 알키비아데스는 시켈리아 원정에 대한 찬성의 입장을, 아테나이를 위해서가 아니라, 자신의 개인적 야망을 위해서 개진한 것일 수도 있다. 만약 시켈리아 원정과 쉬라쿠사이 점령이 아테나이의 안위와 발전에 정녕 도움이 된다고 여겼다면, 설령 헤르마 훼손 사건으로 자신을 기소한 정적들과 원정을 떠난 이후 이에 대한 재판을 열었던 본국에 실망감이나 배반감을 느꼈을지언정, 적국으로 망명을 해 아테나이를 취약점을 적에게 알리는 행위까지 하지는 않았으리라 유추할 수 있다. 특히 자신의 안위를 위해 이후에는 그리스 전역을 점령하려 했던 페르시아로까지 망명해 기꺼이 그들의 편에 서기도 했던 알키비아데스의 행적은 시켈리아 원정에 대한 그의 연설이, 적어도 니키아스의 연설에 비해, 진실성과 진정성을 결여했다고 보이게끔 한다. 물론 그들의 연설을 이처럼 이해하는 일은 일종의 대인 논증 오류를 범하는 것이라고 할 수도 있다. 그럼에도 니키아스의 연설이 보다 파레시아에 가까이 부합하는 반면 알키비아데스의 연설은 파레시아를 가장한 수사였을 것이라는 의심을 완전히 지워버릴 수도 없다.

파레시아의 현대적 가능성

─────── 일찍이 플라톤은, 파레시아를 구사하는 자가 지성과 인식을 옳게 갖추지 못한 경우 도시 공동체 안에서 자신의 사리사욕을 충족시키고자 제멋대로 할 권한exousia이 무분별하게 조장될 수도 있다고 지적하면서, 파레시아의 한계를 논했다. 시켈리아 원정과 같은 역사적 사례에서 볼 수 있듯, 옳게 판단할 능력을 결여한 어리석은 자의 파레시아는, 혹은 사욕을 채우고자 진정성을 숨기면서도 파레시아로 위장한 교활한 자의 수사는 사회에 혼란과 파국을 야기하기도 하기에, 자유롭게 표명된 다중의 의견이 때로는 올바르지 않은 정치적 그리고 사회적 결정으로 귀결될 수 있기 때문이다. 지성이 결여된 상태에서의 민주주의에 대한 플라톤의 비판은 바로 파레시아의 한계에 대한 지적이기도 하다.

그러나 시민 각자가 어떠한 외압 없이 자기 판단의 주인이 되어 사회 제반의 일에 직접 참여하는 일이야말로 참된 민주사회의 핵심 동력이라고 할 수 있기에, 파레시아가 공동체 안에서 시민이 스스로 주체임을 드러내고 증명할 수 있는 실천의 방안들 가운데서도 핵심이 된다는 점에는 의심의 여지가 없다. 특히 파레시아로 인한 자유로운 의사소통을 통해 더욱 발전된 혹은 참된 결정에 이를 계기가 확보될 수도 있다. 그렇다면 오늘날의 사회에서 파레시아는 실천되고 있는가? 실천되고 있다면, 그것은 현재 어떠한 방식으로 발현되고 있는가? 언론이나 개인 미디어, 다양한 종류의 청원들과 개인의 생각을 대변하는 정치적 대리인을 선출하는 행위 등과 같이 현대에는 과거에 비해 보다 다양한 방식에서 자유로이 개인의 의견을 표현할 계기와 상호 간의 의사소통을 이룰 여러 계기가 마련되어 있다. 그리고 이러한 계기들을 통해 오늘날 우리들은 자율권과 자유권이 보다 보장된 상황에서 우리의 의사 표현 활동이 실천되고 있다고 믿고 있다. 그럼에도, 의도적으로 왜곡된 묘사를 함으로써 타인의 권리를 침해하는 일이나 거짓된 정보를 유포함으로써 사회적인 혼란 내지 갈등을 야기하는 일은 부당하고 불법적인 행위로 간주된다. 그렇기에 악의를 담은 허위 정보, '가짜뉴스', 반사회적 특정 움직임을 꾀하는 선동은, 그 부정적인 영향 때문에, 때때로 제재의 대상이 되어 왔다. 더구나 이처럼 사실에 부합하지 않은 내용을 표현하는 행위만이 제약을 받고 있는 것도 아니다. 특정 주제를 풍자의 형식으로 표현하는 행위가 종종 처벌의 대상이 되기도 하며, 한 개인의 혹은 집단의 명예가 훼손될 수도 있다는 이유로 그에 관련된 사실을 적시하는 방식의 표현 역시도 법적으로 금지되어 있다. 하지만, 사실에 부합하든 혹은 그렇지 않든, 이러한 제약을 통해 자유로이 말할 권리를, 혹은 그 권리의 일부를, 원천적으로 봉쇄하는 것이 무조건 옳다고 할 수 있는가? 설령 왜곡된 내용을 전하는 혹은 문제를 일으킬 소지가 다분한 내용을 담은 자유 발언들이 거리낌 없이 공공연히 제시되더라도, 그것들이 보다 광범위하고 적극적이며 자유로운 시민들의 의사 표현 활동 안에서 스스로 자정될 수 있도록 꾀하는 것은 과연 불가능한가? 간단히 말해, 파레시아가 오늘날의 공동체 안에서도 아무런 제약 없이 적극적으로 실천될 수 있는 방안이 가능한가? 역설적으로, 파레시아의 한계를 지적했던 플라톤으로부터 그 방안에 대한 힌트를 얻을 수도 있다. 플라톤은 소크라테스라는 주된 등장인물이 다양한 주제를 놓고 여러 대화상대자들을 캐묻는 방식으로 대화를 진행해가는 형식의 작품들을 썼다. 소크라테스가 펼치는 대화는 대화상대자들이 진정으로 앎을 지니고 있는지 그리고 그들이 자신들의 생각과 표현에 진정성을 담고 있는지를 따지면서 진리를 향한 여정을 펼친다. 그렇기에 플라톤은, 파레시아의 한계를 지적하면서 이를 전적으로 부정하려 했던 것이 아니라, 개개인으로부터 자유로이 제안된 의견을 꼼꼼하게 따져가면서 그 안에서 건전하며 바람직한 내용을 수용하고 발전시켜 공공선을 도모하려는 실천적 자세야말로 진정한 파레시아라고 강조하려 했던 것일 수도 있다. 그래서 플라톤은 《소크라테스의 변론》38a에서 소크라테스의 입을 빌어 "캐물어 살피지 않는 삶은 인간에게 살 가치가 없다ho de anexetastos bios ou biōtos anthrōpoi"고 호소하기도 한다. 아울러 이와 같은 실천적 자세를 통해 이르려는 도달점이란 모두에게 공통적으로 좋은 진리이기에, 개인의 사적인 쾌락이나 편익만을 추구하려는 욕구로부터 온연히 벗어난 자에게선 파레시아가 궁극적으로 변증술dialektikē, 즉 철학으로 발전할 가능성 역시 펼쳐져 있다.

현대를 살아가는 우리 모두가 이처럼 자신이 표명하려는 내용에 대해 스스로 정직함과 진솔함을 유지하면서 자발적으로 의사를 개진한다면, 그리고 자신의 생각을 무조건 신봉하지 않으면서 동시에 상대방의 의견에도 능동적인 반성 없이 설득되거나 선동되지 않는 다면, 오히려 이에 대한 비판적 고찰을 주체적으로 이행할 능력을 갖춘다면, 우리는 파레시아의 이점을 내부적인 한계 없이 그리고 외부적인 제약 없이 실천하면서 사회의 공공선을 민주적으로 꾀할 수도 있다. 사회 전반에서 파레시아가 전적으로 당장 실천되는 것 이 무리라고 한다면, 혹은 그로 인해 예기치 못한 사회적 부작용이 야기될 수도 있다고 우려된다면, 마치 스토아학파가 가족이라는 작 은 집단에서 시작해 친지와 이웃을 거쳐 사회 전반으로 공동체주의 를 확대해 나갈 수 있다고 주장하는 것처럼, 가족이나 이웃 혹은 친 목 집단과 같은 작은 공동체에서의 파레시아를 적극적으로 시작해 보는 것도 하나의 실천 방편이 될 수 있다. 만약 이러한 일이 우리에 게서 성공한다면, 철학자 미셸 푸코가 《파레시아》와 《담론과 진실》 에서 강조하듯, 자기 자신을 속이지 않으면서 자신 안에 있는 모든 것을 다 내놓는 파레시아야말로 사회 핵심 구성원의 윤리적 권리이 자 의무가 될 것이며, 바로 이를 통해 우리는 진정한 의미에서 스스 로 주체적이자 자유로운 민주사회의 시민이 될 것이다.

우리로 하여금 진정한 의미에서 자유를 획득해 줄 수 있도록 하 는, 아울러 사회에서 책임 있는 주체가 될 수 있도록 하는 중요한 이 념이자 계기인 파레시아는 사실 시민의 역사에서, 더 나아가 인류의 역사에서 단 한 번도 완전하게 실천된 적이 없다고 할 수도 있다. 역사가 증명하듯, 파레시아는 언제든 사욕의 충족이나 사회적 선동을 조장하려는 불순한 종류의 수사와 결탁해왔고, 이로 인해 각종 사회적 파국이 늘 야기되어 왔으며 이는 현재에도 진행 중이다. 어쩌면 파레시아는 지나치게 이상적이기만 한 이념일 수도 있다. 그러나 설령 그렇다고 하더라도, 여전히 그것은 우리에게서 중요한 역할을 한다. 폴 우드러프는《최초의 민주주의: 오래된 이상과 도전》에서 북극성과 북극점의 유비를 제시한다. 나침반이 없는 상태에서 우리가 북극점에 이르려 할 경우 우리는 북극성을 이정표로 삼아 길을 걷는다. 이때 북극성은 민주주의의 온연한 이상적 이념을 그리고 북극점은 현실 안에서 최대로 실천 가능한 민주주의의 형태를 가리킨다. 그 경우 비록 북극성이 우리가 실천적으로 도달하려는 최종 목표점은 아니겠으나, 북극성이 아예 없다면 혹은 우리가 북극성을 옳게 주시하지 못한다면, 결국 우리는 북극점에도 이르지 못한다. 이는 파레시아에도 고스란히 적용될 수 있는 유비이다. 북극점이 우리가 공동체에서 자유로우며 책임 있는 주체가 되는 지점을 가리킨다고 한다면, 북극성은 파레시아를, 즉 우리가 진정한 의미에서 자유롭게 의사 행위를 한다는 점을 가리킨다고 할 수 있다. 파레시아의 기본 의의를 이해해 이를 잘 주시하면서 사회 안에서 지향하는 일은 우리로 하여금 진정한 공동체의 주인인 자유로운 시민이 될 수 있는 실천의 길로 인도한다.

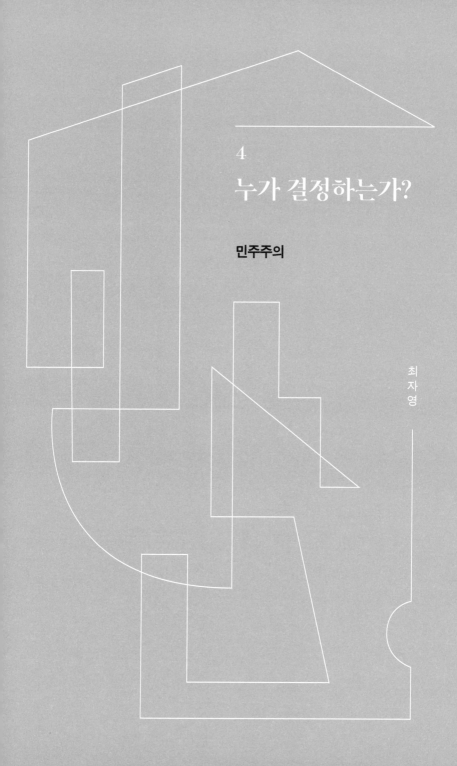

4

누가 결정하는가?

민주주의

최자영

고대 그리스 사회의 민주정치에 대한 오해가 있다. 오해의 핵심은 정치권력 배분의 구조에 관한 것이다. 그 오해의 불식은 지금 우리 한국 사회가 당면하고 있는 질곡이 지역이 아닌 중앙, 민초 시민이 아닌 위정자에게 지나치게 집중된 권력이 주어져 있다는 점을 깨닫게 하고, 그로 인해 초래되는 갖가지 적폐 해결 방안을 모색하는 데 중대한 의미를 갖는다.

다시 말하면, 민주정치는 삼권분립 같은 정부 기관 간의 권력 배분, 혹은 상호 견제로만 이해해서는 안 된다는 것이고, 권력의 지역적 분산, 더 나아가 위정자와 민초 시민 간의 권력 배분까지 포함해야 한다. 권력의 지역적 배분은 다시 지역 유지들의 권세를 창궐하게 하는 데 이용될 수 있으므로, 그 또한 민초의 권력으로 견제해야 한다. 시민이 견제하지 못하면 중앙의 권력과 같이 지역의 권력도 부패하게 된다.

직접민주와 대의제는 대립 개념이 아니다

　　　　　　　　이렇듯 권력의 분배 구조에는 크게 두 가지 측면이 있다. 하나는 중앙집권과 지역적 분권의 문제이고, 다른 하나는 대의제와 직접민주정치의 문제이다. 중앙집권과 지역 분권의 문제는 언뜻 보면 대립 개념 같지만, 반드시 그런 것이 아니다. 중앙집권뿐 아니라 지역분권을 한다 해도 지역 유지들이 또 발호해 배타적 카르텔을 형성해 물의를 빚기 때문이다. 더구나 지역 유지들은 많은 경우 중앙 권력과 결탁함으로써 든든하게 뒷배경을 형성해 큰소리를 친다. 그래서 중앙권력이나 지방권력이나 그 나물에 그 밥이 되는 것이다. 그래서 지역분권을 넘어서서, 중앙과 지방을 막론하고 현재 위정자가 휘두르는 권력을 다소간 민초 시민에게로 넘겨야 할 필요가 있다.

　권력의 배분과 연관해 '민주주의'와 '공화주의' 개념에 대한 오해도 있다. 전자는 아래로부터의 민초의 참여를, 후자는 위로부터의 하향적 권력체계를 우선으로 하는 것으로 구분하는 것이 오해란 말이다. 그 오해는 흔히 민초의 결정권을 중우정치로 경원시하고 그 대신 대의제에 의한 하향적 지시 명령 체제를 선호하는 쪽에서 '공화정치'라는 개념을 끌어다가 정당화하려는 데 기인한다. 그러나 민주나 공화는 권력의 주체에 따른 구분이 아니며, 그 자체로서 선악, 공정, 정의 등의 가치 개념을 담지하는 것도 아니다. 민주民主란 그저 '민이 중심'이 되고, 공화共和는 '여럿이 더불어 한다'는 말에 지나지 않기 때문이다. 그 구체적 정치형태는 극우에서 극좌로 광범하고 다양한 스펙트럼으로 전개된다.

다시 민주, 즉 '민이 중심'이란 말은 민초 시민이 주권을 갖는다는 뜻일 뿐이고, 그 결정권을 직접 행사하면 직접민주정치가 된다. 민이 직접 결정을 하는 것이 반드시 좋다 나쁘다 하고 획일적으로 말할 수 없고 좋은 결정을 할 때도 있고 그렇지 못할 때도 있다. 대의정치도 마찬가지이다. 민중이 직접 결정권을 행사하지 않고 대표를 뽑아서 대신하도록 하는 것이 대의정치인데, 그 대의정치는 민중을 '대신'해서 일을 처리하게 한다는 뜻일 뿐, 그 자체가 좋다 나쁘다는 가치를 품는 개념이 아니다.

또 민초가 직접 결정을 한다고 해도 사사건건 다 결정하는 것은 아니고, 어느 정도로 직접 결정권을 갖는가 하는 문제가 남는다. 고대 아테네가 직접민주정치를 했다고 할 때, 민초가 '모든' 사안을 직접 결정했다는 뜻이 아닌 것이다. 거기도 의회가 있었고, 관리가 있었다. 다만 중요한 사안의 결정은 민회에서 직접 결정했고, 또 공권력을 오남용한 관리에 대한 처벌권도 민회와 민중재판소에서 직접 가지고 있었다.

직접민주정치와 대의정치는 어느 쪽이 더 정의롭고 공정하고 현명한 결정을 내리느냐를 기준으로 구분되는 개념이 아니다. 중요한 것은 누가 결정권을 가질 때 자신을 위한 정책을 가장 잘 구사할 수 있을까 하는 점이다.

직접민주정치나 대의정치에서 결정권을 가진 자는 다른 이 아닌 바로 자신에게 유리한 정책을 구사하게 된다. 대부분 인간은 '이타'가 아니라 '이기'적 존재이기 때문이다. 고대 그리스의 민회에서도 오늘날 우리 사회에서 벌어지고 있는 정치적 충돌이 그대로 재연되었을 것이다. 그 갈등은 언제나 치열하게 전개되지만, 결국 결정권을 가진 자들 간의 다수결로 결론이 나게 된다. 그 결론이 얼마나 타당한지 하는 것은 별개의 문제이다.

이해관계가 극도로 갈등하게 될 경우, 민회가 지금 대의제로서의 국회보다 나은 게 무엇일까? 그것은 두 가지로 말할 수가 있다. 하나는 지금의 국회처럼 중앙 한 곳만 있는 것이 아니라 지역적으로 분산되어 풀뿌리 민주정치로 이루어진다는 점이다. 지금처럼 중앙에 모인 300명이 모든 것을 결정하는 체제가 아니라 권력은 각 지역으로 분산되어 있어, 각 지역마다 특색 있는 정책을 구사할 수가 있다. 다른 하나는 지금의 국회처럼 소수의 상류층이 아니라 서민들이 스스로 자신을 위한 결정을 할 수가 있다. 이런 절차는 대부분 상류층이 모여 있는 현재의 국회가 가진 자들을 위해 입법하는 것과 대조가 된다.

민주정치란 그 개념 자체로서 정의와 공정을 담보하는 것이 아니라, 절차, 즉 누가 결정권을 갖는가 하는 형식으로 파악하는 것은 앞으로의 방향성 설정에 큰 의미를 가진다. 토지공개념, 노동자 권익의 보호, 기본소득 제도 등 많은 이상적 제도들이 있을 수 있으나, 원하는 쪽에서 결정권을 확보하지 못하면 헛된 소망에 불과하기 때문이다. 그 한 예로 로스쿨 제도가 있다. 애초의 제도 도입 취지와 달리 로스쿨은 많이 들어서 금수저가 아니면 가기 어려운 제도로 변질되고 말았다. 이런 현상은 결정권을 국회에서 틀어잡고 있고, 그 국회 성원은 주로 돈 있는 사회 상류층들로 구성되어 있기 때문이다. 좋은 안건은 많으나 결정권이 없으면 실현할 수가 없다. 그리고 이 모든 제도의 정착을 위해 국민이 헌법과 법률을 발의할 수 있는 권한을 가져야 하겠다.

그래서 모든 것에 우선해 절차, 민중이 결정권을 갖는 절차를 확보할 필요가 있다. 직접민주정은 크게 정책제안형과 권력통제형의 두 가지로 나누어볼 수 있다. 이 중 적어도 주권자로서 민중은 위정자의 권력을 통제할 수 있는 권한을 가져야 하고, 그 절차를 구체적으로 마련해야 하겠다. 선출직, 임명직을 불문하고 공권력을 행사하는 모든 공직자에 대한 감시, 처벌권은 물론, 현재 스위스와 같이 국회를 통과한 법안에 대해 문제가 있으면 다시 국민투표에 부쳐서 그 신임 여부를 민중이 결정하는 제도가 필요하다. 이렇듯 대의제와 직접민주정은 공존한다.

근대 국가는 자유 시민의 민회가 중심이 된 고대 그리스 폴리스보다 훨씬 더 집권적이고 관료적이다. 근대국가가 성립되면서 동시에 대두된 화두는 중앙에 집중된 권력을 어떻게 견제하는가 하는 것이었다. 그래서 나온 것이 권력의 분립과 상호 견제의 개념이었다. 하지만 흔히들 삼권분립이 권력 간 상호 견제가 아니라, 삼권이 제각기 독립해야 하는 것으로 잘못 이해하곤 한다. 삼권분립은 독재 권력을 견제하기 위해서 나온 방법인데, 오히려 그 삼권이 제각기 독립해야 한다고 생각하는 것이 그러하다. 대소 고하를 막론하고 어떤 권력이라도 견제받지 않으면 독주하게 된다. 권력은 하나로 군림할 때뿐 아니라 몇 개로 쪼개지든지 간에 그 각각의 권력이 견제받지 않고 독주하면 독재 체제가 되는 것이다.

민주정치의 존재와 민주정치 담론 발생 간 차이

민주정치가 그 자체로서 존재하는 것은 민주정치의 개념, 담론이 발생하는 것과 같은 것이 아니다. 개념이나 담론이 없어도 민주정치는 존재할 수 있기 때문이다. 오히려 담론이 대두되기 전의 세상에서 민주정치는 더 온전하게 존재했다고 할 수 있다. 민주정치를 담론으로 논한다고 해서 민주정치가 더 잘 되거나 비로소 존재하기 시작했다는 것이 아니라는 말이다.

이는 마치 공기를 자유롭게 들이마실 수 있을 때는 '공기를 마셔야 산다'라는 의식 자체가 없는 것과 같다. 또 성이 개방되어 육체적 욕망의 충족에 사회적 제한이 크게 가해지지 않을 경우, 오히려 '성 해방' 담론이 사회적으로 크게 주목을 받지 않음과 같다. 예를 들어, 고대 아테네에서 민주정치 담론이 형성되기 전 구석기, 신석기 시대에도 민주정치는 존재할 수 있다. 담론이 대두되지 않은 다른 지역에서도 민주정치는 존재할 수 있다는 말이 된다.

이렇듯 고대 그리스, 특히 아테네의 정치체제를 민주정치로 규정

하르모디오스와 아리스토게이톤.
기원전 5세기 말 아테네에서
클레이스테네스 민주정demokratia이
시작되기 직전 참주정에 저항한
상징적 인물들이다. 나폴리박물관.

하고 민주주의 담론이 이루어진 사실은 인류 역사상 처음으로 아테
네에서 민주정치를 시행했음을 뜻하는 것이 아니다. 민주정치 자체
가 아니라 민주정치의 담론이 아테네에서 시작되었을 뿐이다.

　민주정치의 담론은 그것을 방해하는 사회적 요인이 등장하면서
시작한다. 그 방해 요소는 시민의 자유를 억압하는 것, 위정자들이
행사하는 정부 권력의 존재이다. 권력에 저항해 아테네 민중이 시
민의 자유를 수호하는 민주정치의 개념을 담론 속으로 끌어들이게
된 것이다. 반면, 오리엔트 지역에서는 민주정치 담론이 크게 일지
않았는데, 그것은 더 일찍부터 정부의 지배 권력이 발달했고, 또 민
중이 그 정부 권력에 저항하지 않고 대체로 승복했으며 그에 대한

반성 의식이 크게 없었기 때문이다.

그래서 민중이 중심이 되어야 한다는 민주정치의 개념은 다름 아니라 정부가 행사하는 정치권력과 상대적인 개념으로 파악되어야 한다. 기원전 5세기 초 그리스 최초의 역사가 헤로도토스는 물론 기원전 4세기 중엽 철학자 아리스토텔레스를 비롯한 많은 이들이 민주정치를 논할 때는 흔히 군주정치, 과두정치가 아닌 것으로서, 상대적, 비교적 차원에서의 개념으로 파악한다. 그런 점에서 고대 아테네 민주정치의 주역인 시민들의 자유를 당시에 노예 계층이 존재했다고 해 상대적인 관점에서 '귀족'적 특권으로 파악하는 것은 고대 그리스 민주정치의 본질을 완전히 왜곡·전도한 것이다.

고대 아테네 민주정치에 대한 잘못된 상식 여섯 가지

우리 사회에서도 지난 10여 년간 직접민주정치에 대한 관심이 부쩍 늘었다. 정치적 격동의 세월을 체험하면서 대의 민주정치가 갖는 한계를 더 많은 사람들이 깨닫기 시작했기 때문이다. 그런데 직접민주정치를 하려고 보니 그것도 문제가 없지 않다는 생각에 선뜻 내켜 하지 않는 상황이다. 그런 망설임은 고대 그리스 민주정치에 대한 잘못된 이해에 기인하는 바가 크다. 그리스 민주정치를 잘못, 아니 거꾸로 이해하다 보니 정작 필요한 것을 도입하는 데 속도가 붙지 않고 지향해야 할 방향을 잃고 방황하는 처지에 있다.

그리스 민주정치의 실상에 대한 오해를 불식하기 위해 널리 퍼져 있는 잘못된 상식으로 다음 여섯 가지를 들고 반론을 펴도록 하겠다.

첫째, 민주정치를 하다가 아테네가 망해버렸으니 하면 안 된다.

둘째, 여자는 노예와 같이 참정권이 없었으니 실제로는 남성 시민을 중심으로 한 귀족정치다. 반면 우리는 적어도 여자들이 그런 대우를 받는 것은 아니니, 우리가 고대 그리스보다 더 나은 민주정치를 하고 있는 것이다.

셋째, 민중이 결정하면 중우정치가 된다.

넷째, 고대 그리스는 나라 규모가 작아서 직접민주정치가 가능했으나 현대는 영역이 넓어서 직접민주정치를 시행할 수가 없다.

다섯째, 철학자 소크라테스를 처형했으니 그들처럼 어리석은 민중의 중우정치를 하면 부작용이 심하다. 그래서 직접민주정치를 하면 안 되고 엘리트 정치가를 뽑아서 대의정치를 해야 한다.

여섯째, 소크라테스가 "악법도 고쳐지기 전에는 지켜야 한다"고 말했다.

직접민주정치를 '하면'이 아니라 '안 하면' 망한다

그리스가 직접민주정치를 하다가 망했으며, 그래서 직접민주정치는 좋은 것이 아니고 따라 하다가는 우리도 그리스처럼 망한다는 것은 잘못된 상식이다.

사실 기원전 4세기 말 그리스의 패망은 알렉산드로스 대왕의 부친 필리포스 2세가 중심이 된 마케도니아의 군국주의적 침략에 의해 초래된 것이다. 그래서 '직접민주정치 하다가 망했으니 그것이 좋지 못한 것'이라고 생각할 것이 아니라, 반대로 '직접민주정치의 적은 군사력에 의한 군국주의적 침략과 전제적 지배권력이로구나' 하는 교훈을 얻어야 한다는 점이다. 실로 마케도니아의 군국주의는 알렉산드로스 대왕에 의한 페르시아의 멸망과 이후 전제 왕조의 헬레니즘 시대의 개막으로 이어졌고, 기원전 1세기 말에 이르러서는 로마에 의한 지중해 세계 제국으로 확대된다.

민주주의를 하면 망하는 것이 아니라, 안 하면 망한다. 그런 원리는 외적의 침략을 받을 때 명백하게 드러난다. 외적이 침입할 때는 모두가 궐기해 방어해야 효과적이기 때문이다. 몇 명의 관료나 병사들만 믿고 있다가는 안 된다. 임진왜란 때 농민이나 승려가 궐기해 의병, 승병이 되어 저항했다. 이들은 대단한 힘이 되었고, 마침내 왜구가 물러가는 데 한몫을 톡톡히 했다. 그렇다고 이들이 정부로부터 무슨 보상을 받은 것도 아니었고, 그냥 그렇게 '무료로' 저항을 했다. 이런 저항은 정치 외적인 것이 아니라 바로 정치 그 자체이다.

그 무료로 하는 항거 자체가 예외가 아니라 당연히 그래야만 하는 민주정치 본연의 모습인 것이다. 먹을 것이 있고 평화로울 때는 위정자가 다 권력을 틀어쥐고 앉아서 좌지우지하고, 전란이 나면 귀하신 몸 위정자는 도주해버리고 민초들이 일어나서 온몸으로 때우는 그런 것이 민주정치가 아니다.

그런데 우리 사회에서는 정치는 정치가들만 한다고 생각하는 경향이 있다. 그래서 시민운동가나 학자가 정치를 한다고 나서면 이단시하는 풍조가 있다. 시민단체가 정당을 만든다고 하면 마치 본분을 망각하고 일탈한 사람같이 취급하기도 하고, 교수나 하고 있을 것이지 어울리지도 않는 정치판에 뛰어들었다고 비난하기도 한다. 이런 금기는 도무지 민주적인 것이 아니다. 민중이 정치를 외면하는 순간, 위정자들이 가진 권력은 부패하기 때문이다.

민중이, 승려가, 시민운동가, 대학 교수가 평소에 정치는 하면 안 된다고 하면서, '외적이 쳐들어오면 열심히 막아서 싸워라!' 하고 주문하는 것 자체가 자가당착의 모순이다. 평시나 전시나 민중은 누구나, 언제나 자신의 권리를 지키기 위해 안팎의 적을 다 경계할 필요가 있다. 그것은 정치적 행위, 때에 따라서는 무력투쟁으로 나타나게 된다. 시민운동가나 교수뿐 아니라 민초들도 그리고 평소에도 정치를 해야 한다. 왜구에 맞서 결사항전했듯이 말이다. 사실 적이 밖에만 있는 것이 아니다. 권리를 침해하는 공권력도 민중과 민주의 적이기 때문이다.

민주의 기초는 자유이다. 투쟁은 누구의 명령이 아니라 무료로 자진해서 하는 것이기 때문이다. 위계적 명령에 따른 행위는 수동적이고 억지로 하는 것이라 힘이 없으나, 자유의사에 의해서 하는 행위, 스스로 깨쳐서 궐기한 저항의 동력은 배가된다. 민주의 원칙이 실천되는 사회는 외적의 침략에 쉽게 굴복하지 않는다.

고대 아테네 여성도 시민이었다

여자는 노예와 같이 참정권이 없었고 실제로는 남성 시민을 중심으로 한 비민주적 차별 정치였다는 상식은 잘못된 것이다. 남자는 군대에 가고 참정권을 갖는데 여자는 그런 권한이 없었기 때문이란다. 그러나 이런 오해는 역할과 의무의 개념을 특권으로 잘못 인식한 데서 비롯한다.

사실 남성이 군역에 봉사하는 것은 특권이 아니라 희생이었고, 그런 것을 면제받는 여성이 결과적으로 우대를 받는 것이었다. 이는 요즈음 남자들이 군대 가면서 여성들보다 더 손해를 본다고 생각하는 것과 같다. 참정권 측면에서도 투표를 한다는 것은 권리라기보다 의무의 부담이었다. 투표를 해서 무언가 공적인 사업을 추진하면 경비가 들어가는데, 그 경비는 그것을 결정한 시민들이 부담했다. 참정권을 가진 시민들이 속하는 집안에서 부담하는 것이다. 그 집안은 남성뿐 아니라 여성들도 속해 있는 하나의 공동체이다. 그런 점에서 여성들도 시민권을 가지고 있었고, 재산권을 행사했다.

그리스 남성과 여성의 사회적 지위에 대한 잘못된 이해는 근본적으로 국가의 권력구조에 대한 이해의 부족에 기인한다. 고대 그리스 폴리스 시민사회를 근대국가와 같은 권력구조를 가진 것으로 보기 때문이다. 근대 국가는 국가권력이라는 것이 있어서 다소간 권력이 중앙에 집중되어 있으나, 고대 그리스 시민사회는 그런 것이 없었다. 공직자는 거의 비상근이었고 권력 행사의 주체인 관료기구가 없었으며, 조직적 세금 제도도 갖추어져 있지 않았다. 돈이 없으니 국가의 예산이나 결산이라는 것도 없었다. 그래서 사안별로 그 경비를 시민들이 직접 부담했다. 전쟁이 나거나 축제 등의 경비가 필요하면 시민들이, 정확히 말해 남성만이 아니라 남성과 여성이 함께 속해 있는 '가정oikos'이 부담했다.

시민권 자체가 국가 혹은 정부에서 부여하는 것이 아니라 가정에서 나온다. 가정에서 합법적 자식으로 인정하면, 그를 촌락과 씨족 등에 보고하고, 촌락은 그 명단을 중앙 폴리스로 보낸다. 폴리스에서는 유사시에 그들을 군인으로 징집하고 남성 시민은 스스로 자신의 집안에서 자체적으로 마련한 무기를 들고 먹을 양식까지 준비해 전쟁터로 나가서 희생하는 것, 그런 것이었다. 당시에 국가 혹은 정부 권력이란 것이 따로 없었고 시민의 모임, 즉 민회가 중심이 되었기 때문에, 나라의 중대사는 민회를 통해 결정했고, 또 시민 각자의 경비 갹출을 통하지 않고서는 실행될 수가 없었다.

그래서 그리스 민주정치가 남성들에게만 군역 봉사와 참정권을 갖게 한 특권 귀족의 정치체제란 말은 할 수가 없게 된다. 여성도 국가의 행사에 참여했다, 고대 사회는 정치의 개념이 오늘날과는 달리 훨씬 광범하고 다양했으며, 정부 권력을 중심으로 하는 것이 아니었다. 여성들만이 참여하는 제식들이 있었는데, 이런 제식의 거행은 국가의 중요한 행사였고, 그것도 정치적인 것이었다.

중우정치나 대의정치나 그 나물에 그 밥

민중이 결정권을 가지면 중우정치가 되지 않을까 하는 염려가 있으나 대의정치도 취약하기는 마찬가지이다. 민중만 비전문적, 비이성적, 감정적이고, 정서가 불안하며 선동에 취약하고 적대성을 갖는 존재가 아니라 대의하는 자도 마찬가지로 그 민중의 한 사람일 뿐이다.

중우정치에 대한 염려는 대의제 정치가들은 민중과 달리 현명한 판단을 내릴 것이라는 논리를 깔고 있다. 그러나 현실은 그 반대이다. 전문 법조인인 법관도 완벽한 판단을 하는 것이 아니다. 오히려 전문가일수록 범죄에 더 능하다는 말도 있다. 변호사가 그러하다. 법을 잘 알고 있을수록 변호사는 법망을 어떻게 빠져나가는가 하는 것을 잘 안다. 의사도 세계적 통계로 오진율이 30%가 넘는다. 의사의 오진율이 높다고 해서 의사로부터 치료의 임무를 박탈하는 일이 없다. 그 오류는 필요악이다. 그저 요행과 최선의 노력을 바랄 뿐이다.

법관이 재판을 잘못하는 경우를 대비해 재심 제도를 둔다. 잘못 판결하면 다시 하는 것이다. 경찰, 검사가 수사를 잘못하면 재수사를 한다. 그런데 중우정치를 주장하는 사람들이 민중에 대해서만은 실수 없이 완벽하게 판단해주기를 바라면서, 그렇지 못한 현실에 대해 비난하는 것은 모순이다. 민중도 잘못된 결정을 하면 법관과 같이 스스로 재심도 하고 번복도 가능해야 한다. 경찰, 검사, 법관은 죄다 빼고, 민초들만 단 한 번 만에 완전한 결정을 내려야 한다는 법은 없다.

사실 오판보다 더 심각한 문제는 부패이다. 부패는 민중보다 소수의 전문가들의 경우 더 심각하다. 부패의 가능성은 결정권이 소수의 손에 집중될수록 더 심각하며, 민중에게로 널리 확대될수록 줄어든다.

만일 민중의 자질이 부족한 것이 사실이라면 직접민주정치뿐 아니라 간접민주정치도 실시할 수가 없게 된다. 비이성적인 민중이 대의정치, 즉 간접민주정치를 해줄 정치가를 뽑는 능력을 갖는 것조차 불가능해지고 말기 때문이다. 이렇듯 비이성적이고 불안한 민중이 어떻게 대통령을 뽑고 국회의원을 뽑도록 맡길 수가 있겠는가. 종국에는 대중이 정치에 참여하는 것 자체가 원천적으로 불가능하게 되고, 직접이든 간접이든 민주정치 자체의 존속이 불가능해진다.

직접민주정치는 영토가 큰 데서도 가능하다.

직접민주정치는 고대 아테네 폴리스같이 나라의 규모가 적은 곳에서나 시행 가능하다는 말들을 하지만, 이것은 오해이다. 영역의 규모와 무관하게, 직접민주정치는 분권적인 권력 구조의 원리에 의한 것이기 때문이다. 말 그대로 간접민주정치에서 정치가가 민의를 대표한다면, 직접민주정치에서는 민중이 직접 권력을 행사한다는 말이다. 그런데 그 민중의 권력 행사는 반드시 민중이 다 직접 결정한다는 것이 아니다.

직접민주정치의 나라로 알려진 고대 아테네에서도 의회, 행정부 등 대의 기관이 있었다. 그러나, 민회의 민중이 공직자를 처벌할 수 있는 권한을 직접 행사했고 그런 점에서 그것은 직접민주정치이다. 이것은 현대 국가에도 그대로 적용된다. 사실은 직접민주정치를 하건 간접민주정치를 하건 아무 상관이 없다. 그 어느 것이건 공직자가 공권력을 오·남용했을 때는 가차 없이 처벌하는 권한을 민중이 직접 가지고 있는 것으로 충분하다. 이것이 바로 직접민주정치의 비밀이다.

여기서 사고의 틀이 180도 전환된다. 민중이 비이성적이어서 직접민주정치를 도입하면 안 된다고 말할 것이 아니다. 오히려 민중의 뜻을 대의하는 공직자는 그 권력이 개인의 것이 아니므로 그 행사 과정을 시민들로부터 철저하게 검증받아야 한다. 그 검증과 처벌의 장치를 제도적으로 마련하는 것이 직접민주정치의 최소한 요건이다.

민중은 행정, 입법, 사법 등 정부의 3권을 초월하는 주권자이고 모든 권력은 민중으로부터 나온다. 그래서 어느 정도의 권력을 대의제로 하고 어느 정도를 직접민주정치로 하는가도 민중이 스스로 결정한다. 국회가 그 결정권을 막는다면 대의를 하도록 위임한 근원적 주권자인 민초의 적이 된다. 민중은 주권자로서 위정자들이 결정하는 대로 눈치만 보고 살 것이 아니다. 공직자에 대한 감시는 일상적으로 이루어져야 한다. 위정자가 아니라 민중이 명실공히 주권자가 되어야 하는 것이다.

직접민주정과 간접민주정 어느 쪽을 할 것인가를 두고 싸울 필요도 없다. 둘을 적당하게 섞으면 된다. 지금도 대통령이나 국회의원은 국민투표에 의해 선출되므로 이는 직접민주정치에 의한 것이다. 또 진보와 보수 간 대립 그 자체는 근본적으로 문제 될 것이 없다. 인권이 극도로 침탈되지 않는 한, 사회는 극도의 진보와 극도의 보수로 치달을 수가 없고 중의를 모아서 얼마간의 중도에서 머물게 마련이기 때문이다. 문제는 어느 정도의 진보 혹은 보수를 할 것인가 하는 것보다, 그 정도를 '누가 결정할 것인가'에 있다. 그것은 궁극적으로 이해의 당사자인 민중이 되어야 한다.

소크라테스에게 사형의 형량을 내린 것은 민중재판관이 아니었다

고대 아테네 민주정치는 현명한 철학자 소크라테스를 처형한 '어리석은 민중의 정치', 중우정치의 소산으로 규정하는 잘못된 상식이다. 당시 배심 재판관은 형량을 제안할 권한이 없었으므로, 소크라테스의 처형에 대한 1차적 책임은 배심재판관들에게 돌아가는 것이 아니고 또 그의 죽음이 중우정치를 상징하는 것도 아니다.

아테네의 직접민주정치가 민중의 어리석은 결정 때문에 폐단이 있다고 하고, 양식과 도덕성에서 더 나은 사람들이 어리석은 민중을 대신해 결정하는 대의제가 좋다고 주장하는 사람들이 있다. 그런데 문제는 민중을 어리석은 것으로 치부하면 대의제 민주정도 존재하기 어렵다. 어리석은 민중은 양식이나 도덕적으로 더 나은 사람을 선택할 능력조차 원천적으로 결여하는 것이 되기 때문이다.

아테네 민주정을 매도하는 이들은 민중의 '어리석은 결정'의 단적인 예로 소크라테스의 처형을 들곤 한다. 그런데 여기에 대단한 오류가 개입한다. 소크라테스에게 내려진 사형의 형량을 결정한 것은 민중 재판관들이 아니라, 소크라테스를 고발한 원고 측이었기 때문이다.

민주정치의 요람인 고대 그리스 민주정치에서는 법학적성검사나 법학전문대학원 같은 것이 없었고, 전문 법조인 재판관 자체가 없었다. 그 대신 법정은 서로 평등한 민중 재판관들로 이루어졌고, 이들이 1차 재판에서 유무죄 여부를, 2차 재판에서는 형량을 결정했다. 그리고 그 형량은 재판관들이 아니라 원고와 피고가 직접 제안하는 것이었고, 민중 재판관들은 그 둘 중의 하나를 선택하는 데 그쳤다. 재판관들에게는 형량을 결정하는 권한 자체가 없었다. 형량의 결정권은 소송 당사자들에게 있었다.

시민들은 서로 자유롭고 평등했으므로 501명으로 구성된 소크라테스 재판정의 재판관들은 아무도 마음대로 형량을 결정할 수가 없었다. 그래서 원고와 피고인 소송 당사자들에게 직접 형량을 제안하도록 하고, 민중 재판관들은 그중의 하나를 선택하는 정도의 재량권을 가지고 있었을 뿐이었다.

소크라테스에게 사형의 형량을 매긴 것은 그를 고발했던 원고 측이었다. 아니토스를 포함한 원고 측이 피고 소크라테스에 대해 사형의 형량을 제안했을 뿐이었다. 소크라테스는 오늘날 민사 재판같이 원고에게 패소했기 때문에, 원고가 그의 형량으로 사형을 제안했기 때문에 처형되었다. 그의 죽음은 민중 재판관들 탓이 아니라 사형을 제안할 만큼 지독했던 원고 측의 악의에 의한 것이었을 뿐, 소크라테스의 유죄를 결정했던 민중 재판관들에게 1차적인 책임이 돌아가는 것이 아니다. 시민단이 중심이 된 고대 아테네 폴리스에서는 오늘과 같은 국가 공권력을 행사하는 기관이 없었다. 입법, 행정, 사법의 부서 같은 것이 따로 없었고, 일반 시민들이 정책도 결정하고 재판도 했다. 고대 아테네의 대의제 정부 기관은 전무했던 것은 아니지만 비교적 단순했고, 시민단이 권력의 중심에 있었기 때문에, 오늘날 공법의 영역에 들어가는 사법司法도 그때는 사적私的 소송의 형태로 진행되었다. 이른바 공익에 관련되는 사안이라 하더라도 공소의 개념이 희박하고 그 대신 민사소송같이 진행되었다. 시민이 주인이 되는 폴리스는 형량도 당사자 스스로가 제안하는 체제였고 민중 재판관들은 원고와 피고의 제안 중에서 하나를 선택하는 재량권밖에 갖지 못했다. ·오늘 중앙집권적 근대국가의 공권력을 등에 업고 형량을 자의적으로 재단하며, 동시에 사법 권력을 남용하기 일쑤인 전문 법조인과는 판이하다.

시민단이 중심이 된 고대 폴리스의 사법제도는 다소간에 중앙집권적인 근대국가와 차이가 있으며 이렇듯 법관의 역할도 달랐다. 소크라테스 처형의 주요 책임은 그를 고발한 다음 사형의 형량을 제안한 원고 측에 있는 것으로서, 민중 재판관이나 중우정치를 탓할 일이 아니다.

법은 미리 어기지 않으면 고쳐지지 않는다

소크라테스가 "법은 고쳐지기 전까지는 지켜야 된다"라는 취지의 말을 했다는 것은 잘못 알고 있는 상식이다. 소크라테스는 그런 말을 한 적이 없다. 그런데 소크라테스의 권위를 빌어 좋든 나쁘든 기존의 법은 꼭 지켜야만 한다는 수동적인 생각을 민중에게 주입시키는 단초가 되었다. 그래서 잘못된 제도나 법을 고쳐나가려는 동력을 애초에 무산시키고 기득권의 특권을 옹호하는 호재가 되는 데 기여해왔다.

그러나 법이 먼저가 아니다. 민중이 원하는 것이 우선하고 법은 나중에 따라오는 것이다. 1789년 프랑스 혁명이 발발해 〈인권선언〉이 발포되고, 그로부터 2년째 〈1781년 헌법〉이 정초되었다. 그런데 "인간은 나면서 자유롭고 평등하다", "사유재산권은 신성불가침이다" 등의 원칙은 법률이 만들어지고 난 다음 현실화된 것이 아니다. 그 반대로, 이미 수백 년 동안 중세의 봉건귀족의 특권에 대한 시민 계층의 도전과 세력의 확대는 이루어져왔고, 그런 시대적 변화가 마침내 법률로 추인되는 것이 프랑스 혁명의 〈인권선언〉이며 〈1781년 헌법〉이다. 행동으로 먼저 실천하지 않으면 법은 바뀌지 않는다. 시대가 변하고 상황이 바뀐다고 법이 따라서 자동으로 바뀌는 것이 아니라는 말이다. 영미의 판례법은 그런 점에서 시사하는 바가 크다. 고정된 법이라는 것이 없고, 상황에 맞게 판례를 통해 재해석하는 길이 열려 있기 때문이다. 기존의 법에 얽매일 것이 아니라, 비판과 개혁의 행동을 먼저 해야 한다. 법은 나중에야 바뀌기 때문이다.

이제까지 고대 아테네 민주정치에 대한 잘못된 상식 여섯 가지를 살펴보았다. 그렇다면 고대 아테네 민주정치에 관해 우리가 지녀야 할 올바른 상식으로는 어떤 것들이 있을까?

고대 그리스의 권력통제형 민주정치

빈부 기준에 따른 아리스토텔레스 정치체제 분류

고대 그리스 민주정에서는 자본주의나 공산주의 등 특정의 이념을 중심으로 하는 대립이 전개되지 않았다는 점을 주목할 필요가 있다. 아리스토텔레스가 정치체제를 민주정치(다수 혹은 빈자), 과두정치(소수 혹은 부자), 군주정치로 구분할 때, 그 핵심은 구체적 사회체제의 내용이 아니라 누가 결정권을 갖는가 하는 절차의 문제이다. 예를 들어 빈자의 민주정치는 공산주의와 같은 말이 아니고, 과두정치는 어떤 특정 계층의 경제적 특권과 무관하게, 결정하는 주체가 소수 혹은 부자라는 말이 된다. '빈자의 정치' 혹은 '부자의 정치'는 결정권의 주체를 말하는 것이지, 구체적 체제의 내용으로서 공산, 자본 혹은 토지 소유의 특권 등을 말하는 것이 아니다.

아리스토텔레스의 정치체제론에서 논의되는 것은 빈자와 부자 간 갈등이다. 흔히 민주정이 다수, 과두정이 소수에 의한 정치체제라고 알고 있으나 이것은 잘못된 지식이다. 아리스토텔레스에 따르

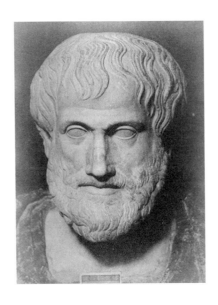

철학자 아리스토텔레스는 진보 대 보수, 혹은 직접민주 대 간접민주의 대립이 아니라 결정권자의 수에 따라서 일인정, 과두정, 민주정으로 정치체제를 구분했다.

면, 민주정과 과두정을 단순히 다수와 소수의 통치라는 개념으로 구분해서는 안 된다. 그 대신 민주정은 빈한한 자들, 과두정은 부유한 자들이 권력을 갖는 것이다. (아리스토텔레스, 《정치학》, 1290a30~1290b2)

아리스토텔레스에 따르면, 모든 정치체제, 즉 군주정(왕정), 과두정(귀족정), 민주정(폴리테이아)이 일정 사회 계층의 이익만 옹호하는가, 혹은 전체 민중의 이익을 도모하는가에 따라 좋은 정부도 되고 나쁜 정부가 되기도 한다. 그가 생각하는 바의 좋은 정부는 부자나 빈자 가운데 어느 한 편의 이익만을 옹호하는 정부가 아니다. 반대로, 그는 언제나 부자나 빈자 계층 간의 상반된 이해를 절충하기를 강조하며, '복합성'이야말로 좋은 정부체제의 조건이라고 여겼다. (아리스토텔레스, 《정치학》, 1291b 30~37, 1297a 7이하, 1298b 18~22)

아리스토텔레스는 누가 권력을 가지고 결정을 하는가에 기준을 두고 정치체제를 구분했다. 민주정에서는 보다 넓은 사회계층 출신으로 민중에 의해 뽑힌 아르콘(관리)들이 세력을 가지거나, 민회의 민중이 영향력을 행사하거나 한다. (아리스토텔레스, 《정치학》, 1291b39~1292a4) 아리스토텔레스에 있어서 '민중'이라는 개념은 빈자의 집단만이 아니라, 상류와 하류의 사회경제적 집단을 함께 포함하는 전체 자유인의 사회를 의미하는 것이다. 그러나 과두정에서는 재산 자격에 의해 선출되는 아르콘들이 집권하며 빈한한 계층은 참가하지 않는다. (아리스토텔레스, 《정치학》, 1292a39~1292b10) 이때는 피선거인의 자격이 재산에 따라 한정된다는 뜻이다.

이처럼 아리스토텔레스에게서 정치체제는 권력의 행사에 참여하는 사람들의 범위를 기준으로 구분된다. 그리고 그것은 단순히 다수와 소수의 차이가 아니라 빈부의 차이에 의한 것이다. 민주정에서는 빈자가 결정권을 가지고, 과두정에서는 재산 자격에 따라서 선거권이나 피선거권이 제한된다.

주의할 것은 아리스토텔레스는 권력을 행사하는 주체가 빈자인가 부자인가 하는 데 관심을 가졌을 뿐, 빈자나 부자를 위한 정책을 구체적으로 적시하지 않았다는 점이다. 전자의 주체는 절차요, 후자의 정책은 내용에 해당한다. 이에 아리스토텔레스의 정치체제론의 관심은 절차에 관한 것으로서, 민주정치란 정책의 결정권이 빈민에게 주어져야 한다는 것이다. 즉, 민주정이란 빈민이 직접 결정권을 갖는 것이어야지, 부자가 빈민에 관련한 정책의 내용을 결정

해주는 것이 아니라는 말이다. 빈부 간의 갈등에 관한 관심은 아리
스토텔레스뿐 아니라 그 이전의 플라톤, 그리고 이전 시대의 역사
가였던 헤로도토스와 투키디데스에서도 보인다.

돌아가면서 통치하고 지배 받는 평등한 시민 민주정치

고대 아테네 시민 민주정치의 지혜를 돌아보자. 그들은 통치자나
피치자가 차이 없이 똑같은 자질을 가진다고 보았다. 다만 돌아가
면서 통치를 담당할 뿐이다. 아리스토텔레스에 따르면, 시민은 평
등하며 조금도 차이가 없고, 또 시민이 교대로 지배도 하고 지배받
기도 한다.

> 가족의 지배는 군주정이다. 이는 모든 가정이 한 사람의 지배를 받기 때
> 문이다. 반면 정치적politike 지배는 자유롭고 평등한 자에 대한 것이다.
> _아리스토텔레스, 《정치학》, 1255b19~21

> 대부분 정치적 지배에서는 통치자와 피치자가 교체된다. 이들은 자연
> 성에서 같은 수준이며 아무런 차이가 없다.
> _아리스토텔레스, 《정치학》, 1259b 4~6

"일찍이 복종할 줄 모르는 자는 좋은 지배자가 될 수 없다"는 것
은 옳은 말이다. 통치자와 피치자는 동일하지 않으나 선한 시민은
양편에 다 같이 능해야 한다. 어떻게 자유인으로서 통치하는가, 그

리고 어떻게 자유인으로 복종하는가를 알아야 한다. 이것이 시민의 덕성이다. 지배자의 절제와 정의는 피치자의 것과 다르지만, 선량한 사람의 덕성은 양쪽을 다 같이 포함한다. 자유이면서 피치자인 선량한 사람의 덕성은 한 가지만이 아니라 다른 종류의 덕성을 포함하고 있다. 하나는 그가 지배할 수 있게, 또 하나는 복종할 수 있게 하는 덕성으로서 남자와 여자의 절제와 용기가 다르듯이 다른 것이다. (아리스토텔레스, 《정치학》, 1277b12~21)

왕이라는 것은 그 국민보다 현저하게 우월한 것이 아니므로 (…) 모든 시민이 다 같이 차례로 통치하고 또 통치를 받고 하는 것이 여러 가지 이유에서 명백히 필요하다. 평등이란 동류의 사람들을 동일하게 취급하는 데 있는 것이며, 정의 위에 기초하지 않는다면 어떤 정치도 유지되어 나갈 수 없다.
_아리스토텔레스, 《정치학》, 1332b24~27

통치자와 피치자는 동일한 동시에, 일면 상이하다고 결론지을 수 있다. (따라서 그들의 교육 또한 동일해야 하는 동시에, 일면 상이하기도 해야 한다. 그것은 사람들이 말하듯이 지배하는 법을 배우려는 사람은 무엇보다도 먼저 복종하는 것을 잘 배우지 않으면 안 되기 때문이다)
_아리스토텔레스, 《정치학》, 1332b42~1333a2

고대 그리스인들은 지배를 받는 민중과 통치를 하는 정치가가 인간의 자질에서 다른 점이 있다고 보지 않았다. 또 정치를 함에 있어서 인간의 자질은 모두 평등하다고 보는 것이다. 여기에는 민중과 다른 훌륭한 정치가란 개념이 없다. 그저 그만그만한 사람들이 돌아가면서 나랏일을 맡아서 할 뿐이다.

사실 우리는 고대 그리스, 특히 아테네에서 직접민주정치가 발달된 것으로 이해하고 있다. 그러나 위 예문을 보면 반드시 그런 것만도 아니다. 아리스토텔레스가 시민들이 돌아가면서 통치하고 또 통치를 받는다고 분명히 적고 있기 때문이다.

아테네의 대의정치와 민중의 공직자 처벌권

아테네에도 대의정치가 있었다. 우리 국회와 같이 500인 의회가 있었고 10명의 장관, 장군 등 민중에 의해 뽑혀서 나랏일을 대신 돌보았던 공직자들이 있었기 때문이다. 그런데 왜 아테네 민주정치가 직접민주정치였던 것으로 우리는 알고 있는 것일까?

그것은 다소간 대의정치가 없었던 것은 아니지만, 권력을 통제·감시할 수 있는 권력을 민중이 쥐고 있었기 때문이다. 이것이 바로 직접민주정치의 비밀이다. 그것은 크게 두 가지 특징을 들 수 있는데, 하나는 특정인에 대한 권력의 집중을 막는 것, 다른 하나는 공권력에 대한 감시 및 처벌권을 민중이 행사하는 것이었다.

아테네인들은 민중이 대중으로서 갖는 감정적 취약성이 아니라 오히려 권력이 특정인에게 집중되었을 때에 초래되는 위험을 경계했다. 인간의 생물적 약점보다는 사회적 제도로서 권력의 집중에 의해 야기되는 부정적 결과를 방지하는 데 관심을 기울였던 것이다. 그래서 그들은 관리의 임기를 1년으로 제한하고 또 연임이나 재임을 허용하지 않았다.

또 공직자가 공권력을 오·남용하든가 잘못을 저지르는 경우, 민중이 처벌권을 확실하게 장악하고 있었다. 우리에게 잘 알려진 제도는 도편추방제이다. 이 제도는 고대 아테네에서 이렇다 할 뚜렷한 잘못도 없는 정치가를 추방하는 데 쓰였다. 찬성 6000표만 모이면 막연한 의혹이나 그냥 '싫다'는 감정만으로도 민중이 정치가를 10년 동안 추방할 수 있는 가공할 제도적 장치가 도편추방제였다. 마음에 들지 않는다는 이유로 정치가들을 추방할 정도이니, 정치가나 장군이 잘못을 범하게 되면 가차 없이 민회의 결정이나 민중재판소에서 재판을 거쳐 추방해버렸다. 이렇게 국가나 민중에 손해를 야기한 공직자에 대한 처벌은 말할 것도 없고 공직자 아닌 정치가, 또 그에 대한 단순한 의구심만으로도 추방해버리는 절차가 제도적으로 마련되어 있었다.

이런 도편추방제도는 공권력을 행사하는 공직자는 사인과 달라서 각별한 견제 장치가 필요하다는 점을 고대 아테네인은 깨닫고 있었으며, 이런 제도적 장치가 그 민주정이 바르게 작동하도록 하는 원동력이 되었던 사실을 보여준다.

이 같은 제도적 장치는 오늘날의 정치적 상황과는 아주 다르다. 현대의 위정자들은 범법행위를 한 경우에도 '고도의 정치적 결정'이라는 빌미로 정당화함으로써 법 위에 군림하려 하기 때문이다. 이

고대 아테네에서는 추방하고 싶은 정치가의 이름을 깨진 도기 조각인 도편(오스트라카ostraca)에 적어 투표를 했다.

것은 주도권이 민중이 아니라 위정자에게 있음을 단적으로 증명한다. 더구나 공직 비리와 관련해 증거가 있는 사실이라 하더라도 공공연히 대중 앞에서 적시했을 때는 명예훼손으로 법정 다툼이 벌어지기 일쑤이다. 사실 공직자의 경우는 비리의 의혹만 있어도 공론화함으로써 훗날을 경계하는 것이 공권력의 오·남용을 방지하는 방편이 될 수 있다. 그런데 사실조차 발설하지 못하도록 해 원천적으로 막고 있으므로 공직 비리는 더욱 기승을 부리게 되었다.

고금을 막론하고 민중과 정치가의 자질은 서로 구분되는 것이 아니며, 직접민주정 혹은 간접민주정 중 어느 것을 할 것인가를 두고도 다툴 필요가 없다. 대의정치를 해도 상관이 없으나, 민중을 대의하는 공직자가 그 권력을 올바르게 행사하는지에 대한 감시와 처벌의 권한을 주권자인 국민이 가지고 있어야 하는 것이다.

고대 그리스인의 공직자 감시와 소환제도

국민소환제는 공직자 임기 만료 전이라도 국민이 부적격하다고 판단하는 경우 일정 수의 투표 참여율과 일정 수의 찬성률에 따라 투표로서 그를 해임하는 것이다.

공권력을 행사하는 자에 대한 견제 장치로서의 국민소환제는 고대 아테네 민주정에서 그 기원을 찾을 수 있다. 공권력에 대한 아테네인의 감시는 관직에 임할 때의 자격 심사, 관직을 물러 나올 때의 수행 검사가 있었다. 기원전 4세기 중반 아리스토텔레스의 저작으로 전하는 《아테네 정치제도사》*에 따르면, 의원들은 다음 해의 의원들과 9명 아르콘의 자격 심사를 한다고 하고, 그전에는 의회가 최종 심사를 했으나 아리스토텔레스 당시에는 그 최종 자격 심사권이 민중재판소로 넘어갔다고 한다. (아리스토텔레스, 《아테네 정치제도사》, 44) 특히 관직을 마치고 나올 때 확인을 해 미비한 점이 있으면 벌을 주고 국가에 손해를 입힌 것이 있으면 손해배상을 하도록 했다. 이뿐만 아니라 아테네 민회는 매달 공직자의 공무수행을 감시하는 절차를 갖추고 있었다.

> 의회는 휴일을 빼고 매일 열리고 민회는 각 행정회기마다 4번 열린다. (…) 첫 번째 주요 민회에서 하는 일은 다음과 같다. 관리들이 잘 통치할 때는 그들에 대한 지지를 표결하며, 먹을 양식과 영토 방어에 대해 의논하고, 같은 날 원하는 사람들로 하여금 탄핵을 하게 한다.
> _아리스토텔레스, 《아테네 정치제도사》, 43.2~3

* 이 책의 4장 〈파레시아, 모두가 말할 권리〉에 아리스토텔레스의 《아테나이의 정체》로 소개된 책과 같은 책이다.

고대 아테네 추첨기. 오른쪽 횡으로 된 열에 이름을 꽂아놓고, 왼쪽 아래에 보이는 구멍으로 흰 공, 검은 공이 나오는 대로 한 열씩 그날 재판관 임직의 당첨 여부를 결정한다.

《아테네 정치제도사》에서 전하는 위 예문에서 보이는 바와 같이 고전기 아테네인들은 약 한 달 간격으로 4번의 민회를 여는데, 그 중 첫 번째 민회에서는 언제나 공직을 잘 수행한 자에 대해 지지를 표하고, 못한 자들에 대해서는 탄핵을 한다. 공직자가 법을 따르지 않을 때 원한다면 개인도 탄핵할 수 있다. 의회가 이를 유죄로 판결하면 문제는 또 재판소로 이관된다.(아리스토텔레스, 《아테네 정치제도사》, 45) 세금을 받아서 관리들에게 나누는 직책을 맡은 세금 수납관의 경우, 분배한 몫을 나무판에 적어 가지고 와서 의회장에서 읽는다. 이때 공인이건 사인이건 간에 분배를 잘못한 자를 보게 되면 의회에 대해 문제를 제기해 잘못의 유무를 가리는 투표를 한다. 의원들은 또 자신들 가운데서 회계관 10명을 추첨해 각 행정회기

(프리타네이아prytaneia, 1년의 1/10)마다 관리들의 회계를 검열하도록 했다. (아리스토텔레스, 《아테네 정치제도사》, 48)

의회는 물론 민회의 민중은 공직의 수행 상황과 공직자에 대한 감독을 매달, 즉 행정회기가 바뀔 때마다 수행했다. 공권력에 대한 고대 아테네인의 감시는 철저했으며, 근대 국가와는 비교가 되지 않을 작은 권력에 대해서도 철저하게 감시함으로써 민주정이 순기 능적으로 작동할 수 있도록 했다.

사고의 틀 바꾸기: 이념과 체제 대립을 넘어서

_____ 19세기 마르크스의 《자본론》 출현 이후 지금까지 세계는 자본주의와 공산주의 간 이념 대립의 성토장이 되어왔다. 그런데 고대 그리스에는 자본주의와 공산주의 간 이념과 체제의 대립이 없었다. 고금동서를 막론하고 존재하는 빈자와 부자 간 갈등이 그리스에도 있었는데도 그랬다. 이미 기원전 6세기 초 아테네의 국부로 불리는 솔론의 개혁도 빈자와 부자 간 극한 대립을 극복하려는 것이었다. 이렇듯 빈자와 부자 간 갈등이 있었음에도 불구하고 그리스에는 체제나 이념의 대립이 왜 없었을까?

고대 그리스에는 자본이나 공산이라는 구체적 내용의 대립보다 '절차'의 개념이 발달되었다. 문제가 생기면 민중이 모여서 다수로 결정을 하는 방법을 말한다. 민중이 스스로 논의해 도출하는 결론은 당연히 극단의 대립이 아니라 그 중간의 어느 지점에서 타협이 이루어지게 마련이다. 예를 들어, 그 옛날 기원전 6세기 초 아테네에서는 빈자와 부자 간 극한적 대립이 있었다. 내란 위협의 도가니에서 문제를 해결하기 위해 온 민중은 뜻을 모아 믿을 만한 사람 솔론에게 전권을 부여하게 되고, 솔론은 적정한 선에서 결론을 도출했다. 그것은 양극단을 피하면서, 토지 재분배는 하지 않고 부채는 말소하는 것이었다.

그런데 오늘날 대부분의 민주주의 국가에서는 민중의 뜻을 수렴하는 이런 유연한 절차 민주정치가 실종되었다. 공산주의뿐 아니라 자본주의도 마찬가지로 강요된 사회체제를 전제로 하고 있기 때문이다. 공산주의와 자본주의 간 싸움은 결정의 번복이 불가능한 강요의 경직되고 집권적인 권력구조에서 치열하게 전개되는 것이다. 그러나 절차 민주정치가 정초되면 자본주의와 공산주의 혹은 사회주의의 이념 싸움을 할 필요가 없다. 민중의 결정은 극단으로 흐르지 않고 타협을 통해 조절이 가능하기 때문이다.

또 민중은 과거의 결정을 번복해 갱신할 수 있는 권리도 가져야 한다. 제도의 갱신이 가능하다면 서로 반목하면서 빨갱이(공산주의)나 파랭이(자본주의) 사냥을 할 것 없이 다수결로 다시 결정하면 되기 때문이다. 빨갱이가 아닌 사람조차 빨갱이로 몰아붙이는 빨갱이 사냥은 권력이 비민주적으로 집중된 곳에서 일어나는 현상이다. 권력이 분산되어 있다면 결정 주체의 외연이 확산되어 다원화되므로 특정인을 빨갱이로 모는 것이 아무런 의미가 없어진다.

그래서 민주정치를 논함에 있어, 자본주의와 공산주의의 대립 대신에, 절차와 내용 간 대립 개념을 제시할 필요가 있다. 내용은 상황, 시대, 시민의 기호에 따라서 가변적이다. 그러나 민중의 뜻을 모으는 방법으로서의 절차 민주주의는 결여할 수 없는 민주정치의 기초가 되는 것이다. 그런 점에서 내용보다 절차가 우선되어야 하는 것이다.

절차와 내용 간 대립 개념을 가지고 민주주의를 논하는 것은 또 하나의 장점을 갖는다. 지금까지 민주정체를 논하는 데 쓰인 개념들, 국가와 정부, 개인과 집단, 진보와 보수, 선과 악, 계급투쟁과 보편적 이성의 화합, 폭력과 평화 등의 대립 개념들이 다소간 추상적이고 어떤 특정의 대상, 혹은 구체적 실체를 적시하기가 어려운 점이 있는 반면, 절차와 내용 간 대립 개념은 그보다 선명하고 구체적이기 때문이다.

누가 결정하는가?: 내용 없는 민주공화국을 넘어서

절차 민주정치는 '내용'으로서의 민주정치와 대응 관계에 있다. 내용으로서 정책 입안에 관한 문제는 절차로서 결정의 주체에 관한 문제와는 다른 문제이다. 절차란 어떤 과정으로 누가 결정권을 행사하느냐 하는 주도권의 귀속에 관한 것이고, 내용이라 함은 기본소득제, 토지공개념, 최저임금 등과 같이 구체적인 정책 내용에 관한 것이다. 결정의 주체에 따라서 그 결정의 내용은 달라지기 마련이므로, 절차의 문제는 내용보다 더 우선적으로 다루어져야 한다.

절차 민주정치에서는 자본주의와 공산주의 간 이념이 대립하지 않아도 된다. 오히려 한편에 민중. 그리고 그 반대편에 대의제의 허울을 썼으나 실은 민중의 뜻을 배반하는 위정자들이 서로 대립한다. 위정자와 민중 가운데 누가 결정권을 갖는가 하는 문제는 아주 중요한 것으로서, 결정하는 사람이 달라지면 그 내용도 달라지기 때문이다.

지금같이 대의제 국회에서 결정권을 갖는다면 민중을 위한 복지 정책은 실로 가결되기 어렵다. 국회의원들 다수가 가진 자들에 속하기 때문이다. 그래서 먼저 민중의 결정권을 확보한 다음 나머지는 민주적 방법으로 결정하면 된다. 민중의 결정권만 확보된다면 공산주의냐 자본주의냐를 가지고 충돌할 필요도 없어진다. 그 중간 어디쯤인가에서 다수가 원하는 것으로 절충하면 되기 때문이다. 평등과 자유의 가치를 어떻게 양립하게 할 것인가 하는 문제도 같은 맥락에서 해결책을 모색할 수 있다. 평등과 자유를 어떻게 적절하게 복합할 것인가 하는 정도의 문제가 아니라 그것을 결정하는 궁극적 주체에 대한 논의가 우선되어야 한다는 말이다.

어떤 내용의 정책을 실시할 것인가 하는 것은 누가 결정권을 행사하느냐 하는 문제와 직결된다. 국회가 결정권을 가진다면 국회를 구성하는 의원들의 사회경제적 배경에 따라 그 결과가 도출될 것이다.

국회는 민중의 뜻을 대의해야 하는 곳이지만, 이런 개념 규정은 형식적인 당위성일 뿐 현실이 아니다. 국회의원의 다수가 사회 경제적으로 유력하고 부유한 계층에서 정당을 배경으로 선출되는 것이므로 서민의 입장을 대변하기 어렵고 당리당략 혹은 지역 집단의 이해에 구속된다는 한계를 벗어나지 못한다. 국회의원이 결정권을 행사했다면 정치인으로서의 사회성으로 인해 그 내용은 당연히 보다 보수적일 것이다.

그러나 시민의 다수가 서민들로 이루어지므로 민중이 결정권을 가질 경우 국회의원들보다 스스로의 이해관계에 더 충실할 수가 있다. 직접민주정치를 통해 민중이 투표권을 행사한다면, 그 결정 내용이 보다 더 진보적일 것은 자명하다. 결정권자가 민중이 아니고 다수가 상류층으로 구성된 국회의원들이라면 기본소득제, 토지공개념 같은 법안은 절대로 통과되지 않는다. 통과가 된다면 이미 그 내용이 변질되어 이도 저도 아닌 회색 법안이 된 다음일 것이다. 본질이 변하지 않으면 그런 법안이 통과되지 않는다는 것은 이미 경험으로 터득한 바이다.

주권자 민중은 국회의원이나 위정자의 판단에 종속되는 존재가 아니다. 많은 사안이 상투적으로 대의체제하에 이루어진다는 전제를 하더라도, 민중이 필요로 할 때 그 권한은 바로 민중 자신에게로 귀속되어야 한다. 한 번의 결정으로 권력을 대의체제로 이양했다고 해서 변경이 불가능하거나 매우 곤란한 것이 되어, 민중이 구속을 받고 체제의 노예가 되어서는 안 된다.

대한민국은 민주공화국이다.

대한민국의 주권은 국민에게 있고, 모든 권력은 국민으로부터 나온다.

우리 헌법 제1조 제1항과 제2항이다. 그런데 이때 '민주공화국'이 구체적으로 의미하는 것이 그 자체로는 없다. 헌법에 규정하는 민주공화국이라는 허사가 우리에게 권리를 보장하는 것이 아니기 때문이다. 당연히 그 내용이 채워져야 하는데, 누가 그것을 정하느냐 하는 문제가 남는다. 그 주체는 공권력이 아니라 바로 민중이 되어야 한다. 이것이 우리가 고대 아테네 민주정으로부터 배워야 하는 궁극적인 지혜이다.

2부

/

팍스 로마나 시민들의 명예와 영광

시민권

연설

법

건축

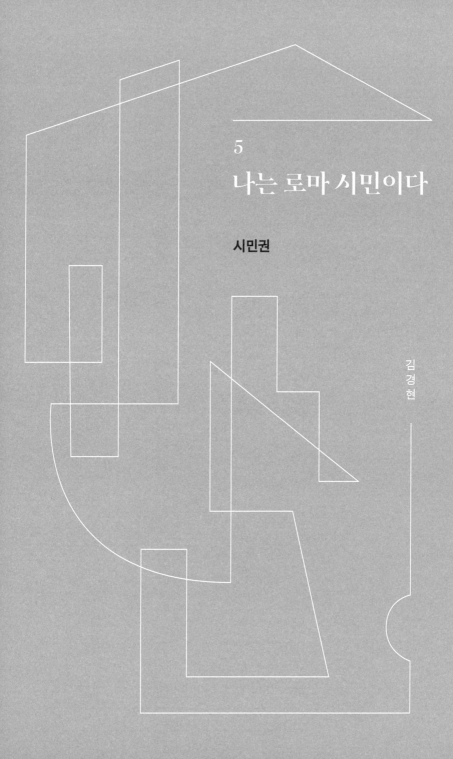

5

나는 로마 시민이다

시민권

김경현

내가 제일 좋아하는 단어는 개인, 다시 말해 시민으로서 자유와 권리를 누리는 개인이다. 시민권이라면 우리 사회에서는 특히 미국 시민권을 떠올릴 것이다. 오늘날은 물론 다르지만, 미국 시민권은 1960~1970년대에 어쩌면 1980년대까지도 우리 사회에서 선망의 대상이었다. 미국 시민권이 있는 교포에게 자기 딸을 시집보내기를 바라는 부모들도 적지 않았다. 이 글의 제목으로 뽑은 라틴어 "CIVIS ROMANVS SVM(키비스 로마누스 숨)"이라는 문장은 '나는 로마 시민이다'라는 뜻으로 로마 시대에 자신이 미국 시민권자라고 밝히는 'I'm an american citizen'과 비슷한 말이었다. 먼저 "나는 로마 시민이다"라는 문구에 얽힌 두 가지 일화를 살펴보면서 이 말의 느낌을 잡아보자.

"나는 로마 시민이다"

─────── 두 가지 사례 가운데 재미있는 것을 먼저 소개하려고 하는데 비교적 익숙한 이야기다. 신약성경 〈사도행전〉에 나오는 유

명한 바울의 일화다. 바울은 유대인이었는데, 유대 지역에서 태어나지 않고 타 지역인 타르수스(그리스식으로는 타르소스)라고 불리는 곳에서 태어나서 나중에 개종했다. 역시 타지에서 태어난 사람답게 바울에게는 유대 지역이 아닌 타지에 나가서 기독교 복음을 전하는 역할이 주어졌고 세 차례 선교 여행을 떠났었다. 세 번째 여행을 마치고 예루살렘으로 돌아왔을 때 벌어진 일이었다. 바울이 타지의 유대인 회당을 찾아가서 유대인들에게 기독교 복음을 전하는 전략을 취했는데, 상당수 유대인들을 짜증 나게 했다. 율법에도 안 맞고, 더군다나 이른바 '듣보잡'인 예수의 죽음과 부활에 대해 이야기하고, 모세 율법을 새로 고치려고 한다니까 얼마나 짜증이 났는지 바울을 예루살렘까지 쫓아온 아시아 쪽 유대인이 바울에게 시비를 걸었다. 때마침 서부 해안 에페소스에 사는 그리스인을 바울이 데리고 와서 성전에 접근했기 때문에, 이방인까지 데리고 와서 성전을 오염시키고 있을 뿐 아니라 정말 말도 안 되는 이야기를 들려주고 있다는 것이었다. 유대인들이 바울을 붙잡아서는 그 당시 유대인 지역을 관리하고 있던 로마군 장교이자, 군인 1000명 정도를 지휘하는 천부장인 트리부누스tribunus에게 데려갔다. 그런데 바울은 로마 시민이라는 자기 신분을 밝히지 않고, 자기가 타르소스 출신의 유대인이며 개종한 경위와 이방선교에 나섰던 일만 설명했다. 그럼에도 유대인들이 소란을 일으키며 로마군 장교에게 항의하니까 천부장이 백인대장centurio에게 바울을 채찍질하라고 시켰다. 그제야 비로소 바울이 "로마 시민을 재판도 없이 매질할 수 있느냐?"

라고 물으며 자기 신분을 밝혔다. 그러자 천부장이 겁을 먹었다. 잘 못된 일을 하고 있다는 생각이 든 것이다.

예루살렘의 고위층인 대사제와 율법학자들이 유대인 회의sanhedrin 에서 바울 문제로 토론을 벌였다. 하지만 해결이 잘 안 되었다. 유 대인 지도자들은 바울이 유대 사회 내에서 반란을 선동하는 나사렛 예수파라고 주장했으니 말이다. 천부장은 하는 수 없이 유대 지역 을 관할하는 로마 총독의 관청이 있는 카이사레아라는 도시에 바울 을 송치했다. 그래서 바울은 카이사레아의 감옥에서 2년여 동안 간 혀 있었다. 바울이 로마 시민임에도 속주 현지 지도층이 자꾸 문제 삼으니까 성가셔하며 뭉개고 있으려고 했던 것이다. 그러다가 유대 인 지도자들이 바울 문제로 새로 부임한 총독을 추궁하자, 총독은 예루살렘에 가서 재판을 받으라고 바울에게 제안했다. 그러자 바울 이 선언한다. "로마 황제에게 상소appellatio ad Caesarem"하겠다고. 총 독은 결국 사도 바울을 로마로 송치한다. 바울은 이중 시민권자였 다. 자기가 태어난 도시 시민권도 가지면서 로마 시민권도 가졌다.

두 번째 일화는 바울로부터 100여 년 전 로마 공화정에서 일어 난 일이다. 시실리는 로마가 이탈리아 본토 밖에서 획득한 첫 번째 속주였다. 서부 지중해의 강자였던 카르타고와 싸워서 얻은 영토 중 하나였고, 곡창지대라서 로마인들에게 아주 중요한 수입원이었 다. 그런 까닭에 시실리 총독은 총독 중에서도 영순위에 해당하는 '알짜배기' 자리였다. 기원전 73~71년에 이 시실리 총독으로 베레 스라는 사람이 있었다. 베레스는 정말 악독한 총독으로 온갖 파렴

치한 일은 다 했다. 값나가는 물건은 물론이거니와, 지역유지가 여는 만찬에 초대받아 가서는 부인을 강제로 빼앗은 적도 있었다. 베레스는 속주 총독 임기를 마친 뒤 당연히 기소당했다. 로마에는 속주에 나가서 착취를 일삼았던 총독을 속주민이 기소할 수 있는 법적 장치가 있었던 것이다. 과거에 시실리 속주와 인연이 있었던 30대 중반의 키케로가 사건을 맡았다. 키케로에게는 정계 진출의 좋은 기회였고, 실제로 소송에서 맹활약을 했다. 시실리 곳곳을 몇 달 동안 돌아다니면서 '별건수사'까지 했다. 조사해보니 속주민의 토지세 횡령, 유명 신전 예술품 강탈 등 온갖 못된 짓은 다 했다. 이 조사를 바탕으로 키케로가 법정에서 한 첫 번째 변론이 〈베레스 탄핵연설〉이다. 자신의 변론을 맡았던 호르텐시우스라는 그 당시 최고의 웅변가이자 변론가의 권유로 베레스는 그냥 도망쳐버리고 만다.

그런데 키케로의 별건수사를 한 내용 가운데 "나는 로마 시민이다"라는 글귀가 나오는 대목이 있다. 가비우스라는 로마 시민이 있었다. 그런데 베레스가 무슨 이유에서인지 가비우스를 채석장에 처박았다. 그 당시 채석장이나 광산은 중범죄자들이나 가는 곳이었다. 가비우스는 탈출에 성공했고 자신의 억울함을 호소하려고 했다. 그러다가 메싸나라는 도시에서 관리를 만났다. 이 관리가 문제를 풀어줄 줄 알았는데 사단이 났다. 마침 베레스가 메싸나를 방문했는데 광장에서 가비우스를 들입다 매질을 하기 시작했던 것이다. 불쌍한 가비우스는 "나는 로마 시민"이라고 끝도 없이 되뇌었다. 매질을 막아주는 무슨 주술인 것처럼 말이다. 하지만 소용이 없었다.

키케로가 주장한 바, 시실리 곳곳에서 베레스가 약탈한 재물들.

당시 시민의 인신을 보호해주는 법제가 5~6개 있었다. 그럼에도 호민관이 시민을 보호해주는 여러 가지 장치가 무력해지고 가비우스는 십자가형이라도 당할 기세였다는 것이다. 이때 가비우스가 내뱉은 절규 속에 "CIVIS ROMANVS SVM"이라는 문장이 수없이 나오는 것이다. 이 글의 제목은 이 일화에서 인용한 뽑은 것이다. 바울은 라틴어가 아니라 히브리어와 그리스어는 썼던 사람이니 말이다.

로마, 이방인과 부랑자의 도시

———— 일화들에서 보듯, "CIVIS ROMANVS SVM"는 선망의 대상 또는 법적 보호를 보장하는 문구로 보인다. 그렇다면 이 로마 시민이라는 자격은 어디가 어떻게 특별했을까? 이 시민권의 내용 그리고 그 역사를 살펴보면 로마 제국과 문명의 속성을 이해하는 데 적지 않은 도움이 될 것이다. 로마 시민권은 작은 도시국가에서 시작해서 제국 전체까지 확산되었던 특수한 사례였다.

로마와 현저한 대비를 이루는 것이 로마보다 먼저 도시국가를 일궈냈던 그리스였다. 그리스도 도시국가 형태의 정치체제들로 이루어졌었다. 그래서 '폴리스polis'라고 불렀고, 폴리스에서 사는 사람을 '폴리테스polites'라고 불렀다. 이 폴리테스가 라틴어로 '키비스civis'이고 키비스가 영어 단어 citizen의 어원이 된다. 모두 시민 또는 국민으로 옮길 수 있는 말이다. '나는 대한민국 국민이다'라는 표현에도 키비스를 쓸 수 있다. 그런데 그리스 문명이나 로마 문명이나 똑같이 도시국가로 출발했지만, 결말은 너무나 달랐다. 로마에는 제국 전체까지 시민권을 널리 퍼뜨리는, 재미있는 현상이 있었다. 로마 시민권은 특권일 수 있고, 특권적인 것은 쉽게 나눌 수 없는데도 말이다. 놀랍게도 로마에는 수백 년 뒤 제국 전 주민에게 시민권을 나눠주는 변화가 있었던 것이다.

그리스의 대표적인 도시국가로서 아테나이는 로마와는 전혀 다른 특성을 갖고 있었다. 아테나이와 로마는 기원 신화부터 중요한 차이가 있다. 아테나이에는 아우토크토니autochthony, 우리 식으로 '신토불이'라는 관념이 있었다. 자기 몸이 땅에서 태어났고, 땅에서 얻는 것은 바로 자기 몸이 된다는 생각이었다. 일종의 '순혈주의'다. 그런 특이한 기원 신화가, 아테나이가 그리스 전역을 하나의 제국으로 통합할 듯 맹렬한 기세를 보이던 시기에 출현했다. 기원전 5세기 아테나이 제국이 절정에 달하는 시점이었다. 몇 세기 뒤인 헬레니즘 시대의 기록이지만, 아폴로도로스《신화집》은 이렇게 적고 있다.

일설에 의하면, 에리크토니우스 왕은 헤파이스토스와 아테나이 여신의 아들이라고 하는데 그 경위는 이렇다. 아테나이 여신이 무구를 만들어 달라고 헤파이스토스를 찾아갔는데, 때마침 아프로디테에게 버림받은 헤파이스토스가 애욕을 품고 그 여신에 추근대기 시작했다. 절름발이 헤파이스토스는 어렵사리 여신을 붙잡아 교합을 시도했으나, 순결한 여신이 결코 그 짓을 용납하지 않아, 헤파이스토스는 그만 여신의 허벅지에 사정하고 말았다. 여신은 역겨워하며 양모 조각으로 정액을 닦아 땅에 던져버렸다. 그러자 땅에서 에리크토니오스가 솟아났다. 그가 자라나 암픽튀온을 축출하고 아테나이의 왕이 되었다.

이 기원 신화가 전하는 아테나이의 왕 에리크토니오스의 '크토니오스chthonios'는 '땅에서'라는 의미의 그리스어다. 아테네인들은 이 신화가 자기네 뿌리를 잘 보여준다고 생각했다. 그리고 이런 신화를 갖고 있던 아테나이가 제국을 만들었다. 기원전 5세기에 아테나이는 에게해 주변 해안도시를 전부 포괄하는 방대한 제국을 만들 정도로 성장했다.

잘 알려졌듯, 아테나이를 대표하는 정치가는 페리클레스다. 페리클레스는 민주주의자이자 동시에 제국주의자였다. 페리클레스는 아테나이 제국이 성장하고 민주주의가 발달하기 시작할 무렵인 기원전 451년 특이한 법령을 반포했다. 앞으로 아테나이에서 시민 자격을 가지려면 아버지뿐 아니라 어머니도 아테나이 시민이어야 한다는 내용이었다. 그 전에 아테나이 지도층에는 이런 식의 순혈주의가 없었다. 외국의 유력 가문과 정략적 혼인 관계를 맺은 지도층 인사들도 많았다. 국제적인 성향을 갖고 있었다고 볼 수 있는데, 페리클레스가 예외적으로 순혈주의를 고집한 것이다. 이렇게 순혈주의를 고집한 나라가 제국을 만든다고 제국이 오래갈까? 그런 폐쇄성으로는 오래갈 수 없다. 아니나 다를까. 아테나이 제국은 불과 30~40년밖에 지속되지 않았다. 기원전 431년에 벌어진 스파르타 동맹과의 유명한 전쟁에서 순식간에 무너진 것이다.

반면, 로마는 달랐다. 로마인은 애당초 이탈리아 로마에서 살던 사람들이 아니었다. 저 멀리 아시아 귀퉁이, 유명한 트로이아 전쟁의 무대에서 건너왔다. 트로이아라는 맹주국가가 무너진 뒤 그 유망민들이 또 다른 트로이아를 세우려고 숱한 방랑 끝에 마침내 이탈리아에 정착한 것이다. 베르길리우스 《아이네이스》가 전하는 이야기이기도 하다. 작품 속에서 유망민의 지도자 아이네아스가 망설일 때마다 어머니 베누스(비너스) 여신이 소명의식을 북돋아서 다 다른 숙명의 땅이 이탈리아의 라틴 땅이고, 이것이 바로 로마의 기원이었다. 《아이네이스》는 로마 문학 가운데 그리스의 《일리아스》, 《오뒷세이아》에 필적하는 아름다운 작품이다.

그렇게 아이네아스가 이탈리아에 정착해 라비니움이라는 도시를 세웠다. 그 후예가 나중에 티베르 강변에 도시를 세우는데, 늑대의 젖을 먹고 자란 쌍둥이 중 형 로물루스가 동생 레무스를 죽이고 로마시를 창건했다. 그런데 갑작스럽게 세운 도시라 주민이 없었다. 그래서, 《플루타르코스 영웅전》이 전하는 바에 따르면, 목동, 방랑자, 도적 떼 등 어딘가 불편한 자들을 주민으로 끌어모았다. 시초부터 심상치 않다. 외국에서 이산을 겪은 데다가 도시조차 부랑자나 도적들을 모아서 세운 것이다.

로마는 처음부터 만들어진 것이었지 자연발생적인 것이 아니었다. 전설에 의하면, 아이네아스에 이끌려 이탈리아에 상륙한 트로이아의 후예들이 로마를 건설했다고 한다. (…) 처음에 로마는 목축생활과 비적질을 하며 근처를 방황하고 있던 자들을 받아들여 하나의 공동체로 통합했다는 데 역사가들은 의견이 일치한다. 그리고 그 도적 떼 같은 로마의 목축 주민은 다시 그들에 가담하려는 자들을 흔쾌히 받아들였으니, 실로 로마시는 범죄자의 피난처로 안성맞춤이었다. (…) 국가가 이처럼 도적국가로 탄생한 이상 전쟁이 일상화되었고, 따라서 시민은 모두 병사가 되지 않으면 안 되었다.

19세기 독일의 유명한 철학자 헤겔이 《역사철학 강의》에서 이렇게 멋지게 논평했다. 로마의 기원과 발전방향을 압축적으로 잘 전달하고 있는데, 아테나이와 너무 대조적이다. 자기 땅에서 태어났다고 하는 순혈주의자들과 타지 출신에 부랑자들을 끌어모아 도시를 세운 종족은 기원 신화부터 차이가 있을 수밖에 없다.

뒤에 자세히 설명하겠지만, 로마는 제국을 팽창해나가면서 두 번의 중요한 시기에 두 번의 중요한 시민권법을 제정했다. 하나는 이탈리아반도 전체를 통일한 뒤 100년이 채 안 지난 기원전 89년에 모든 이탈리아 주민들에게 로마 시민권을 주었던 것이다. 실상은 마지못했던 측면도 있지만, 어쨌든 이탈리아 주민을 전부 로마 시민으로 만들었다. 그 뒤 이탈리아를 벗어나 전 세계로 뻗어나가는 로마 제국을 건설하고 평화롭게 운영하고 있던 212년에 놀라운 법령이 또 하나 나왔다. 카라칼라 황제가 로마 제국의 전 자유인이 전부 시민이라고 선언한 것이다. 사도 바울도 이런 역사적 과정에서 로마 시민권을 얻었다고 볼 수 있다. 로마 제국의 특징을 말하자면, 시민권이 특권인데도 그 특권적인 것을 비시민과 나누고 문을 열어 잡종을 만들 용기가 있었다는 것이다. 혼종성hybridity와 개방성openness. 로마 제국이 500~600년 동안 지속되었던 비결이 여기에 있다. 아테나이와 너무 다르다. 아테나이 제국은 30~40년 만에 무너졌지만 로마 제국은 500~600년이나 지속되었으니, 두 제국 간 기원 신화와 시민법의 차이가 집약적으로 잘 드러난 결과라고 볼 수 있다.

SPQR에서 시민권이 자라나다

———————— 기원전 753년 건국 당시 로마는 작은 도시국가에 불과했다. 이 작은 도시국가가 기원전 3세기 중엽부터 가파르게 팽창하기 시작한다. 이탈리아를 통일하고 해외로도 진출했다. 이 팽창은 아우구스투스가 초대 황제가 될 서기 전후 무렵 멈추어 선다. 그리고 평온한 로마 제국이 한동안 지속된다. 그 한동안이 200여 년간의 '팍스 로마나' 시대다. 제국 안팎의 평화로운 시기가 200여 년이라면 정말 놀라운 일이다. 세계사 어디를 찾아봐도 아마 없을 것이다. 그러다가 기원전 3세기 말부터 제국은 점차 해체되기 시작한다. 변방에서의 침략 그리고 안으로는 내분 탓이다. 로마는 서기 476년에 멸망하고, 게르만족이 들어와서 새로운 정치를 꾸리기 시작했다.

정치체제로 보면, 초대 왕 로물루스 이후 왕정이 7대에 걸쳐 약 250년 동안 지속되었다. 그러다가 기원전 509년 마침내 왕이 쫓겨나고 공화정이 수립되었다. 왕을 쫓아내고 공화국을 수립했다는 이 사실이 시민권을 이해하는 중요한 출발점이다. 왕이 없고 국민 전체가 나라의 주인이고 주권자이던 시대에 로마는 바깥으로 눈부시게 팽창했다. 왕 한 사람이 지배할 때는 못했던 것을 국민 전체가 주권을 가지고 있을 때 이룩했다. 팽창이 끝나고 수성守城 과 경영의 단계로 넘어갈 무렵에는 다시 1인 지배체제가 되었다. 아우구스투스는 자기를 황제로 표방하지는 않았지만 사실상 황제였던 사람이었다. 정치체제로 보면, 1인 지배체제에서 국민이 주인으로 그리고 2인 지배체제로 이어졌다. 2인 지배체제가 놀랍게도 200~300년이나 갔다.

다시 강조하지만, 왕이 쫓겨나고 공화정이 수립되었다는 사실이 중요한다. 시민권이 발달하려면 당연히 1인이 지배하는 체제를 먼저 무너뜨려야 된다. 공화국은 영어로 republic이라고 한다. 라틴어로는 '레스 푸블리카res publica'라고 하는데 글자 그대로 영어로 옮기면 public thing, 곧 '공공의 재산'이라는 뜻이다. 달리 말해, 로마의 주인이 인민이라는 것이다. 이 공화국은 국가를 꾸려가는 두 개의 중요한 제도를 갖고 있었다. 하나는 인민이 성년이 되면 참여할 수 있는 민회다. 다른 하나는 공직을 역임한 사람들이 들어가는 원로원인데, 대의제의 의회와 비슷한 제도였다. 이 둘이 바로 인민주권을 표현하는 실제 내용이었는데 줄여서 'SPQR'이라고 한다. S, P, Q, R은 각각 Senatus(원로원), Populus(인민), Q는 Que('~과'라는 등위 접속사), R은 Romanus('로마의'라는 형용사)를 뜻하는 약자이다. 그러니까 풀어쓰면 Senatus Populusque Romanus, 즉 로마의 원로원과 인민(민회가 대표하는)이라는 뜻으로, 곧 로마 국가(공화국)의 2대 주권자를 가리킨다. 공화국이란 로마의 전 인민이 전제군주의 압제로부터 해방된 것, 즉 자유를 획득한 것을 의미한다. 이 공화국의 이념을 대변하는 단어가 자유 혹은 해방을 뜻하는 라틴어 libertas(리베르타스, 영어의 liberty)이다. 로마의 역사가 리비우스는 왕정이 무너지고 공화정이 세워진 것을 가리켜 이렇게 썼다. "이제부터 자유

깃대 상단에 독수리를,
깃발 안에 SPQR를 써넣은
소위 '독수리 군기'.

로운 국가이다. (⋯) (그것은) 한 개인의 변덕이 아니라 법률의 압도적 권위에 따른 통치이다."《《건국 이래의 로마사》, 2권 1장)

공화국 수립 500여 년 뒤 이 공화국을 무너뜨리고 다시 독재자가 되려고 한 인물이 율리우스 카이사르다. 카이사르가 폼페이우스를 물리치고 45년에 종신 독재관 자리에 올랐다. 그런데 용기 있는 젊은이들이 원로원 의사당에서 카이사르를 칼로 20여 군데나 찔러서 죽였다. 그 젊은이들 중 카이사르의 사생아라고도 알려진 유능한 브루투스가 있었다. 브루투스가 칼을 꽂는 순간 카이사르가 내뱉은 말이 "브루투스, 너마저"다. 브루투스는 공화국을 다시 독재자로부터 해방시켰던 인물로 칭송받았다. 그만큼 공화국은 로마 시민들에게 생명처럼 소중한 것이었다. 이게 바로 시민권이 발달하기 위한 필요조건이다.

이렇게 공화국의 운명은 순탄치 않았다. 특히 공화국 수립 초기에는 집안 좋고 재산도 많은 귀족들이 원로원과 그 밖의 정치기구를 독점하려는 경향이 생겨났다. 그래서 이 사태에 불만을 품은 평민들이 귀족에 저항하기 시작했다. 평민의 참정권, 그리고 평민의 채무 문제와 국유지에 대한 권리 승인을 둘러싼 신분투쟁이 장장 200년간 전개되었다. 귀족과 평민 사이의 법적, 신분상 장벽을 허무는 데 거의 200년이나 걸렸다. 투쟁의 결과 시민은 우선, 영업의 자유를 획득했다. 신분 간 결혼의 장벽도 없어졌다. 시민 누구나 입법 및 선거 민회에서 투표할 수 있게 되었다. 심지어 공직에 선출될 수 있는 피선거권까지 얻어냈다. 그 투쟁 과정에서 이루어졌던 유명한 대타협의 상징물이 바로 로마 최초의 성문법인 12표법이다. 12개의 동판에 새겨서 중요한 장소에 공시했다고 해서 12동판법이라고도 부른다. 이 12표법으로, 로마에서는 이미 기원전 450~449년에 모든 시민에게 공히, 보편적으로 적용될 수 있는 민법상, 형법상 내용과 재판 절차 등의 기초가 다 마련되었다.

일상생활 속 로마 시민의 특권들

───── 그러나 이것만으로는 부족했다. 더 중요한 것은 보통 사람들이 일상생활에서 자기의 권리를 관철시키는 것, 자기 생명이

나 재산을 침해당하지 않고 지키는 것이었다. 민회에 나가서 투표하고 공직에 선출될 권리는 사실 딴 나라 사람들 이야기이기 쉬웠다. 개인들에게 가장 절실했던 것은 오히려 일상생활 속의 시민권이 중요했다. 특히나 국가 권력에 의한 유린을 참지 않고 항의할 수 있는 제도적 장치가 중요했다. 그래서 시민들을 공권에 의한 폭력에서 보호, 구제하는 이런 장치도 신분 투쟁이 시작될 무렵부터 공화국 입법을 통해 수백 년에 걸쳐 마련되었다.

그 대표적인 제도가 바로 호민관이다. 호민관은 인민의 대표자였다. 호민관은 시민을 위한 개입과 조력을 담당했다. 공권의 힘이 자신을 유린하려 한다고 호소하는 시민을 직권으로 돕는 것이 바로 호민관의 기능 중 하나였다. 이 제도가 얼마나 중요했는지를 상징적으로 보여주는 사례가 있다. 카이사르가 암살당한 뒤 양자 아우구스투스가 안토니우스와의 권력 투쟁에서 승리해 사실상 황제의 자리에 올랐다. 그런데 그는 다른 여러 공직보다 호민관직을 갖는 것이 중요하다고 생각했다. 자기를 인민의 대표자로 내세우기 가장 좋은 공직이기 때문이었다. 아우구스투스는 자기가 인민의 지도자이자 조력자라는 점을 강조했던 것이다. 아우구스투스가 죽기 전에 스스로 자신의 업적을 적어놓은 기록을 보면 알 수 있다. 오늘날 이탈리아 로마에 있는 평화의 제단Ara Pacis의 박물관 벽면에 남아 있는, 이 아우구스투스가 쓴 〈업적록Res Gestae〉의 4장 4절은 이렇다. "이 업적록을 작성하던 때에, 나는 13번 집정관을 역임했고, 37번 호민관 직권을 보유했다." 아우구스투스는 로마 최고 관직인 집정

아우구스투스의 〈업적록〉. 아우구스투스 영묘mausoleum 근처에 조성되었던 평화의 제단을 실내에 배치한 현대 박물관의 벽면에 그 업적록의 라틴어 전문이 새겨져 있다. 맨 위에 〈신격 아우구스투스의 업적록〉이라는 제목이 보인다.

관을 40년 동안 단지 13번밖에 맡지 않았다. 반면 호민관은 37번이나 역임했다. '황제 아닌 황제'였음에도 인민에게 호소하기 위해 자기를 호민관으로 자처했던 것이다. 그만큼 호민관은 인민을 보호하고 구제하는 핵심적인 제도적 장치였다.

그런데 호민관보다 더 중요한 두 번째 제도가 있다. 신분 투쟁이 시작된 지 100~200년쯤 지난 시기에 오늘날의 '항소권' 비슷한 것이 시민의 권리로 마련된 것이다. 행정관의 조치에 대해 인민 법정에 '항소할 수 있는 권리ius provocationis'로, 공화정기 동안 발레리우스법, 포르키우스법, 셈프로니우스법 등 일련의 법이 제정되었다. 집정관 시절 키케로는 〈라비리우스 변론〉에서 이렇게 말했다.

실로 호민관이 권리와 자유의 수호자일 터! 포르키우스법은 모든 시민의 신체로부터 매질을 떨쳐버렸거니와, 행정관의 수행원으로부터 시민의 자유를 되찾아주었다네. 그리고 가이우스 그라쿠스의 입법[즉 셈프로니우스법]은 인민의 명령 없이는 시민을 처형할 수 없게 했다네.

하지만 이 항소권은 불완전했다. 총독 베레스에게 광장에서 매질을 당한 어느 로마 시민의 사례를 기억할 것이다. 사실 당시의 보편적인 경험은 이 경우와 크게 다르지 않았다. 호민관은 로마시에 있었고 로마시 밖에서는 억울한 일을 당해도 현실적으로는 도움을 받기 힘들었다. 아무리 좋은 법적 장치도 실질적인 조치가 뒷받침되지 않으면 무력할 수밖에 없다. 이런 사정으로 아우구스투스는 황제가 되고 나서 '아펠라티오appellatio'라는 상소 제도를 수립해야 했다. 공화정이 도입한 제도적 장치를 황제 아우구스투스가 좀 더 합리적인 방식으로 확립한 것이 상소권법이다. 이 법은 공직자가 저지르는 폭력행위로부터 인민을 실질적으로 보호하기 위해서 제정되었다. 누구든 로마 시민이 인민재판이나 황제에게 상소할 기회를 갖기 전에, 직권으로 시민을 처형하거나 처형을 지시하거나, 고문을 가하거나, 매질하거나, 구금하도록 지시할 경우 처벌받는다는 내용이었다. 그래서 팔레스타인에서 사도 바울은 황제에게 직접 억울함을 호소했던 것이다. 이 호소는 로마 제국 전역 어디서나 들을 수 있었다. 바울 사후 기독교들이 한참 박해받고 있을 때의 자료도 있다. 터키 지역 비티니아라는 속주의 총독 플리니우스가 110년

트라야누스 황제에게 보낸 서간문을 보자.

기독교도에 관한 심리에는 한 번도 참석한 적이 없어서 통상 어떤 사유로 처벌하거나 조사하는지 (…) 반성하면 사면해야 하는지 (…) 또 그저 기독교라는 이유로 처벌해야 하는지 모르겠습니다. 하여간 제게 기독교도에 대한 제소가 들어온 경우 저는 다음과 같은 절차를 따랐습니다. 우선 그들에게 기독교도냐고 묻고, 인정하면 처형당할 수 있다고 하면서 두 번, 세 번 같은 질문을 했습니다. 완고하게 기독교임을 주장하는 자들은 처형을 지시했습니다. 그들이 고백한 내용이 무엇이든, 집요하게 자신의 뜻을 굽히지 않는 자들은 분명 처벌해야 마땅합니다. 다만 그런 미친 짓을 하는 자들이 로마 시민인 경우에는, 로마에 송치하게 했습니다.

속주에서 기독교를 박해할 때조차도 로마 시민들은 로마에 있는 황제 법정으로 가서 구제받을 수 있었다. 바울이 60여 년 전에 한 호소가 이어지고 있었다. 총독이나 책임자는 후환을 없애기 위해서라도 로마 시민이라고 주장하는 기독교인들을 로마로 보냈다. 이미 로마 시민이라는 지위가 법적으로 보호받을 수 있는 상당한 특권을 갖고 있었다는 사실을 보여준다.

호민관과 항소권 외에 개인 간 신체와 재물 피해를 조정하는 시민법도 발달했다. 앞의 두 가지가 공권에 관한 것인 반면 이것은 오늘날의 민법에 관한 것이었다. 개인들 사이의 분쟁, 상해나 재물 소송 문제에 대해 공권은 가급적 개입하지 않으려고 했다. 개인들 스스로 합당한 중재자를 마련해서 해결하게 했다. 공권, 구체적으로 법무관은 양 당사자가 합의해서 민간인 가운데 중재자를 세우도록 하는 데까지만 개입했다. 그리고 따라야 할 소정의 법적 절차를 지시하는 데 그쳤다. 그 이후에는 양 당사자가 알아서 해결하도록 했다. 이런 시민법의 발달에는 각별한 의미가 있었다. 공화정의 정신에 따라 공직자가 막강한 힘을 갖게 되는 것을 극도로 억제했던 것이다. 그 결과 시민은 공권으로부터 보호, 구제받을 수 있었고, 나아가 개인들 사이에도 공권은 이래라저래라 개입하지 않았다. 로마라고 해서 법률적인 전횡이 일어나지 않았을 리 없지만, 가급적 공권의 개입을 최소화하는 방식이었기 때문에 인민의 자유뿐 아니라 개인의 자유도 적어도 법률상으로는 상당히 보장될 수 있었다. 물론 현실은 이론과 다르니까, 힘 있는 사람과 힘 없는 사람 사이에 제도로는 감당할 수 없는 공백이 있었겠지만 말이다.

이렇게 시민들 간의 분쟁을 법무관이나 법학자들이 기록하고 법리에 따라 정리해놓은 것이 로마의 위대한 유산 중 하나인 시민법이다. 형법은 그다지 중요하지 않았다. 절도나 상해의 경우도 대체로 민사상의 보상 해결에 중점을 두었다. 로마 형법은 뒤늦게, 그조차도 주로 정쟁과 관련해 발달했던 까닭에 로마 법학자들은 좀처럼 주목하지 않았다. 요컨대 공권의 위력 혹은 존재감을 최소화하고, 시민 개인의 권리를 최대화하는 방향으로 시민법이 발달했던 것이다. 근대국가가 생겨날 무렵인 17세기 영국의 정치사상가 홉스는 이렇게 썼다.

흔히 권리$_{ius}$와 법$_{lex}$을 같은 뜻으로 혼동하기 쉬운데, 이 둘은 서로 구별해야 마땅하다. 권리는 어떤 일을 하거나 하지 않을 자유$_{libertas}$를 말한다. 반면, 법은 어떤 일을 하도록 지시하거나 하지 못하도록 금지하는 것이다. 그러므로 법이 의무라면, 권리는 자유이므로, 양자는 일치하지 않는다. (…) 인간은 만물에 대해, 그리고 자신의 몸에 대해 권리를 가지며, 그것을 모든 수단을 다해 지킬 자유가 있다.

로마에서 발달한 법사상과 법제를 어느 정도 의식하면서 쓴 구절이다. 시민의 자유는 시민의 권리다. 가급적 공권에 의한 억압이나 간섭이 없어야 한다. 그게 바로 시민적 자유이고, 시민이 개인으로서 자유롭게 태어났다는 것의 의미다. 그다음에야 비로소 국가가 있다는 것이다.

로마 시민권을 너무 미화한다는 반문이 나올 수도 있겠다. 국가를 운영하다 보면, 몇몇 사람에게 권력이 집중되거나 그 권력을 행사하기 위한 기구가 발달하게 되어 있다. 그러다 보면 통치자나 관료기구에 있는 집행자들이 전횡을 저지를 가능성이 높아진다. 로마 공화정은 그 현상을 최대한 억제하려고 했다. 관료기구가 커지지 않게 하고 임기도 짧게 하려고 했다. 물론 법적 장치가 마련되더라도 공권력이 두루 다 미칠 수는 없었을 것이다. 제국 곳곳에서 억울함을 당한 사람들이 "나, 로마 시민인데 도와주세요!" 했을 정도일 것이다. 실상을 들여다보면 그렇게 멋진 세상은 아니었다. 야만이 곳곳에서 횡행하는 세상이었다고 말해야 옳을 것이다. 하지만 그 와중에도 법적, 제도적 장치를 마련하려고 노력했다는 사실이 중요하다.

지금껏 시민권의 내용에 관해서 설명했는데, 어떤 정치체제든 권리뿐만 아니라 의무도 있다. 로마에도 마찬가지였다. 권리와 의무는 동전의 양면일 수 있으니 짧게나마 살펴보도록 하자. 대표적인 의무로 '켄수스census'가 있다. 인구 조사를 일컫는 영어 단어 census는 로마에서 기원한 것이다. 로마에는 감찰관이라는 공직이 있었고 5년에 한 번씩 선출되었는데, 임기는 18개월이었다. 5년마다 시행했던 인구 조사를 이 감찰관이 주관했고 18개월 동안 군역과 납세에 필요한 자료를 조사했다. 조사 대상은 시민 개개인이 갖고 있는 재산이었다. 그런데 이때 시민 개개인은 하나의 가정을 거느리고 있는 가부장을 의미했다. 가부장 아래 있는 사람은 해당하지 않았다. 이 가부장이 자기가 소유한 부동산인 토지, 가축 따위의 부동산 그리고 딸린 가족, 심지어 노예까지 포함해서 등록해야 했다. 이 켄수스 명부에 등록되지 않은 사람은 시민이 아닌 것으로 간주되었으니, 명부는 말하자면 오늘날의 호적이나 주민등록에 해당했다.

그리고 그 자료를 토대로 평가받은 재산 능력에 따라서 군 복무와 납세 의무가 정해졌다. 시민들을 재산 규모에 따라서 다섯 개로 등급을 매겼는데, 재산이 너무 없는 등외품도 있었다. 이 등외품은 시민은 시민인데 '결격' 시민이었다. 재산이 없으니 우선 납세를 할 수 없었다. 그리고 당시에는 국가 재정이란 게 딱히 없어서 시민 스스로 무장을 하고 군에 복무해야 했다. 로마에는 거의 간접세밖에 없었다. 직접세는 거의 없었다. 그렇게 국가 재정이 없으니까 전쟁이 일어나면 걷었는데, 켄수스 명부의 재산등급에 따라서 재산이 많은 사람부터 세금을 매기고 나중에 전리품이나 전쟁배상금 등의 국고수입이 생기면 납세자에게 돌려주었다. 애초에는 가급적 국고를 유지하려고 하지 않았다. 왜 그랬을까? 국고 자체가 권력이 된다고 봤기 때문이다. 그러다가 전쟁 수입이 워낙 많아지고 국고가 튼실해지니까 관리를 하기 시작했다. 그때부터는 전쟁 비상세를 걷지 않았다. 이게 바로 로마의 정치체제였다. 그런데 등외품들은 무장할 재산이 없으니 군대에 동원할 수가 없었다. 국가 입장에서는 정말 공적으로 쓸모없는 사람들이었을 것이다. 이들을 일컫는 라틴어 단어 '프롤레타리우스proletarius'가 흥미롭다. '자식'을 가리키는 '프롤레스proles'에서 온 말인데, 자식밖에 가진 게 없는 사람이라는 뜻이다. 기껏해야 머릿수밖에 채울 게 없다. 그래서 이들은 비상시에만 징집했다. 그렇게 징집되어도 보병으로 등록하기보다 함선에서 수병으로 복무했다.

재산등급은 무장 수준을 결정했을 뿐 아니라, 공직자를 선출하는 권리도 좌우했다. 고위공직자는 민회에서 선출했는데, 재산등급이 높은 계층부터 투표를 하고 아래 계층으로 순차적으로 내려가는 방식으로 투표가 진행되었다. 그리고 과반수에 달하면 끝내버렸다. 개표도 안 했다. 재산등급이 낮은 계층은 고위공직자 선출에 자기네 의사를 반영할 방법이 없었다. 1인 1표가 아니라 공공의 이익과 공동체 보호에 보다 많은 기여를 할 수 있는 사람들에게 우선권이 주어져야 한다고 봤던 것이다. 산술적 평등이 아니라 비례적 평등에 기반을 둔 제도의 시대였다.

그러다가 기원전 1세기 이래, 특히 아우구스투스 치세에 군대의 직업화 현상이 심해졌다. 전쟁을 기피하는 사람들이 늘어나자 하는 수 없이 무산자인 등외품들을 마구잡이로 비상 징집했다. 그래서 아우구스투스가 제도적으로 직업군인제를 만들었다. 원래 군에는 봉급도 없었는데 봉급도 주었다. 이때부터 군대는 사실상 무산자들이 직업군인으로 복무하는 곳으로 바뀌었다. 기원전 167년 마케도니아 전쟁에서 막대한 전리품 수입을 얻어 국가 재정이 풍부해진 결과로 가능해진 일이기도 했다. 그 뒤로 로마 제국은 사실상 세금을 안 걷었다. 이렇게 로마 시민은 기원전 1세기쯤에 시민의 권리를 제도적으로 보장받았다. 군 복무와 납세 의무도 사실상 없어졌다. 당시 이탈리아에 살고 있던 로마 시민은 정말 특권적인 지위를 누렸다. 그리고 이탈리아 너머에 있는 로마 시민도 적어도 의욕만 있다면 이런 특권을 누릴 수가 있었다. 서기 1~2세기에 팍스 로마나 시대에 이르면 시민권을 일종의 특권으로 볼 수 있었다.

시민권의 확장 1: 도시에서 이탈리아 전체로

─────── 일반적으로 특권은 소수의 전유물이다. 그럼에도 특권의 지위를 차지했던 로마 시민권은 로마 전역으로 퍼져나갔다. 어떻게 이런 일이 가능했을까? 시민권의 확장 과정은 역사적으로 크게 두 단계로 나눠볼 수 있다. 1단계는 로마가 작은 도시국가로 출발한 뒤 이탈리아 전체를 통일하는 기원전 4세기부터 기원전 1세기까지의 공화정기다. 그다음 2단계는 이탈리아 너머로 팽창한 뒤 속주 통치를 정비했던 서기 1~3세기다. 둘 중 1단계가 특히 중요하다. 기본적인 시민권 정책 기조가 1단계에 이미 학습되거나 준비되었고, 2단계는 그 연장선상으로 볼 수 있는 까닭이다. 그리고 1단계에서 터득한 시민권 정책에서는 왜 특권을 나눠주었느냐에 대한 이해가 중요하다.

이탈리아 통일 과정과 겹치는 1단계는 다시 둘로 나눌 수 있다. 로마가 위치한 라틴 땅에 사는 사람들은 모두 동일한 언어를 썼다. 라틴어는 라틴 땅에 사는 종족들이 공유하는 언어였다. 게다가 관습과 문화가 비슷했다. 이 라틴 땅을 정복하는 과정이 1-1단계. 라틴 지역 너머 이탈리아는 언어와 관습이 6~7개 정도로 정말 다양했다. 1-2단계에서 라틴 지역 너머로 나아가려면 또 다른 정책이 필요했다. 이 둘을 구별해서 볼 필요가 있다. 동일한 종족, 공통의 언어와 관습을 가지고 있던 라틴족 지역, 그리고 다양한 종족과 언어와 관습을 가지고 있는 비-라틴족 지역.

로마는 사실 처음부터 라틴족 10여 개의 도시국가 중 맹주의 위치에 있었다. 그러다가 마침내 338년에 전부 평정하고 통일해버렸다. 그 와중에 라틴족을 상대로 라틴 전쟁까지 벌였다. 그렇다 하더라도 언어도 관습도 같으니까 세월이 흐를수록 다른 라틴 도시들에 관대해졌다. 시민권을 주는 데 인색할 이유가 없었다. 게다가 라틴 지역 너머로 확장하자니 라틴 도시들을 적대적인 상태로 둘 수 없었다. 다행스럽게도 언어와 문화가 비슷하니 일종의 동화주의 정책을 펼쳐 포섭하는 편이 유리했을 것이다. 그래서 우선 일부 지역을 로마 국가에 편입시켰다. 로마 공화국의 일부로 만든 것이다. 이렇게 영토가 점차 늘어나면서 로마가 합병한 도시국가가 31개까지 늘어났다. 이 31개 도시국가 주민들을 모두 로마 시민이 만든 것이다.

로마로 영토를 합병하지 않고 독립적인 상태로 놔두었던 라틴 도시들도 있었다. 이 도시들은 동맹시로 만들었다. 동맹시 주민들은 로마 시민이 아니었다. 하지만 라틴 동맹시 주민이 로마로 오면 즉각 로마 시민이 되었다. 마찬가지로 로마 주민이 라틴 도시로 가면 즉각 라틴 동맹시 시민권을 취득했다. 놀랍지 않나? 영토 합병이 아니라 독립성은 유지했지만 언제든지 원하면 시민권을 교환할수 있었다. 미묘한 차이가 있기는 하지만 사실상 로마 시민권을 획득한 셈이었다. 그 결과 사회문제가 발생하기도 했다. 동맹시에 살던 주민들이 자꾸 로마 쪽으로 빠져나갔던 것이다. 이런 세태에 대한 하소연이 역사책 곳곳에 기록되어 있다. 동맹시 주민들은 로마에 병력과 세금을 제공하는 부담을 지고 있었으니, 인구 방출이 일어날 여지가 다분했던 것이다.

　라틴족이 아닌 이탈리아 종족들의 지역으로 넘어가면 어땠을까? 비-라틴족 지역은 준시민과 동맹시, 두 가지 정도로 구분된다. 비-라틴족 준시민 지역은 자치를 하되 로마에 병력과 세금을 제공하고 정치적 간섭을 받았다. 이 자치시도 '투표권 없는 시민권'을 갖고 있었다. 자유로운 영업권이나 통행권은 갖는 대신 로마에 와서 투표할 권리는 없었다. 공직자 선출권이나 의사결정권이 없다 뿐이지, 로마 시민의 권리를 다는 아니어도 대부분 갖고 있었다. 이 준시민 지역도 물론 로마에 병력과 세금을 제공했다. 하지만 라틴족 지역이 로마에 완전히 동화된 반면, 비-라틴족 지역은 서서히 동화되어 갔다. 공화정 후기에는 이 자치시에 상소권을 주자는 제안이 나왔는데 불발된 적도 있었다. 상소권이 있으면, 이를테면 로마 군 지휘관에게 당한 억울함을 호소할 수 있었다. 그런데 안팎으로 반대가 많아서 결국 실패로 끝났다. 이런 비-라틴족 준시민 외에 로마 시민의 권리를 별로 갖지 않았던 지역들도 있다. 비-라틴족 동맹시는 로마에 병력과 세금을 제공하고도 로마 시민으로서의 특권은 아무것도 누리지 못하는 지역이었다.

　그래서 양파 껍질 벗기듯이, 맨 바깥부터 비-라틴족 동맹시, 비-라틴족 준시민, 독립적인 라틴족 도시, 마지막으로 로마에 합병된 도시들을 포함하는 로마 시민 순으로 1단계 시기 로마의 체제를 이해할 수 있다. 그리고 로마 시민이라는 알맹이가 세월이 흐를수록 점점 두터워지는 과정이 전개되어갔다. 그 과정이 순탄했던 것만은 아니다. 비라틴 이탈리아 지역 주민들이 마침내 로마 시민으로 들어가기까지 커다란 홍역을 치러야 했다. 이 지역에서는 병력과 세금 제공에 동원되기만 하고 아무런 권리도 누리지 못하니 불만이 고조되고 있었다. 게다가 일부 산악 지역 주민들은 애당초 드세서 그랬는지 어디는 시민권을 안 받겠다고 저항하고 또 어디는 받겠다고 저항했다. 이 불만들이 합쳐져서 로마 쪽과 비-라틴 이탈리아 사이에 전쟁이 벌어졌다. 사실 로마인들이 아무리 개방적이더라도 전 이탈리아에 시민권을 주는 것은 꺼림직해했다. 특권이 희석되는 감이 있었던 까닭이다. 특히 보수적인 기득권층이 강하게 반대했다. 이 사건이 기원전 90년경 벌어진 동맹시 전쟁인데, 로마가 일찌감치 손들었다. 그 결과 로마 시민권을 전면적으로 확대하기로 결정

이탈리아 반도의 통일 과정에서 로마가 주변 종족들과 맺은 여러 층위의 동맹 관계.

동일한 종족 공통 언어와 관습	로마 시민	로마 공화국	도시 4부족 (로마시) 농촌 31부족 (합병 영토)	-
	라틴인 도시	라틴 동맹시들	로마와 시민권 교환 호혜 평등 관계	로마에 병력, 세금 제공
		라틴 식민시들		
다양한 종족 로마와 다른 언어와 관습	비-라틴인 준시민	자치시	투표권 없는 시민권	로마에 병력, 세금 제공
		준자치시	행정 자치 로마가 사법 관할	
	비-라틴인 동맹시	-	동맹시 시민	로마에 병력, 세금 제공

했다. 그래서 일찍이 전쟁이 사그라들었는데, 당시 로마로부터 독립하려고 했던 도시국가들이 모여서 만든 나라가 '이탈리아'였다. 하지만 대부분 로마의 평화 공세, 선물 공세에 결국 눈 녹듯 허물어지고 반도 중앙의 산지족들만 마지막까지 버텼다. 그런데 마침 유명한 스파르타쿠스의 노예 반란이 일어났고 이 산지족들과 합세해서 노예 반란이 커지고 그 이야기가 전해 내려오는 것이다.

그렇다면 로마 시민권 확대는 로마가 원했던 것일까? 전쟁을 일삼는 동안 어쩔 수 없이 선택했던 것일까? 아니면 이산자들, 외지인들이 모여 나라를 건국했던 공동체의 기원적 속성 때문이었을까? 아니면 이탈리아를 통일하고 더 나아가 이탈리아 밖으로 팽창하기 위해서는 시민권의 개방과 확대가 거의 불가피한 전략이었기 때문일까? 아무래도 전략적 판단이 훨씬 중요했을 것이다. 다시 말해 로마 시민권의 개방적 속성은 '획득형질' 같은 것이다. 천부적으로 타고난 것이 아니었다. 그래서 로마는 성공을 거둔 것이다.

그런데 이탈리아 전 주민으로 시민권을 확장하기 전에도 동맹 도시들의 고위공직자, 혹은 전쟁에서 공을 세운 현지인에게 개별적으로 시민권을 수여하기도 했다. 아주 교묘한 이간질 수법이다. 우리에게도 낯설지 않다. 일본 제국주의가 한반도를 식민지화하면서 썼던 수법이다. 물론 로마만큼 심하지는 않았다. 식민지 주민을 협력 계층과 비협력 계층으로 나누고 식민지 본국의 제어를 받는 전자가 후자를 다스리게 하는 전략을 취했던 것이다. 기원전 1세기 키케로의 〈발부스 변론〉에 그 사례가 나온다. 코르넬리우스 발부스는 원래 스페인의 가데스(오늘날의 카디즈) 출신인데 폼페이우스 장군이 로마 시민권을 주었다. 그런데 발부스의 친구가 이 시민권이 효력이 없다며 기소했다. 키케로의 변론문이 이 당시 분위기를 짐작하게 한다. 키케로는 현안보다는 발부스의 인격에 집중하는 식으로 변론을 펼친다.

코르넬리우스 발부스의 덕목들은 이렇습니다. 우리나라에 대한 애정을 갖고, 열심히 근면하게 살았으며, 기품 있는 지휘관에 어울리는 투지와 용맹을 지녔고, 또 위험을 감수하면서까지 영예의 보상을 얻고자 하는 야심도 있습니다. 폼페이우스 장군은 그래서 그에게 시민권을 수여했던 것이죠. 그런데 지금 그 사실 때문에 발부스는 기소 당했습니다. 그의 고향 가데스시가 로마와의 동맹 조약을 비준하지 않은 상태였기 때문에 발부스에 수여된 로마 시민권은 효력이 없다는 것이죠. (…) 하지만 그 주장은 오류입니다. 로마인의 법은 이렇게 되어 있습니다. (…) '누구든 그가 귀화하고 싶은 국가가 승인할 경우, 어떤 협약도 그의 의사를 막을 수 없다. 가령 가데스시가 로마 시민에게 시민권을 준다면, 그는 그것을 취득할 수 있다.' 다만, 로마법상 그는 이중국적을 가질 수 없으니, 그는 더 이상 로마 시민이 아닌 것입니다.

그렇다면 로마 시민이면서 라틴 시민일 수 있었을까? 그렇지 않았다. 원한다면, 라틴 시민이 로마시에 와서 로마 시민이 될 수 있었지만 라틴 시민권을 버리고 와야 했다. 그게 공화정 전통이었다.

그런데 서기 1세기 사람 바울은 어땠나? 타르소스 사람이면서 동시에 로마 국적을 갖고 있었다. 로마 제정기에는 이중국적을 허용했다. 제정기에 시민권이 대거 확대되었던 까닭에 사실상 이중국적을 허용하지 않을 수 없었다. 전부 다 로마 제국의 영토였기 때문이다. 현지에서 공직에 오르는 동시에 로마에 가서도 공직을 얻고 심지어 원로원 의원도 될 수 있었다. 이중 시민권이 로마 제정기에는 관행이었다. 반면, 공화정에서는 원칙적으로 이중국적을 허용하지 않았다. 이게 바로 공화정의 전통이었다.

또 하나 로마에는 특유하고도 놀라운 제도가 있었다. 로마는 시장에서 많은 노예를 사들였다. 그런데 로마인들은 일찍이 공화국 말기부터 대담하고 관대하게 이들을 해방시켜주었다. 노예를 직접 부양하는 것보다 유익하다는 계산에서였다. 시민이 되면, 이 해방노예들이 우선 낮은 가격으로 식량을 사고 무료 배급도 받을 수 있고, 또 무엇보다 전 주인인 자기에게 민회에서 투표권을 행사하게 할 수 있었다. 게다가 관습법상으로도 실정법상으로도 해방노예에게는 지켜야 할 몇 가지 규제가 있었다. 전 주인이 시키면 일을 해야 했고 또 무엇보다 복종해야 했다. 게다가 해방노예의 재산은 전 주인으로서 상속할 수 있는 특권도 누렸다. 말이 해방이지 시민권 얻은 자를 거느릴 수 있게 된 셈이었다.

무수히 많은 공식적인 해방 경로가 있었다. 주인이 켄수스에서 '이 노예는 이제 자유인'이라고 노예해방을 신고하면 자유시민이 되었다. 행정관 앞에서 신고해도 즉각 자유시민이 되었다. 행정관이

'막대기vindicta로 어깨'를 쳐주면 해방이었다. 또 주인이 노예해방의 유언을 남기고 죽었을 경우 민회에서 형식적인 승인을 받으면 되었다. 더 놀라운 것은 해방되고 자유를 얻자마자 즉각 로마 시민권을 주었다. 해방노예가 자식을 낳는다면 그 자식은 시민권자로 태어나는 것이다. 이게 로마 공화국 말기 현상이었다. 이렇게 파격적인 로마의 노예해방 정책에 대한 안팎의 반응은 어땠을까? 외부의 시선으로, 기원전 2세기 로마와의 전쟁에서 패했던 마케도니아의 필립 5세는 편지에 이렇게 썼다. "로마는 노예를 해방해 곧 시민으로 만드는 개방성 덕분에 국력이 강한가?" 필립 5세가 아주 틀렸다고 볼 수는 없다. 로마가 동맹시에도 시민권을 주니까 동맹시 주민들이 전쟁에 나가서 열심히 싸웠다. 해방노예들도 마찬가지 아니었을까? 그것은 한동안 노예를 충성스러운 시민으로 다시 태어나게 하는 데 매우 효과적인 장치였다.

그러나 결국 그처럼 관대한 노예해방 정책에 문제가 있다는 점을 깨닫게 되었다. 아우구스투스 황제는 일련의 입법으로 그 추세를 억제하려 했다. 모두 3개의 법이 제정되었다. 첫 번째 법은 노예를 해방할 수 있는 주인의 최소 연령을 30세로 정했다. 어릴 적부터 주인을 젖 먹여 키웠거나 그리스어 가정교사로 주인을 가르친 노예들이 자기를 해방시켜 달라고 어린 주인을 꼬드길 수 있는 경우가 많아서였다. 그래서 주인 연령이 30세 이상은 되어야 했다. 더불어 노예도 25세 이전에는 해방될 수 없게 했다. 사실 이 나이까지는 노예살이를 시키고 해방하는 게 보통이기는 했다. 두 번째 법은 한 사람의 주인이 100명 이상의 노예를 해방할 수 없게 했다. 로마의 재력가들은 노예를 무지막지하게 많이 거느리고 있었다. 한 번에 노예 몇백 명을 해방시킨 사례도 있을 정도였다. 세 번째 법은 이전과 다르게 해방되고 즉각 시민이 될 수 없도록 했다. 최초로 중간 단계를 설정한 것이다. 이렇게 제약된 해방노예의 권리를 '유스 라티움 ius Latium', 즉 '라틴 사람의 권리'라고 불렀다. 로마 시민으로 승격되기 전에 로마 외 라틴인들의 권리를 떠오르게 하는 명칭이다. 그래서 해방노예는 유스 라티움을 보유하다가 자식 때 시민권을 얻을 수 있었다.

시민권의 확장 2: 이탈리아에서 제국 전체로

───────── 이제 로마가 제국을 건설하고 이탈리아 너머 지역까지 200~300년 동안 평화롭게 다스리던 2단계 시기로 옮겨가보자. 대체로 2단계에는 1단계에서 터득한 방식을 응용했다. 우선, 속주에 식민시를 건설했다. 1단계 이탈리아 본토에서도 영토 합병으로 당장 로마에 편입시키기 곤란한 경우 식민시를 건설하는 방식을 취했었다. 마찬가지로 이탈리아 밖에도 속주에 식민시를 많이 건설했다. 특히 카이사르와 그 상속자 아우구스투스가 활발하게 제국 전역에 식민시를 건설했다. 군인들을 보내서 그 지역을 전략적 거점으로 만들고 그곳을 중심으로 주변을 점차 로마에 동화시켰다.

식민시는 제국 방위와 로마화의 거점 역할을 했다. 그리고 이탈리아반도를 중심으로 동부보다 서부 쪽이 많았다. 동부에는 이미 도시가 많았다. 가령 그리스는 로마보다 먼저 도시가 발달했다. 그래서 문화적 자긍심도 강했다. 동부에는 굳이 도시를 세울 필요가 없었던 것이다. 반면 서부는 야만족들이 많았다. 로마가 정복하기 이전에는 거의 도시가 없었다. 그래서 도시를 많이 세우는 게 중요했다. 도시 건설 뒤에는 도시들을 관리할 수 있는 네트워크를 구축했고 도시들을 중심으로 다른 지역도 동화시켰다. 그래서 라틴어도 서부에 더 많이 보급되었다. 프랑스어, 스페인어, 포르투갈어, 전부 라틴어 계통의 언어다. 본래 벽지였기 때문에 로마가 언어와 문명을 전했던 것이다. 그 덕에 스페인 출신으로 로마에서 문인으로 내로라할 만한 인물들이 많았는데, 이 지역이 일찍이 로마화되었기 때문이다.

식민시가 아니라 속주에 원래 있었던 도시들에도 1단계 이탈리아에서와 비슷한 전략을 썼다. 공직자와 엘리트에게는 개별적으로 시민권을 주었다. 바울도 그런 경우로 보인다. 바울의 부모가 해방노예였다는 추측도 있지만, 내 생각은 다르다. 바울이 천막 짓는 사람이었던 탓에 좋은 집안 출신이 아니라는 것인데, 바울은 그리스어도 할 줄 아는 엘리트였다. 꽤 많이 배운 사람이었다. 아마 집안도 그 지역의 중심도시였던 타르소스 지방에서 꽤 좋았을 것이다. 부친이나 조부 대에 고위공직과 시민권을 받았을 수도 있다. 그리고 속주 주민이 로마 시민이 되는 일은 자랑이라면 자랑이지 전혀 비난받을 일이 아니었다. 자부심 강한 그리스에서도 로마 시민이 된다는 것을 뿌듯하게 여기고 제국 중앙에 충성을 맹세한 사람이 있었다. 그리스계 지식인이이자 웅변술이 뛰어났던 아리스티데스였다. 자신의 〈로마 찬가〉의 머리말을 "그리스 세계에서는 통치도 질서도 없었다"라고 시작할 정도였다. 과장이 심하고 심지어 자학적이기까지 하다고 생각되지 않는가? 동포의 땅 그리스에 통치와 질서가 없었다고 고백하고 있으니 말이다. 하지만 그럴 정도로 그는 로마 제국의 영광에 도취되어 있었다.

반면 로마는 제국을 이루면서 경험을 쌓았고, 정의롭게 통치하는 법을 터득한 까닭에 제국이 번영하고 증대했다. (…) 제국의 모든 사람들은 각 지역의 유력자의 전횡을 피해 로마의 체제에 참여하고, 그 유력자들은 로마에게 응징을 당한다. (…) 하지만 무엇보다 우리가 찬양할 일이 있다. (…) 바로 멋진 로마 시민권과 그 원대한 이상을 두고 하는 말이다. (…) 당신들 로마인은 제국의 전 주민에게 어디서나 시민권을 준다. 그리하여 로마인이란 하나의 큰 민족으로 통합되고 있다.

로마 시민권이 확대되는 또 다른 아주 중요한 경로가 있었다. 바로 군인이 되는 길이었다. 아우구스투스 치세부터 일종의 직업군인제가 정착되면서 로마 시민에게는 군 복무 의무가 없었다. 군 복무는 원하는 사람의 직업으로, 상당히 안정된 직업이었다. 민간인들의 세계에서도 힘을 가질 수 있었다. 그래서 시민들은 의무가 없어도 군대에 많이 갔다. 아우구스투스가 안토니우스를 물리치고 내전을 끝낸 시점에는 로마 군단 수가 40~50개나 되었다. 내전을 치르려다 보니 병력을 여기저기서 끌어모은 결과였다. 그런데 아우구스투스가 군단 수를 줄였다. 15만 명 정도로 군단병을 줄이고 대신 부족한 병력은 속주민들을 징집해서 채웠다. 군단병으로는 로마 시민들, 주로 로마화된 서부 속주 출신이 복무했다. 반면 속주민들에게는 보조적인 역할을 맡겼다. 이 보조군은 대개 궁병, 경장보병, 기병으로 복무했고 15~20만 명 규모였다. 군 복무 기간은 25년으로 가혹할 정도로 장기복무였다. 하지만 로마 시민권을 획득할 희망이 있고, 군대에 소속된다는 사실 자체가 아직은 무질서한 세계 속에서 상당히 안정감을 주었기 때문에, 속주민이 많이 들어왔다. 특히 로마 시민권자가 적었던 변경 지역 속주민들이 많았다.

보조군으로 복무하는 속주민들은 25년에 걸친 군 복무를 마치면 로마 시민권을 얻었다. 시민권에 딸린 특혜도 있었다. 군 복무 중 혼인은 법적으로 불가했지만 사실혼으로 자식을 낳으면 그 자식까지 시민권을 얻었다. 하지만 사실혼 관계에 있는 배우자에게는 시민권을 안 주었다. 그 증서가 전역증서diploma였다. 동판을 철사로 꿰매서 안팎으로 똑같이 군 복무 기록과 시민권 취득 내용을 적은 것이었다. 증인 7명이 확인했다는 사실도 새겼다. 전역증 원판은 로마시에 보관되어 있어서 전역증의 진위 여부를 가릴 수도 있었다. 이 전역증을 받은 병사들이 꽤 되었을 것이다. 서기 1~2세기의 일이니 어림잡아 200년으로 계산해도 군 복무 기간 25년이 적어도

전역 증서diploma. 두 장의 동판에 인적 사항과 복무 경력 등이 기재되었다. 구멍을 뚫어 철사로 묶는 것이 가장 일반적인 제작방식이었다. ©TimeTravelRome/Wikimedia Commons.

8번은 지나갔을 테고, 보조군 규모가 20만 명이었으니까 총 160만 명이다. 군 복무를 거쳐 적지 않은 숫자가 시민권을 얻은 것이다.

당시 로마의 전체 인구를 보통 5000~6000만 명 정도로 잡는다. 그런데 가장 큰 로마 시민권 취득 경로였던 노예해방을 아우구스투스가 억제시켰다. 그다음 많은 시민을 배출한 경로는 보조군이었다. 보조군으로 시민권을 취득한 규모도 많이 잡아 봐야 200만 명밖에 안 된다. 그런데 5000~6000만 명 인구 가운데 200만 명이 시민권을 얻었다고 해서 제국 전 주민이 시민권을 얻었다고 할 수 있을까? 그야말로 조족지혈이 아닐까? 이런 사정을 감안할 때, 서기 212년 카라칼라 황제가 제국의 전 자유인에게 시민권을 주겠다고 한 선언을 어떻게 이해해야 할까? 왜 그랬을까? 이탈리아 본토 주민은 기껏해야 500~600만 명이었다. 여기에 속주 보조군으로 로마 시민권을 획득한 200만 명 그리고 기타 등등을 합해 봐야 총인구 5000~6000만 명의 20~25%밖에 시민권이 가지고 있지 않은 상황이었다. 그런데 갑자기 황제가 100% 다 주겠다고 했다. 현대 학자들은 무언가 중대한 이유나 목적이 있었을 것이라고 추측했다. 하지만 놀랍게도 카라칼라 황제의 시민권 법령에 관한 문헌 사료나 그 밖의 다른 사료가 거의 남아 있지 않다. 그래서 무수히 많은 추측이 난무했다.

유력한 가설 중 하나는 카라칼라 황제 당시 이미 로마 시민이 너무 많이 늘어나 시민권의 특권적 성격이 점차 희석되고 별로 가치가 없어졌다는 주장이다. 그래서 황제가 공식적으로 시민권을 아예 확대시켜 버렸다는 것이다. 이 추측이 옳다면 터어키 북서부의 비티니아 속주의 총독이었던 플리니우스가 시민권을 가진 기독교도를 특별대우했던 때로부터 100년 만에 로마 시민권이 아주 무가치한 것으로 전락했다고 보아야 할 것이다. 믿기 어려운 가정이다. 더욱이 시민권법이 제정된 212년 이후에도 외국인은 여전히 존재했고 로마 법률 문서에도 역시 로마 시민이라고 적혀 있었다. 시민권이 값이 없어졌다는 주장은 억측이다. 또 하나 더 많이 알려진 가설은 간접세, 즉 사망세를 늘리기 위해서였다는 것이다. 이 주장도 설득력이 약하다.

게다가 이 시민권법의 효력도 문제다. 212년 법 제정 이후에도 자유인 신분인 외국인이 계속해서 시민권을 얻을 수 있었는지 불확실하다. 그 점에 관해 아무런 기록도 없다. 그런데 서기 3~4세기에 이르면 barbari(바르바리)라 불리던 비시민 병사들이 급증했다. 이들이 시민권자가 아닌 걸 보면 분명 카라칼라 황제 법령의 효과가 항구적이지 않았을 것이다. 이런 많은 문제들이 수수께끼로 남아 있다. 아무튼 카라칼라 황제의 시민권 법령은 그 제정 이유가 무엇이든 로마인의 고유한 시민권 개방정책의 논리적 결말이었다. 시민권을 확장하다 보니까 그런 생각도 할 수 있었을 것이다. 1단계에도 쉽지는 않았겠지만 결국 이탈리아 전역으로 로마 시민권을 확대했던 것처럼, 제정기였던 2단계에도 자연스러운 결말이라고 볼 수 있다. 하지만 역시 많은 의문이 남아 있다. 로마 시민권은 이렇게 제국으로 확대되어갔다.

미완의 꿈, 세계시민주의의 이상

1980년대 이전 우리 사회에서 시민은 그다지 익숙한 단어가 아니었다. 국민이란 단어가 훨씬 익숙했다. 왕이 없는 민주공화국체제를 채택할 때부터 시민이 아니라 국민이라는 단어를 썼다. 중국, 일본도 마찬가지였다. 왕이 없는 근대국가를 만든다는 것은 두 가지 의미를 지닌다. 하나는 시민을 국경 너머 비국민들과는 구별하면서 슬기롭게 통합한다는 것이다. 바로 내셔널리즘이다. 그런데 유럽의 근대국가에서는 그뿐 아니라 또 하나 개인의 권리, 국민 개개인의 권리를 상당히 중시하는 전통이 18~19세기부터 시작되었다. 국가가 국민을 통합하면서 시민 개개인의 인권을 존중하는 것이 서구 근대국가가 가지고 있는 두 개의 축이었다. 프랑스의 인권선언이 이 전통을 잘 보여준다. 프랑스 인권선언의 원래 제목은 〈인간과 시민의 권리선언〉이다. 이 선언에는 홉스가 이야기한 리베르타스libertas의 정신이 담겨 있다.

(…) 엄숙한 선언을 통해 인간에게 자연적이고 양도할 수 없으며, 신성한 제 권리를 밝히려 결의 (…)

제2조, 모든 정치적 결사의 목적은 인간의 자연적이고 소멸될 수 없는 권리를 보전함에 있다. 그 권리란 자유, 재산, 안전 그리고 압제에의 저항 등이다.

제4조, 자유는 타인에게 해롭지 않은 모든 것을 행할 수 있음이다. 그러므로 각자의 자연권의 행사는 사회의 다른 구성원에게 같은 권리의 향유를 보장하는 이외의 제약을 갖지 아니한다. 그 제약은 법에 의해서만 규정될 수 있다.

불운이랄까 필연이랄까. 동아시아의 한국, 중국, 일본의 사정은 달랐다. 일본은 국민이란 단어를 중시한다. 시민 개개인의 권리보다는 통합을 중시한다. 중국은 전통적으로 형법을 중시했다. 로마법과 달리 민법은 발달하지 않았다. 넓은 영토, 많은 인구를 어떻게 통치하느냐가 중요했기 때문이다. 자유로운 개인이라는 전제에 기초한 시민civis라는 관념이 자라날 기회가 없었다. 우리는 어떨까? 1960년대 박정희 정권에서 제정한 국민교육헌장만 봐도 국민이 강조된다. 1948년 대한민국이 성립된 뒤 적어도 1980년대까지 국민은 신성한 것이었다. 헌법이 국민의 기본권을 규정하고 있더라도 형식적일 뿐이었고, 실질적으로는 시민 개개인의 권리를 존중하는 체제가 아니었다. 시민이라는 단어는 낯설었다. 1980년대에 시민사회운동과 민주화운동이 일어나면서 시민이란 단어가 자리 잡기 시작했다. 시민으로서의 정체성을 비로소 깨닫기 시작했고 그 개념이 확산되어갔다. 그럼에도 오늘날까지 여전히 기본 축은 내셔널리즘이었다. 한일관계를 떠올릴 때 분명해지듯, 여전히 국민은 시민보다 강한 호소력을 갖는다.

그렇다면 우리에게 로마 시민권은 도대체 어떤 의미로 다가올까? 세계시민주의에서 그 답을 찾을 수 있다. 스토아철학에 뿌리를 둔 이 사상을 통해, 제국 전역으로 시민권이 확산되기 전 이미, 로마에는 인류 전체를 포괄하는 이념적 기반이 준비되어 있었다고 키케로는 이야기한다.

우리에게는 인류 전체의 결속과 유대를 존중하고, 방어하며 유지할 의무가 있다. (…) 로마 인민이 제국의 부당한 억압이 아니라 선의의 봉사에 의해 유지되는 한, 전쟁은 동맹국의 이익을 위한 것이었으며 (…) 전후에는 관용이 아니면, 필요한 만큼의 징벌이 있었을 뿐이다. 우리는 지배하는 것이 아니라 보호하고 있는 셈이다. (…) 인간 전체에 공히 유익한 것이 자연에도 부합한다. (…) 시민은 배려하면서 외국인에 대해서 그러지 않는 것은 인류 공동사회를 파괴하는 것 (…)

로마도 애초에는 도시국가만의 시민권을 주장했다. 하지만 시민권이 제국 전체에, 더 나아가 세계 전체, 인간 전체에 열려 있어야 한다는 것이다. 비록 궁극적인 실현은 보지 못했다고 해도 세계시민주의는 인류가 추구해야 할 이상일지도 모르겠다. 물론 많은 난관이 가로막고 있다. 세계시민주의를 이어받아 인권이라는 보편적인 가치를 중시했던 그 유럽 근대국가도 21세기 들어 내셔널리즘으로 급격하게 빠져드는 경향이 엿보이는 상황이다. 유럽도 그런 상황인데, 시민이란 말에 겨우 익숙해진 우리가 그 짧은 역사를 딛고 국민을 넘어서는 단계로 나아갈 수 있을까? 하지만 얼마 전 사소하나마 기대를 가져볼 만한 사건이 있었다. 정부가 제출한 헌법 개정안에서 국민이라는 용어를 '사람'으로 바꾸려는 시도한 것이다. 물론 불발로 끝났지만, 상당히 중요하고 상징적인 의미를 갖고 있는 노력이었다. 우리 사회에 뿌리 깊은 내셔널리즘에서 벗어나겠다는 결코 사소하지 않은 의지의 표현이었다.

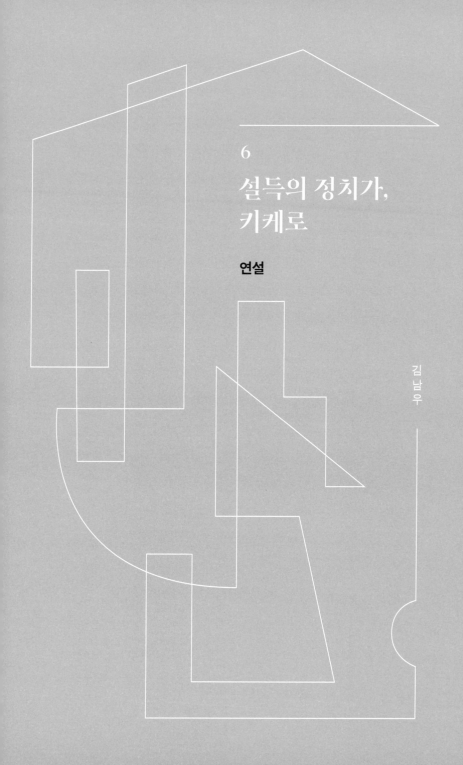

6

설득의 정치가, 키케로

연설

김남우

로마의 탁월한 정치가 마르쿠스 툴리우스 키케로의 삶과 사상에 대해 살펴볼 이 글에서 우리가 가장 먼저 볼 구절은 카틸리나 탄핵연설의 인용문이다. 원문은 다음과 같다.

Quo usque tandem abutere, Catilina, patientia nostra? quam diu etiam furor iste tuus nos eludet? quem ad finem sese effrenata iactabit audacia? O tempora! O mores!

이건 라틴어를 배우는 학생들이 반드시 읽게 되는 글귀다. 카틸리나라는 사람은 키케로의 말에 따르면 탕자였고 빚쟁이였고 악인이었고 강도였고 살인자였다. 위 문장의 번역은 다음과 같다.

카틸리나, 당신은 언제까지 우리의 인내를 남용할 것인가? 당신의 광기는 얼마나 오랫동안 우리를 조롱할 것인가? 어디까지 당신의 고삐 풀린 만용이 날뛰도록 둘 것인가? 시대여! 세태여!

키케로는 누구인가?

———————— 이건 워낙 유명한 문장이다. 라틴어를 배운 모두가 외우는 대표적 라틴어 문장이기도 하다. 키케로의 문장들은 유럽 문화를 형성하는 데도 중요한 역할을 했다. 서양사에서 플라톤의 책들은 읽히지 않던 시기가 있었지만, 키케로의 책들은 언제나 강한 영향력을 미치고 있었다. 또한, 키케로의 문장을 익히는 것이 사실상 고전 라틴어 공부의 목표다. 기원전 240년경에 처음으로 라틴어 문학 작품이 쓰이기 시작해서 1800년대까지 라틴어가 쓰였기 때문에, 라틴어는 다양한 모습을 가지고 있다. 하지만 라틴어 공부는 보통 기원전 1세기의 고전 라틴어를 익히는 것이고, 사람들이 키케로의 문장으로 표준을 정리한 문법을 익히는 것이다. 우리는 키케로가 쓰는 문법을 가장 기본적인 문법 틀로 잡고 다른 글들이 그것과 얼마나 닮았는지를 비교한다.

로마 공화정 말기에 살았던 키케로는 로마 공화정을 지키기 위해 노력을 한 인물이었다. 계급 갈등은 격화되어 이는 내전으로 번졌다. 역사는 결과적으로 한 사람이 절대 권력을 쥐고 계급 갈등을 조정하는 방향으로 흘렀지만, 키케로는 연설과 토론, 대화나 설득과 같은 평화적인 방법으로, 전통적인 공화정의 방식으로 국가가 운영되기를 바랐다. 이런 키케로와 대비되는 인물이 바로 그 유명한 카이사르이다. 그런데 《몸젠의 로마사》 같은 책들은 카이사르 편애를 부추겼다. 더군다나 라틴어 문법을 배우고 첫 번째 읽는 책 《갈리

설득의 정치가 키케로.

아 전기》의 저자도 카이사르다. 갈리아에 쳐들어가 전쟁을 일으킨 이야기를 제2차 세계대전의 참혹한 경험에도 불구하고 이를 도서 목록에 넣는 이유는 모르겠지만, 우리는 전쟁이나 권력 다툼을 다룬 책들을 많이 읽고, 자연스럽게 전쟁 이야기에 익숙해지고 전쟁 영웅의 신화에 젖는다. 이런 카이사르와 달리 키케로는 기회주의자 이자 출세주의자로 평가되었다. 그렇지 않다는 것이 우리의 생각이 고, 7개의 연설문은 이를 증명한다. 연설문에 나타난 키케로의 모습은 훌륭한 사람이 아니면 이런 연설을 할 수 없을 것이라는 인상을 준다.

키케로 시대의 로마 공화정

———————— 'res publica(공화정)'는 키케로를 이해하는 데 중요한 개념이다. 공화국의 권력은 인민에서 나오고, 인민으로부터 권력을 위임받은 사람들이 그들을 대표해서 통치한다. 로마 공화정은 기원전 509년에 생겨났다. 로마는 마지막 왕을 축출한 뒤 공화정이 되었고, 임기가 1년인 집정관들이 왕을 대신해 통치했다. 임기를 두는 것은 권력을 제한하는 한 방법이었다. 한번 왕으로 즉위한 사람이 평생 왕으로 재임하다가 사후에야 새로운 왕이 즉위하는 왕정과는 달리, 1년 단위로 2명씩 집정관을 뽑는 방식으로 공화정은 처음 시작되었다. 물론 공화정의 완성은 많은 시간과 노력이 필요했다.

로마 공화정과 관련해 기억해야 하는 인물은 브루투스다. 독재자 카이사르를 암살한 브루투스도 있지만, 그보다 훨씬 이전에 로마에서 왕을 내쫓고 공화정을 세운 브루투스도 있다. '브루투스brutus'라는 이름의 뜻은 '멍청이'다. 결국 다시 왕정으로 돌아간 로마 역사를 볼 때 결과적으로 '멍청한' 기획이었는지 모르겠지만, 로마 공화정은 인류 정치사의 위대한 발명품이다. 로마 공화정의 세 가지 핵심은 집정관, 12표법, 호민관이다. 집정관은 왕을 대신해서 1년 단위로 두 명씩 뽑았다. 그래서 권력이 한 사람에게 집중되지 않고 여러 사람이 서로 이견을 조율해 가면서 나라를 통치했다. 12표법은 공화정이 세워지고 나서 약 50년 뒤에 만들어졌다. 계급투쟁의 결과로서 법이 모두에게 공표되고 모든 시민이 법 앞에서 평등한 법치의 시대가 열린 것이다. 왕정은 한 인물의 자의적인 통치인 반면, 로마 공화국의 고위 관료들은 법을 통치 기준으로 삼았다. 호민관은 귀족 지배로부터 평민을 보호하기 위한 장치로서 거의 초법적 권력을 가진 관리며, 법정의 판결이나 원로원 의결도 뒤집을 수 있는 거부권을 가지고 있었다.

한니발 전쟁이 끝난 기원전 201년 이후로 로마는 사실상 지중해의 패권을 장악하게 되었다. 그때는 로마 공화국 역사상 가장 성공적인 시대였지만, 동시에 계급 갈등도 점차 격화되기 시작했다. 부가 집중되면서 부자인 귀족들과 그렇지 않은 평민들 사이의 격차가 점차 벌어졌고 결과적으로 이탈리아 농민들은 대부분 몰락했다. 귀족들은 노예를 이용해 대농장을 경영했기 때문에 결과적으로 생산물의 가격이 너무 낮아져서 평범한 농민들은 생계를 유지할 수 없었다. 그 빈민들은 도시에 몰렸고, 그래서 사회적 불안과 갈등은 다시 격화되었지만, 대부분의 귀족은 변화된 시대에 맞춰서 사회를 바꿀 노력조차 하지 않았다. 그때 혹자들이 로마 혁명이라고 부르는 사건이 기원전 133년에 발생했다. 호민관 그락쿠스는 농지법을 개혁해서 귀족들의 토지 소유를 제한하려 했고, 다른 여러 방식으로 평민들의 권리를 증진하려 했다. 하지만 호민관 티베리우스는 원로원 의원들이 모은 군대에 의해 살해당했고, 티베리우스의 동생 호민관 가이우스도 비슷하게 죽었다. 그때부터 기원전 27년까지 로마는 끊임없는 내전에 시달렸고, 결국 아우구스투스가 사실상 왕으로 등극하면서 평화가 돌아왔다.

키케로는 이런 내전의 시대에 태어나 연설가로 변호사로 정치가로 최고 정무관으로 활동한 인물이다. 그는 어떻게든 공화정 체제를 유지하면서 견제와 균형, 협력과 평화를 이룩하려 애썼다. 호민관 형제들의 혁명 이래 격화된 사회적 분란과 분열 전후로 사회적, 계급적 갈등의 해결책은 질서와 평화, 정의와 법에 따른 개혁뿐이라고 믿고 이를 시도한 훌륭한 귀족들이 있었다면 그중 하나는 키케로일 것이다. 초법적 권한의 행사나 폭력적 군권의 남용으로 돌아오는 결과를 키케로는 두려워했을 것이다. 결국 권력 독점을 택한 로마는 평화를 얻었지만, 법과 타협은 실종되고 말았다. 로마 공화정이 멸망한 것이다.

조국의 아버지, 키케로의 로스키우스 변호연설

─────── 기원전 80년에 있었던 로스키우스 변호연설은 키케로가 처음으로 자신을 세상에 알린 연설이다. 기원전 82년에 독재관으로 취임한 막강한 권력자 술라는 앞서 정권을 잡은 평민파에 협조한 모든 사람을 죽였고, 결과적으로 약 9000명이 살해되었다. 죽은 사람들의 재산은 몰수한 뒤 공매했는데, 공매 과정에서는 얼마든지 농간을 부릴 수 있었다. 예를 들어 1000억짜리 재산을 몰수해서 1억 정도에 공매해버리고, 싸게 구매한 사람은 협조했던 사람들과 뺏은 재산을 나눠 가졌다. 하지만 그 처벌 대상자의 이름을 공

표하는 일은 기원전 81년 6월 1일에 끝났는데, 그로부터 몇 달 뒤에 로스키우스의 부친이 살해당하자, 술라의 하수인이었던 크뤼소고누스는 그의 이름을 그 명단에 포함해 그의 재산을 몰수한 뒤, 공매를 통해 싼값에 그 재산을 손에 넣었다. (그리고 그 취득을 도운 로스키우스의 친척들과 재산을 나눴다는 의심을 받았다.) 그에 더해서 로스키우스는 졸지에 부친 살해죄로 소송당했고, 키케로가 로스키우스의 무죄를 변호했다. 키케로는 나중에 쓴 《의무론》에서는 자신이 당시에 술라에 맞서서 로스키우스를 변호했다고 회상했지만, 실제로 로스키우스 연설문을 읽어보면 그는 술라와 그의 하수인 크뤼소고누스를 분리하기 위해 상당히 애썼다. 자신이 술라와 맞선다는 의식은 하고 있었지만, 전략상 막강한 권력자를 직접 건드리지는 않은 것 같다. 술라에게 빠져나갈 통로를 열어놓지 않았다면, 술라가 아직 젊은 청년인 키케로의 힘으로는 이길 수 없을 정도로 그를 옭아맸을 것이기 때문이다.

로스키우스의 친척들이 그 재산가를 살해했고, 술라는 모르는 사이에 그의 하수인 크뤼소고누스가 그들과 공모해서 그의 재산을 가로챘으며, 더군다나 로스키우스에게 부친을 살해했다는 누명을 씌우려 한다는 것이 키케로의 주장이다. 당시 부친살해자는 피대익 살형에 처했다. 죄수를 가죽 부대에 넣은 뒤 물에 빠트려 죽이는 형벌이었는데, 죄수를 가죽 부대에 넣는 이유는 부친살해처럼 극악한 범죄를 저지른 자의 살이 썩어서 짐승이 먹거나 식물이 양분을 빨아들이면 그 동식물이나 그 동식물을 먹은 사람도 똑같이 극악해질 거라는 생각 때문이었다. 그래서 그 순환을 차단하기 위해 부친살해의 죄수를 가죽 부대에 넣어 익사시켰다. 살해당한 재산가의 아들이 그렇게 죽으면 이제 후환도 염려할 필요가 없는 상황이었다.

누구도 강력한 크뤼소고누스에 대항해서 로스키우스를 변호하려 하지 않았지만, 키케로는 그를 도와 변호를 맡았다. 왜일까? 아마 (그가 거듭 말했듯이) 불의를 당한 사람을, 할 수 있는 데도 돕지 않는 것 또한 불의라는 생각 때문이었을 것이다. 어느 시민도 재판에서 변호를 받지 못하고 완전히 버림받지 않도록 하는 것을 키케로는 동료 시민의 의무로 받아들였고, 그에게 주어진 시민의 의무를 위해 최선을 다할 것을 각오한다.

저는 여러분의 신의와 지혜에 힘입어 감당하기 어려운 짐을 짊어졌습니다. 심판인 여러분, 여러분이 짐을 약간이나마 덜어주신다면, 저는 할 수 있는 한 노력과 열의를 다해 짐을 짊어지겠습니다. 하지만 설령 제 간청과 호소가 여러분에게 버림받더라도, 저는 용기를 잃지 않고 최선을 다해 맡은 소송을 완수하겠습니다. 완수하지 못하더라도, 신의로써 일단 맡은 소송을 배신으로 그르치거나 비겁으로 도망치느니, 차라리 의무의 짐에 깔려 죽고자 합니다.

이 재판에서 기소자들이 쓴 핵심적인 논변은 "누구에게 이득인가 cui bono"였다. 범죄로 가장 큰 이득을 본 사람이 범인이라는 주장이다. 집정관이었던 롱기누스 라빌라가 만들어낸 범죄 수사 원칙인데, 기소자들은 가장 큰 이득을 보게 될 사람이 로스키우스이므로 그가 범죄자였을 가능성이 높다고 주장했다. 하지만 키케로는 로스키우스와 부친의 사이가 좋았고, 어차피 재산을 물려받을 예정이었으며, 그 범죄에서 가장 큰 이익을 본 사람들은 오히려 친척들이라고 주장했다.

크뤼소고누스의 거짓 주장들을 거부하고 로스키우스가 억울하게 처벌받지 않도록 함으로써 오늘날 만연한 타락과 맞서 싸워야 하며, 계속 방관하며 매 순간 잔인한 행위를 보고 들으면 본성상 아무리 온순할지라도 우리는 끊임없는 고통 가운데 인간성을 완전히 상실하고 말 것이라고 키케로는 주장했다. 로스키우스는 무죄 판결을 받았고, 키케로는 이 사건을 통해 유명해졌다.

베레스 탄핵연설

———— 다음으로 베레스를 탄핵한 법정연설을 다루겠다. 베레스는 총독으로서 3년 동안 시킬리아를 다스렸다. 보통 1년이 속주 총독의 임기인데 이탈리아반도 남쪽에서 일어난 노예 반란 때문에 3년 동안 재임했다. 당시 로마에는 노예가 시민보다 많았다. 대농장 운영이든 오락이든 거의 모든 산업이 노예를 통해 돌아갔기 때문이다. 게다가 노예에 대한 처우도 매우 열악했기 때문에 노예 반란이 일어나지 않을 수 없는 상황이었다. 베레스는 3년의 임기

동안 온갖 수단으로 돈을 긁어모아왔다. 하지만 총독의 권한이 막강했기 때문에 재임 동안에는 아무도 그의 행정 조치에 이의를 제기할 수 없었고, 임기가 끝나고 로마로 돌아간 뒤에만 그가 이런저런 일들을 잘못했으니 처벌해 달라고 요청할 수 있었다. 기원전 70년에 베레스가 로마로 돌아오자, 시킬리아 사람들은 그가 속주에서 부당하게 얻은 이익을 돌려달라는 반환 청구 소송을 제기했고, 키케로가 그들을 대변했다. 당시에 원로원 의원들만 심판인을 할 수 있었기 때문에 보통 그런 재판은 피고에게 유리했지만, 이때 키케로가 승소했다.

키케로는 베레스 연설을 시작하면서 심판인으로 참석한 원로원 의원들에게 경고했다. 당시 아울레리우스 코타라는 사람은 원로원 의원들뿐만 아니라 다른 계급의 사람들도 심판인의 역할을 할 수 있도록 허용하는 법안을 제출했기 때문에, 키케로는 만약 이 재판에서 심판인이 베레스에게 무죄 판결을 내리면 그 법은 무조건 제정될 거라고 경고했다. 그동안 재판 관례 또는 로마의 법치가 얼마나 무너졌는지를 방증하는 이야기다.

이 사건을 이해하기 위해 알아야 될 단어는 '수탈 재산 이익 반환법lex Accilia repetendarum, 줄여서 lex repetendarum'이다. 이 법은 속주 총독이 부당하게 취한 이득을 속주민들이 반환받을 수 있게 했지만, 보통은 집행되는 과정에서의 부정 때문에 잘 지켜지지 않았다. 키케로는 횡포의 대상이 된 시킬리아 속주민들을 돕지 않는다면 자신도 불의를 저지르는 것이라고 생각해서인지 속주민들을 대변했다.

이 재판에서 베레스가 썼던 전략은 딱 하나, 시간 끌기였다. 로마는 우리가 생각하는 것보다 축제가 많았고 축제 기간에는 모든 업무가 중단되며 재판도 열리지 않았기 때문에, 베레스는 적당히 시간을 끌며 내년에 자기 친구들이 집정관, 법무관, 심판인으로 임명될 때까지 재판을 연기할 수 있을 거라고 생각했다. 예를 들어, 그는 자신의 재판과 비슷한 종류의 재판이 먼저 열리도록 만들고자 했다. 비슷한 내용으로 또 다른 사람을 기소해서 자신의 재판을 연기하고자 한 것이다. 게다가 키케로는 당시 안찰관 선거에 출마한 상태였는데, 베레스는 돈을 써서 그 선거에 개입했다. 키케로가 선거에 신경 쓰느라 재판에 소홀해지기를 바란 것이다. 베레스는 속주에서 4000만 세스테르티우스를 떼어먹었는데, 이건 오늘날로 치면 4조 원 이상의 돈이다. 많은 사람이 베레스를 도왔고, 심지어 당시에 키케로보다 훨씬 더 유명한 변호사였던 호르텐시우스가 베레스를 변호했다. 하지만 키케로는 베레스의 시간 끌기 전략을 멋지게 물리쳤다. 보통은 기소자와 변호인이 차례대로 변론한 뒤에 증인들을 불렀는데, 키케로는 시간을 단축하기 위해 먼저 증인들의 증언을 들은 뒤에 변론할 수 있게 해달라고 요청했다.

재판에서 이길 승산이 없다는 것을 안 호르텐시우스의 권유에 따라 베레스는 마실리아로 도망갔고, 거기서 어떻게 살았는지에 대한 기록은 없다. 베레스는 원로원 의원이었는데, 원로원 의원을 상대로 재판에서 이기면 그 원로원 의원의 신분을 물려받는 게 로마의 오랜 전통이었다. 그래서 재판에서 승리한 키케로는 베레스의 원로원 의원직을 물려받아 신인homo novus이 되었다. (가문 사람들 중에서 처음으로 원로원 의원이 된 사람은 신인이라고 불렸다.) 그뿐만 아니라, 키케로는 당시 로마 최고의 변호사로 여겨졌던 호르텐시우스를 물리치고 로마에서 가장 유력한 연설가가 되었다.

카틸리나 탄핵연설: 누구의 말이 진실인가?

다음으로 다룰 카틸리나 탄핵연설은 키케로가 집정관일 때인 기원전 63년에 일어났다. 앞의 두 연설은 법정에서 있었지만, 이 연설은 원로원에서 있었다. 증거가 없었기 때문이다. 카틸리나가 자신을 암살하려 한다는 첩보를 접한 키케로가 집에 경비원을 세워서 공모자들을 막았다고는 하는데, 그렇게 말로 전해진 것 말고는 증거가 없었다. 그러니 키케로는 이 연설을 들은 카틸리나가 자백하고 로마를 떠나기를 바랐을 것이다.

"당신은 언제까지 우리의 인내를 남용할 것인가? 당신의 광기는 얼마나 오랫동안 우리를 조롱할 것인가? 어디까지 당신의 고삐 풀린 만용이 날뛰도록 둘 것인가?" 이 연설에서 인용된 글귀다. 키케로는 이 연설을 통해 일종의 여론 재판을 했는데, 그가 뭐라고 말하든 끝까지 버티는 것이 최선이었을 것임에도 불구하고 카틸리나는 연설을 듣고 원로원을 뛰쳐나갔다. 키케로는 탁월한 말솜씨로 원로원과 대중을 설득하면서 카틸리나가 나쁜 사람이고 국가 반역죄를

원로원에서 키케로의 연설 장면.

지었고 집정관을 죽이려고 했다고 주장했고, 사람들은 술렁해서 점점 카틸리나에게 등을 돌리기 시작했다.

뛰쳐나간 카틸리나는 망명을 갈 거라고 거짓말했지만, 사실은 협조자인 만리우스의 병영으로 가서 군대를 모았다. 말이 무서워서 결국 카틸리나는 국가의 적이 되었지만, 카틸리나가 실제로 키케로의 말처럼 음모를 꾸몄는지는 확실하지 않다. 이 사건에 대해 우리가 가지고 있는 자료는 키케로의 기록과 역사가 살루스티우스의 기록뿐이기 때문이다. 하지만 카틸리나도 훌륭한 사람은 아니었던 것 같다. 아마 그는 당시 흔했던 정치 깡패였을 것이다. 카틸리나는 빚이 너무 많았다. 선거를 치르는 데에는 많은 돈이 필요했고, 그 빚을 갚기 위해서라도 그는 꼭 집정관에 당선되어야 했다. 하지만 카틸리나는 기소당해 한동안 집정관에 출마하지 못했고,

기원전 64년과 63년 선거에서 차례대로 키케로와 무레나에게 패배했다.

키케로의 말에 따르면, 카틸리나는 기원전 63년 10월 27일에 반역을 통해 권력을 잡기로 결심했다. 물론 이것이 객관적인 진실인지는 모른다. 키케로는 뛰어난 문장력으로 높이 평가받았기 때문에 이후에도 많이 읽혔고 오랜 기간 동안 라틴어 교육의 정규 독서 목록에 올랐지만, 다른 종류의 서사는 사라졌기 때문이다. 그러니 독자로서는 그 점을 유의하며 읽어야 한다. 기원전 63년 12월 5일에는 이 사건과 관련된 마지막 연설인 제4차 카틸리나 연설이 있었고, 카틸리나의 공모자로 체포된 다섯 사람은 그 연설의 결과로서 재판 없이 투표로 처형됐다. 이 일은 키케로의 경력에 상당한 오점으로 남았다. 로마 시민을 재판 없이 사형에 처한 것은 불법이었기 때문이다.

한편, 카틸리나 일당은 로마군을 상대로 한 피스토리아 전투에서 모두 전사했다. 하지만 여기서 의문이 생긴다. 만약 그들이 정말 단순한 불량배 집단이었고 자신들의 이익 때문에 국가를 전복하려다가 어쩔 수 없이 전투에 임하게 되었다면 마지막까지 그렇게 치열하게 싸울 수 있었을까? 만약 그들에게도 나름대로 자기 정당성에 대한 믿음과 신념이 있었기 때문에 그렇게 전사한 것이라면 그것을 키케로의 서사와 어떻게 조화시킬 수 있을까? 확신은 어렵다. 키케로는 늘 카틸리나 음모의 진압이 자기 경력에서 가장 훌륭했던 일이라고 자랑했지만, 막상 살펴보면 그는 로마 시민 다섯 명을 재판

없이 죽음에 이르게 했고, 계급 갈등의 시각에서 보면 귀족파로서 권력을 유지하기 위해 평민파인 카틸리나를 몰아세워 죽음에 이르게 한 것일 수도 있다. 어쨌든 키케로는 이 사건 덕에 조국의 아버지가 되었다.

무레나 변호연설과 키케로의 최후

———— 카틸리나의 반역 사건은 무레나 변호연설과도 이어진다. 무레나는 기원전 62년에 집정관직을 수행한 사람이다. 전쟁터에 잠깐 갔다 와서 쭉 변호사로 활동한 키케로와는 달리 평생 군인으로서 경력을 쌓은 사람인데, 키케로 입장에서는 이 사람이 집정관직을 맡는 것이 중요했다. 그에게는 자기 다음으로 집정관직을 인계받아서 카틸리나 반역사건의 마무리 작업을 해 줄 사람이 필요했고, 그러기 위해서는 군사적인 재능이 뛰어난 무레나가 적절하다고 생각했기 때문이다. 하지만 무레나가 집정관으로 선출되자 선거에서 패배한 루푸스는 그가 선거 과정에서 뇌물을 썼다고 소송했고, 그래서 키케로가 무레나를 변호했다. 무레나는 아마 실제로 뇌물을 썼을 테지만. 당시 로마의 공직선거에서는 뇌물 거래가 흔했다.

키케로의 무레나 변호 기간은 기원전 63년 11월 15일부터 30일 사이였고, 카틸리나의 음모는 여전히 진행 중이었다. 그래서 키케로는 집정관임에도 불구하고 법정에 나가서 자기편을 변호했다. 무레나 변호연설에서 키케로는 세 부류의 사람들을 나열했다: 법률가, 변호사, 그리고 군인. 키케로는 이 중 법률가가 가장 훌륭하지 않고, 변호사는 중간이며, 군인이 가장 훌륭하다고 주장한다. 여러분들이 도시에서 한가하게 펜을 들고 있었을 때 무레나와 같은 군인은 칼을 들고 적과 맞서 싸웠다는 식의 연설이었다.

여기서 무레나의 기소자는 다름 아닌 카토 우티켄시스였다. 그는 아주 저명한 집안 출신이었고, 가장 로마인다운 로마인, 마지막 로마인이라고 불렸다. 그는 로마 공화정의 내전 기간 동안 카이사르의 반대편에 서 있던 사람이었고, 내전이 끝나고 키케로가 득세하자 자살했다. 카이사르가 자신을 용서하는 것을 눈 뜨고 볼 수 없었기 때문이었다고 한다. 그 정도로 지조 있는 사람이었지만, 키케로는 그런 카토의 집안 내력을 역이용해서 논변했다. 집안 전통 때문인지는 몰라도 당신은 너무 엄격하다, 당신 식대로라면 모든 범죄가 똑같을 것이라고 주장했다. 그는 용서받을 만한 죄와 용서 못하는 죄를 구분해야 한다고 말했다.

로마에는 오래전부터 두호인patronus과 피호민cliens이라는 사회적 관계가 있었다. 예를 들어, 해방된 노예의 옛 주인과 해방된 노예는 두호인/피호민 관계를 맺고는 했다. 그런 경우 피호민은 노예 신분에서 해방되어 로마의 시민이 되었음에도 인격적으로는 여전히 두호인에게 충성했고, 자신이 새롭게 얻은 투표권으로 두호인을 지지하거나 선거를 도왔다. 예를 들어, 두호인의 선거용 뇌물을 피호민이 대신 전해주는 식이었다. 키케로는 그것이 로마의 오랜 관례라고 말하며, 두호인은 피호민을 두기 마련이고 피호민은 자신에게 은혜를 베푼 두호민에게 어떤 방식으로든지 빚을 되갚아야 하지 않겠냐는 교묘한 주장을 했다. 무레나가 뇌물을 주기는 했지만, 그 정도는 용서받을 만하다는 말이었다. 결국 무레나는 재판에서 승리해 기원전 62년에 집정관직을 맡았고 카틸리나 사건은 키케로가 원한 대로 잘 마무리됐다.

위대한 사람 키케로

───────── 한니발 전쟁 이후 로마는 그리스 문물을 받아들이고 모방했다. 호라티우스는 《시학》에서 "정복된 그리스가 야만적인 정복자를 정복했다"고 썼을 정도였다. 로마는 무력으로는 그리스를 점령했지만, 문화로는 그리스에 의해 점령당했다. 당시의 많은 지식인은 어렸을 때부터 라틴어와 그리스어를 동시에 배웠고, 청년이 되면 그리스로 유학 갔다. 키케로는 그의 책에서 많은 그리스 사람을 언급했을 뿐만 아니라, 플라톤의 작품들을 직접 번역하기도 했는데, 서양 중세인들은 키케로를 통해서 그리스 문화를 접했다. 스탠포드 철학 백과사전을 인용하자면, "중세는 플라톤의 원문을 몰랐다". 어떤 사람들은 키케로가 플라톤의 아류 철학자였다고 말하는데, 우리 시각은 다르다. 플라톤의 철학은 키케로를 만나서 유럽

전체에 퍼질 만한 보편성을 갖추게 되었다.

말이 나왔으니, 플라톤과 키케로를 비교해보자. 플라톤은 아테네 출신이었고, 키케로는 이탈리아의 아르피눔 출신이었다. 철학자 플라톤은 소크라테스가 아테네에서 사형당한 뒤 아테네의 정치 현실에 대해 환멸을 느꼈고, 자신의 철학 사상을 시킬리아에 가서 실현해보려고 했지만 큰 성공을 거두지 못했다. 그에 반해 키케로는 철학자였을 뿐만 아니라, 연설가이자 정치가였다. 키케로는 여러 방면에서 돋보이는 성취를 이뤘다. 키케로는 기원전 63년에 로마 최고의 정무관인 집정관으로 선출된 정치가였다. 그는 정통 귀족에 속하지 않는 기사계급 출신이었지만, 연설의 재능과 실력으로 계급적 한계를 뚫고 출세했다. 플라톤은 귀족 집안의 자제였음에도 불구하고 스스로 세상을 버렸다. 카틸리나 사건을 계기로 키케로는 조국의 아버지pater patriae 혹은 국부라는 칭호를 받았다. 이건 아무나 얻을 수 있는 칭호는 아니었다. 사실 로마 역사상 키케로 이전에 딱 한 명만 그 칭호를 받았다. 기원전 386년 켈트족이 로마를 포위하고 공격했을 때 로마를 구해낸 카밀루스에게 처음 그 칭호가 붙여졌다. 키케로 다음으로 카이사르나 아우구스투스나 여러 황제들은 관례적으로 그 칭호를 받았다.

하지만 기원전 58년에 이르러 정권이 바뀌자, 키케로의 처지도 달라졌다. 키케로는 재판 없이 로마 시민들을 처형했다는 이유로 로마에서 추방되었고, 그때부터 내리막길을 걷다가 결국 기원전 43년에 정적 안토니우스가 보낸 사람들에 의해 암살당했다. 그다음에 주도권을 잡게 된 사람은 아우구스투스였는데, 그는 왕이 아닌 척하면서 왕 노릇을 했고, 독재자가 아닌 척하는 독재자였다. 그는 공화정이 잘 작동하는 것처럼 겉치장을 했지만 실제로는 황제가 되어 양아들인 티베리우스에게 권력을 양도했다. 티베리우스는 본격적으로 로마의 황제정을 시작했고 로마의 공화정은 막을 내렸다. 원로원은 유명무실해졌고 한 사람이 모든 중요한 결정을 내렸다. 그로 인해 로마는 다시 평화로운 시대를 구가했지만, 많은 사람들이 의논을 통해서 상대방을 설득하고 호소하고 변호하고 고발하면서 로마 공동체가 지켜지던 시대는 끝났다.

키케로는 로마 공화정을 지키기 위해 싸웠다고 할 때 그가 그런 것은 근본적으로 'humanitas', 그러니까 인간애 때문이었다. 이는 동료 시민들에게 우리가 동료 시민으로서 갖는 인간적 의무를 나타내는 말이며, 특히 정의가 빛을 잃은 공화정 말기의 철학자와 정치가의 의무를 표현한다. 결과적으로는 현실 정치에서는 실패했지만, 공화정과 인간성 개념은 인류 문명의 근본적인 토대가 되었다. 앞서 소개한 네 개의 연설들에서 humanitas의 생각이 반복된다. "남에게 해를 끼치는 것도 불의이지만, 불의를 당하는 사람을, 할 수 있는데도 돕지 않는 것 또한 불의다." 이는 《의무론》에 명시되어 있다. 동료 시민이 억울한 일을 당할 때 그를 보호하고자 애쓰지 않는 것은 불의라는 말이다.

그런데 이렇게 훌륭한 키케로에게는 한 가지 아쉬운 모습도 있다. 그의 자화자찬 때문이다. 그의 연설문에서 키케로는 늘 자화자

찬을 늘어놓는데, 자랑의 주 내용은 카틸리나 반역 사건 진압이다. 카틸리나가 진짜 반역을 하려 했는지는 논쟁의 여지가 있다. 승자 키케로의 기록만으로는 사태를 정확히 알 수는 없지만, 키케로는 자신이 카틸리나를 물리치고 나라를 구했다고 늘 자랑했다. 하지만 이는 연설 기법이다. 연설자가 자신이 얼마나 훌륭한 사람인지를 과시하는 것은 설득에 꽤 효과적이다. 본인이 훌륭한 사람이라고 밑자락을 깔아 놓으면 아무래도 청자들이 더 귀를 기울일 것이기 때문이다.

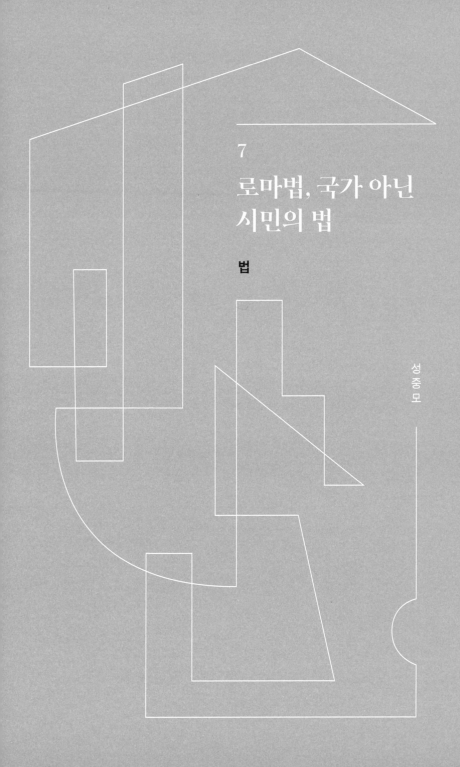

7

로마법, 국가 아닌
시민의 법

법

성중모

종래 법을 상대로 다양한 폄훼가 자행되어 왔다. 이미 성경의 유명한 "화禍 있을진저, 법률가들이여"(《마태복음》 23:13 이하)라는 저주는 법률 전문가를 악으로 규정하는 구절로 유명하다. 법률가부터 죽이자는 셰익스피어도 이 흐름에 동참한다(《헨리 6세》 2부 4막 2장 중 푸주한 딕의 외침). 등골이 이미 서늘하여, 모든 악담을 열거할 필요는 없을 테다.

물론 법은 사회에 없을 수 없고 일정한 방식으로 막대한 공헌을 한다. 이 점이 항상 간과되고 있다는 점에서 법 관련자들은 억울해할 수도 있겠다. 그러나 지금까지 법 관련자들이 사회에 끼친 폐해를 보면 그들에 대한 욕들을 그저 폭주로만 볼 수 있을까?

법'학'으로 가보자. 법에 대한 멸시보다 더 큰 문제는 법학이 학문으로서의 지위를 부여받지 못하는 것이다. 물론 법학이 처음부터 학문으로 인정받은 것은 아니다. 아니, 외려 아주 긴 세월 동안 학문성 결여라는 태생적 장애로 고뇌해야 했다. 19세기부터 법학은 자신의 학문성을 새로이 근거 지으려 했으나 공감을 얻지 못한 채 거의 언제나 수세에 몰려 있었다. 법학의 약한 학문성의 혐의는 무엇보다 법학이 사실이 아니라 규범을, 존재가 아니라 당위를 다루는 데서 비롯된다. 대학교에서 규범을 연구하는 법과대학이 사실을 연구하는 사회과학대학과 준별되는 이유도 여기에 있다. 무엇보다도 법학 전공자들에게는 이미 상식적인 것이 되어버린 "입법자가 세 마디만 수정하면, 도서관의 모든 법학서가 휴지로 되고 만다!"는 독일의 법률 실무가 율리우스 폰 키르히만의 언급이 지금까지 충격파를 발산하고 있다. 그 입장은 법학으로 하여금 존재 의의마저 상실하게 만들기 때문이다. 정녕 법'학'이 학문성이라는 고개를 결국 넘지 못하고 고사할 것인가?

그러나 법학이 학문으로 성립한 곳은 로마였고, 때는 물경 2000년 전이었다. 법학의 학문성은 희랍의 영향하에 있던 로마의 문명사적 선물이다.

학문학의 논의를 가져와 따져보자. 인간의 인식활동의 한 영역이 학문성을 갖추려면 여러 요건들을 충족시켜야 한다. 그중에서도 필수적 핵심은 ① 보편성, ② 객관성, ③ 구분성이다. 보편성은 일정한 사물 및 사태를 설명하되 그 원인에서 설명되어야 한다는 의미이다. 객관성, 즉 형식적 합리성이 있어야 한다. 논증을 통해 증명해야 하며, 반드시 근거 제시, 즉 정당화가 있어야 한다. 마지막으로 그 인식 내용이 체계적인 구분성을 갖추어야 한다. 분류와 분할이 구분성의 핵심이다.

법학이 위와 같은 학문성 요건들을 충족하게 될 때, 모든 구체적 법결정은 추상적 법규의 구체적 사실에 대한 적용, 즉 '포섭'이 된다. 법관은 모든 사실 구성요건에 현행의 추상적 법규를 적용해 하나의 결정을 얻어낼 의무가 있어서, 자기 앞에 놓인 사안을 놓고 판결포기 non liquet 선언을 할 수 없다. 이때 법관은 법규들의 무흠결 체계로서의 법의 입이 된다.

고대 로마의 법학은 모든 점에서 이러한 법학의, 완벽하지는 않지만 원형을 이미 성취했기 때문에 위대하다.

로마, 법을 발명한 민족

──────── 로마는 동서를 가르고 고금을 나누어도 다시 만날 수 없는 더없이 희한한 민족이다. 법이라는 문화현상을 논하자면 언필칭 법의 발명자 로마를 뺄 수 없다. 로마의 법문화는 지중해를 넘어, 유럽을 지나, 전 인류 법문화의 존재양식을 심원하게 결정지었기 때문이다.

우선 우리 대한민국의 법, 특히 민법의 뿌리를 알기 위해서는 로마법을 이해해야 한다. 일제에서 해방되고 다시금 우리의 국립대학교가 세워지고 최초의 과목들이 개설되었을 때 서양법제사와 로마법이 테이프를 끊었다는 점은 잘 알려져 있다. 우리나라가 근대로 진입하면서 세계로 향한 창들이 뚫리기 시작했는데, 그중 가장 밝은 창문 중 하나가 로마법이었다.

법은 인간 공동체의 문화현상 중 핵심 중의 핵심이다. 인류학에서는 어떻게 인류에게 법과 같은 산출물이 가능했는지 논구하고 있다.

추정에 기반을 둔 다수의 주장이 있으나, 인류가 수렵·채집을 그만 두고 농경을 하게 된 것과 법의 탄생을 연결 짓는 견해가 설득력 있다. 그에 따르면, 농경으로 조직적인 공동체 생활이 가능하게 되고 스트레스의 강도도 수렵·채집의 시기와는 비교할 수 없을 정도로 높아졌을 때, 법은 인간들이 공동체 생활에서 받는 스트레스의 관리 수단으로 등장했다는 것이다. 즉 법은 공동체에 응축되어 자칫 폭발할 수도 있는 스트레스를 배출하면서 기강도 다잡는 이중의 기능을 했다는 것이다. 물론 그 기능은 종교도 담당했으며, 법과 종교는 같은 뿌리에서 나온 것이라 한다.

인문이 사람人이 사회생활을 하면서 그린 '무늬文'일진대 법을 빼고는 인문을 말할 수 없다. 다만 우리가 법이라고 할 때, 어떤 의미에서 쓰인 것인지 잘 구별해야 한다. '사회 있는 곳에 법 있다ubi societas ibi ius'라는 유럽 격언이 있다. 그 격언의 기원은 아리스토텔레스라고도 하는데, 그가 의미한 법은 자연적인 법이다. 반면 우리가 말하는 법은 이런 자연적인 법현상이 아니라, 가공품으로서의 법이다. 세계의 모든 문명권에서 법현상은 있었으나, 가공품으로서의 법 내지 법학은 오로지 로마에서만 발생했다. 로마 민족의 특이성이다.

흔히 서구 문명의 뿌리를 희랍-로마 세계에서 찾는다. 그 후예인 서구 국가들에는 당연하게도 희랍과 로마 문화의 영향력이 아직도 뿌리 깊다. 그런데 특히 법문화와 관련해선 희랍의 기여는 무시해도 될 정도이다. 로마만이 결정적이다. 로마인들은 마치 그 목적을 위해 태어난 민족인 것처럼 법과 기술il codice e la tecnica의 표준을 세우고 이에 따라 모든 관련 사항을 정리하는 데 탁월했고 큰 성취를 남겼다. 기술은 대체로 후대에 극복되었지만, 법은 로마 멸망 후에도 유럽을 석권했을 뿐만 아니라 식민 제국주의를 통해서 세계 각국으로 퍼졌다. 오늘날 로마법을 받아들인 나라들의 법체계를 대륙법civil law이라는 이름으로 부른다. 영국에서 시작해 영국과 미국, 그리고 그 두 나라와 관련을 맺은 나라들에서 발전한 법체계를 영미법이라 한다면, 로마법을 뿌리로 해 발전한 법을 대륙법이라 부르는 것이다.

대륙법과 영미법은 세계 법체계들의 두 기둥을 이루고 있다. 대륙과 영국은 철학사에서도 합리론과 경험론으로 인식론에서 근본적으로 다른 입장을 천명하는데, 법학에서도 그와 비슷한 차이를 볼 수 있다. 즉 로마법에 기반을 두는 대륙법은 합리성에 기초해, 영미법은 경험에 기초해 발전했다. 이 때문에 대륙법은 '쓰인 이성ratio scripta'이라 불리기도 한다.

근대의 대륙법학이 특정 소재를 이론으로 추상화시키는 과정을 거칠 때, 고대의 로마법 저술들을 소재로 가공해 당시의 인민들이 사용할 수 있도록 만든 것은 특정한 한 나라가 아니라 이탈리아, 프랑스, 네덜란드, 독일 등의 공동 작업이었다. 그리하여 그 결과물을 '보통법ius commune'이라고 부르기도 한다. 보통법은 추상화, 체계화의 정도에서 인류가 그 이후에도 도달하지 못할 정도의 큰 성취를 이루었다.

로마법은 크게 세 의미를 갖는다. 첫째는 기원전 6세기 이래 고대 로마에서 실제로 적용되던 법, 두 번째는 유럽에서 현대 실정법이 제정되기 전까지 유럽인들이 사용해온 법(보통법), 마지막으로 보다 넓은 의미에서 이러한 전통의 영향을 받은 모든 후예들을 의미하기도 한다. 한국의 민법도 마지막 의미에서 로마법이다. 로마법이 2000년 넘게 생존하면서 남긴 족적은 이렇듯 넓고도 깊다.

유럽 로마법의 역사를 간략히 정리하면 다음과 같다.

6세기에 동로마 황제 유스티니아누스는 모든 전승된 법학 저술을 태우도록 명하고 자신의 이름이 붙은 법전들을 편찬했다. 이 조치로 이전에 쓰인 로마 법률가들의 저서들이 현존하지 않게 되었지만, 역설적으로 그의 법전 역시 이전 법학자들의 저작들을 발췌하고 편집한 것이기 때문에 유스티니아누스의 법전은 살해당한 고대 로마 법학의 귀중한 '다잉 메시지'로 기능할 수 있었다. 이후 중세를 거치면서 로마법은 사람들의 관심을 받지 못하다가 11세기가 돼서야 볼로냐에서 관련 서적들이 발굴되었고 이에 대한 연구가 재개되었다. 특히 이탈리아에서 연구가 활발했는데 11~12세기에는 주석학파glossatores가 일종의 용어 사전이라 할만한 것들을 만들었고 13~14세기에 이 용어 사전을 바탕으로 주해학파commentatores는 주석을 쓸 정도로 성과를 내었다. 이것이 프랑스로 전해져 인문주의 법학을 낳았고, 독일의 판덱텐법학Pandektenwissenschaft으로 이어졌다.

이 판덱텐법학으로 독일에서 정점을 찍었던 소위 '개념법학'은 로마법이라는 소재를 철저하게 학문화, 즉 추상화한 것인데, 우리 대한민국 법학도 그 기초는 독일에서 형성된 개념법학이다.

판덱텐법학을 형성한 두 거장, 카를 프리드리히 폰 사비니(좌)와 루돌프 폰 예링(우).

예를 하나 들자면, 우리 법학에 기초 중 기초로 학습해야 하는 개념 중에 '법률행위'라는 개념이 있다. 현실에서는 볼 수 없는 추상적 개념이다. 우리는 매일매일 대중교통을 이용하면서 운수계약을, 마트에서 물건 사면서 매매계약을 체결한다. 셀 수 없는 그 계약들이 말하자면 법률행위이다. 그리고 대한민국 법률가들은 그렇게나 추상적인 개념인 법률행위를 알고 있다. 나라 밖으로 시야를 넓히면, 전 세계의 여러 법체계는 법률행위를 아는 법체계와 모르는 법체계로 나누어진다. 아시아의 법률가들과 대화할 때, 한편으로 일본이나 대만 법률가들과 다른 한편으로 홍콩이나 싱가포르 법률가들이 사뭇 다른 것을 쉽게 간파할 수 있다. 기본적으로 법률행위 개념을 아는지 모르는지와 그 사고방식의 차이에서 그 다름이 비롯한다.

공과 사

한자 '公(공변될 공)'과 라틴어 단어 'publicus(푸블리쿠스)'의 비교에서 유럽과 동아시아의 차이가 다시 한번 드러난다. 公을 풀이하면 'ム(마늘 모, 또는 사사로울 사)'를 '八(여덟 팔)'이 덮고 있는 모양인데, 그 의미에 대해서는 결정적인 증거 없이 여러 학설들이 주장되고 있다. 심지어 ム를 가장 사적인 것으로서의 '태아' 내지 '자궁'으로 보는 견해도 있다.

나는 ム를 자기 것을 안기 위해 안으로 굽힌 팔로 이해하고, 그것을 '나눔', '다름', '위배'의 뜻을 함축하고 있는 八이 덮고 있기 때문에 公은 공공의 것이라는 의미로 해석한다. 그래서 사사로운 것들이 아닌 것, 혹은 사적인 것들의 여집합에 포함되는 것들이 公이 되며, 중국에선 그 영역이 온 세상, 즉 천하로까지 확장되기도 했다("天下爲公").

다음으로 publicus를 살펴보자. 'privatus(프리바투스)'가 국가 공권력의 강제적 조력 없이 각자도생하는 무소속 개인들(희랍에서는 이러한 사람을 '이디오테스idiotes'라 불렀다)을 표현한다면, publicus는 populus(인민, 국민)에서 유래한다.

더 나아가, populus는 국민과 같은 일정한 집단을 가리키는 표현이며, 천하로까지 확대될 수 있었던 公 개념과는 차이가 있다. 그리하여 公을 publicus에, '私'를 privatus에 대응시키는 번역은 본래의 의미를 따지자면 딱 들어맞지는 않는다. 公은 私가 아닌 것들 일체를 가리킬 수 있지만, publicus는 특히 로마의 시민인 populus에게 귀속되는 것들만을 가리킨다. 그래서 바닷물이나 공기 같은 소위 '자유재'는 개인의 것이 아니지만 그렇다고 해서 publicus라고 표현할 수 있는 것들도 아니다. 그래서 로마인들은 자유재에 대해 'communis(콤무니스, 영어의 common)'라는 용어를 사용했다.

동아시아에서는 오랫동안 公만 소중한 가치였고 私는 배척되어야 하는 무언가로 여겨졌지만('公明正大'나 '滅私奉公'을 상기하라), 로마에서는 privatus가 publicus에 비해 그저 열위에 있지만은 않았다. privatus를 위한 투쟁은 역사 초기부터 줄곧 이어졌다. 그 privatus의 다른 이름이 suum(자기 것) 또는 suum ius(자기 권리)였다. 내 자신의 것이 무엇인지, 그것이 나에게 잘 배분되는지를 검토했고 그것이 바로 로마의 정의론이었다. 로마에서 정의는 재판 실무에서 각자에게 귀속해야 하는 '자기 것'의 발견으로 실현되었다.

그런데 로마 이래 유럽에 한 가지 특징적인 태도가 있었으니, 법과 권리를 개념적으로 구분하지 않는 것이다. 법이 곧 권리이고 권리가 곧 법이라는 말이다. 영어의 'right'도, 물론 법이라는 의미는 축소되었긴 하지만 여전히 법과 권리라는 두 가지 의미를 가진다. 동아시아 전통에서 법은 특히 국가가 부과하는 형벌이나 발동하는 공권력과 관련된 반면, 구성원들 간의 수평적인 관계에서 사법이 발달한 서양의 전통에서는 분쟁을 통해 권리를 선언하고 배분하는 것이 곧 법이었다. 구성원들 지위의 평등이 권리와 법을 일체로 파악하는 데 토대가 된 셈이다.

———————— 다른 법체계들과 구분되는 로마법의 고유한 특성을
ius privatum(유스 프리바툼)이라는 표현을 통해 이해할 수 있다.

우선 법을 가리키는 라틴어 단어 ius의 어원에 대해서는 다양한
견해가 주장된다. 이 단어의 의미가 갖는 넓은 폭은 ius 단어에 장
기간의 발전 과정이 있었다는 점을 시사한다. 기본적으로 객관적
규범 내지 질서로서의 '법(객관적 법, norma agendi)'과 주관적 권능 내
지 권한으로서의 '권리(주관적 법, facultas agendi)'를 의미한다.

이러한 ius에 privatum이 더해진 ius privatum은 '사법私法' 즉 '사
권私權'을 뜻하게 된다.

많은 이들이 로마법 하면 제국법 혹은 통치법을 떠올린다. 로마
가 제국이었다는 사실이 작용하는 까닭이다. 그러나 로마법이 두
밀레니엄 이상 살아남아 현재까지 인류에 영향을 끼칠 수 있었던
것은, 그것이 다름 아닌 사적 영역을 취급했기 때문이다. 로마인들
은 정치 영역에는 학문적 관심을 할애하지 않았으며, 개인들 간의
재산이나 계약을 둘러싼 다툼, 가족 내의 상속 문제 등에 특화해 법
과 법학을 발전시켰다. 확실히 로마인들은 다른 문명권과는 확연히
다른 독특한 방식으로 법을 이해했다.

한 가지 재미있는 실례가 있다. 로마에서 황제의 금고를 지키던
관리가 그 금고에서 재물을 빼돌려 제3자에게 매각한 적이 있다.
얼마나 극악무도한 패륜인가! 아마 로마 외의 대부분의 문명권에서

는 황제의 금고를 건드린 그 관리를 어떻게 처절하게 벌할지에 대해서 논의할 것이다. 충격적이게도 이 사건이 발생하자 로마인들, 적어도 법률가들은 황제의 존엄이 침해되었다는 사실에 신경 쓰기보다는 관리가 재산을 빼돌리기 위해 제3자와 맺은 매매계약이 유효한지 아닌지를 검토한다. 로마인들은 실생활에서 매일 사용할 수밖에 없는 계약인 매매 개념의 중요성을 일찌감치 깨달아 법적으로 명확히 규정했으며, 로마법을 받아들인 나라들은 21세기에도 대부분 그 개념을 온존해 사용하고 있다. 현대의 기본적인 법적 정의들은 이런 식으로 대부분 그 기원을 로마에서 찾을 수 있다. 그렇다면 로마인들이 관심을 쏟았던 것이 왜 하필 계약의 효력인가? 효력이야말로 법, 특히 사법 규율의 본질이기 때문이다. 형법이 사람의 행위의 부면負面을 제재로서 규율하는 법 영역인 반면, 사법은 사람의 행위의 적극적 효력을 인정하느냐 부인하느냐를 가지고 행위의 정면正面을 규율한다. 행위의 효력을 정치하게 구분해 규율했다는 사실이 로마의 법체계가 고도화되었다는 명백한 증좌이다. 자, 이제 명백해진다. 사적 영역에서 법적으로 의미 있는 것은 효력 획득밖에 없음이 말이다. 그럼 어떻게 효력을 획득할 수 있을까? 가장 실효적인 방법은 분쟁이 발생했을 때 상대방을 제압하는 것이다. 결국 ius privatum은 바로 분쟁에서의 승리와 다름없다.

그런데 중국과 같이 일찍부터 제대로 조직화되어 체계적 행정기구의 힘이 강했던 국가와 달리, 초기 로마는 구성원들이 기본적으로 평등한 사회였다. 중국에서 억울함을 풀기 위해 제소할 곳은

민본주의와 왕도주의의
주창자 맹자.

대대로 관사官司, 즉 행정관청이었다. 힘없는 사인들의 권리 보호를
전담하는 힘 있는 공적 기관은 없었다. 관이 민의 복리를 살피고 보
호하려 한 것은 맞지만, 미성숙한 존재로서 관리해야 할 대상으로
만 보는 후견적 성격을 갖는 보호에 불과했다. 관은 민의 아비이자
스승이었다. 민본주의와 왕도주의는 짝을 이루며 동아시아의 통치
질서를 정당화했다.

반면 로마에서는 privatus가 한편으론 독자적이고 지배로부터 벗
어나 있다는 긍정적 상태를 의미하지만, 다른 한편으론 어떠한 소
속도 없이 개인 스스로 문제들을 감당해야 한다는 것, 즉 각자도생
해야 한다는 것도 의미했다. 이러한 여건은 역설적이게도 사법이
발전하는 토양이 되었는데, 재량을 갖는 고권적 행정청이 주관하는

로마의 광장 포룸 로마눔Forum Romanum(현대 이탈리아어로는 Foro Romano)에서는 로마 시민의 여러 활동이 이루어졌다. 특히 법정으로도 기능했다. 그리하여 현재에도 forum은 법정의 의미를 갖는다.

중국식의 재판제도가 발달하지 않았기 때문에 평등한 사람들 간의 다툼을 조정하기 위한 수단으로서 법이 발달했던 것이다. 사적 복수와 같은 것을 금지하고 행정 관리들의 재량을 억제하면서 규칙에 의해 분쟁을 해결하는 것이 법의 본령이기 때문이다.

기원전 452~451년에 제정된 12표법의 조항을 보면 로마법이 가진 사법적 성격을 다시 한 번 확인할 수 있다. 12표법의 첫 번째 조문의 내용은 다음과 같다. "우선 원고가 피고를 법정에 소환하면 피고는 출두해야 한다. 만약 피고가 속이거나 도주하려 하면 원고는 그를 잡는다. 피고가 병이나 노령 때문에 출두에 어려움이 있으면 피고에게 무개마차(덮개가 없는 마차)를 제공한다. 피고가 이를 거절할 때는 유개마차를 준비하지 않는다." "유개마차를 준비하지 않는다"라는 말은 피고가 무개마차 대신 유개마차를 보내달라고 하더라도 원고가 그 요구에 따를 의무는 없다는 뜻이다. 이러한 조항들은 지금으로 따지면 민사소송에 관한 내용들이다. 주된 성격상, 12표법은 형법, 헌법 혹은 행정법이 아니었다. 이 법률이 역사적으로 귀족들을 상대로 한 평민들의 계급투쟁의 결과로 만들어진 법이라고 하기에는 너무 비정치적이고 일상생활에 밀접해 있었다는 말이다.

法 자는 해태를 품은 공적 가치의 담지자

—————— 다음으로 동아시아 법개념 이해에 필수적인 '法' 자에 관해 살펴보자. 이 한자의 대표적인 다섯 가지 의미는 법률, 형법, 제도, 모방, 폐기이다. 눈여겨볼 점은 이 글자에 기본적으로 '사사로움私, privatus'의 의미가 없다는 것이다. 개인의 권리이든 이익이든 사적인 것을 고려치 않으며, 민사 분쟁을 해결할 규범이 들어 있지 않다. 기원전 10세기경 기자가 고조선에서 제정했다고 전해지는 여덟 개의 법조항, 즉 팔조법금八條法禁을 보아도 각 범법행위에 대한 처벌을 정할 뿐이다. 법조항들을 여기서 법이라 하지 않고 '법금'이라고 하고 있는데, 덧붙여진 禁(금할 금)자도 사적 분쟁을 규율하는 규범에선 필요 없는 개념이다. 사인 간의 분쟁이 발생할 때 당사자 중 누가 이기느냐가 중요할 뿐이지, 위에서 아래로의 금지의 관념

이 등장할 이유가 없다(다만, 유럽에서도 중세 시기에는 위로부터의 금지 관념이 존재했는데 아이러니하게도 'pax(평화)'로 표현되었다).

문자 法의 본래 의미를 파악하기 위해서는 지금은 사라진 이전의 형태를 살펴보는 것이 도움이 된다. 현재 '삼수 변氵'에 '갈 거去'를 더한 간단한 형태가 쓰이지만, 이는 본래 글자 '灋'에서 복잡한 부분을 덜어낸 것이다. 사라진 부분은 바로 전설적 존재인 해태의 모습이다. 중국의 해태는 뾰족한 뿔을 가진 정의의 집행자였는데, 죄인을 알아볼 수 있는 신령한 능력이 있어 죄인을 뿔로 받아버렸다는 기록이 남아 있다. 법이라는 글자에 해태가 들어 있는 이유이다.

사실 法이라는 글자에 대해서는 너무나도 많은 연구가 있으며, 이 글자를 구성하는 '물 수'와 '갈 거'를 설명하기 위한 다양한 논의들이 있어왔다. 유명한 해석 둘만 간략히 살펴본다. 한 해석은 灋이 주기酒器와 관련된다고 보는데, 주기 안에 제주祭酒와 사람의 모습이 결합한 모습을 형상화한 것이 灋이라는 것이다. 灋이 제주와 희생 제물을 앞에 두고 막 제사를 지내려는 사람의 모습을 본뜬 글자라고 한다. 결국 제사와 같은 공동체의 주요 활동을 의미한다는 것이다. 그래서 제사에서의 행동을 모범으로 삼아 따를 것을 요구한다는 의미로 확대되었다고 한다. 또 다른 해석은 '물 수'가 금기 내지는 유배를 의미하며, 해태는 다름 아닌 중국 고대에 형벌을 제정했다는 전설상의 인물인 고요皐陶를 상징하며 군사와 사법을 관장하는 조직의 토템이라고 본다. 또한 문자 去의 옛 형태는 '弓(활 궁)'과 '矢(화살 시)' 두 글자가 등 돌리고 있는 모습을 형상화하며 이것이 재판의 증거절차를 뜻한다고 주장한다.

이 밖에 다른 주장들을 보더라도 法 자의 의미가 오늘날 통용되는 법과는 거리가 멀다는 것을 알 수 있다. 하지만 동아시아에 오늘날의 법에 대응하는 개념이 없었다고 볼 수는 없다. 어쩌면 '制(지을 제)'나 '律(법칙 률)' 혹은 '禮(예도 례)' 등의 여러 개념이 중첩적으로 이용되었을 것이다. 다만, 어느 것이나 개인의 재산이나 권리를 대상으로 하는 사적 분쟁의 해결을 위한 성격은 약했다. 동아시아의 법 개념도 사회의 구조나 분위기에 조건 지워지지 않을 수 없었던 것이다. 법을 대상으로 하는 학이 있었는지는 더욱더 회의적일 수밖에 없다.

로마인들에게 내려진 신들의 축복

─────── 그럼 다른 문명권들에 대비되는 평등 공동체 로마에 특수한 법의 실체는 무엇이었을까?

역사 초기에 ius는 사람이나 물건을 차지하려는 사력私力 행위가 정당함을 가리켰다. 그래서 기본적으로 권리를 의미했다. 물론 법이라는 의미도 당연히 포함되어 있었다. 초기에 로마인들의 법/권리를 '퀴리테스인들의 법/권리ius Quiritium'라 불렀다. '퀴리테스인Quirites'은 희랍 영향을 받기 전 초기 로마인의 명칭이다. 퀴리테스라는 명칭은 전쟁의 신이자 퀴리날리스 언덕에서 경배되던 퀴리누스 신에서 유래한다. 로마의 도시화 이전 쿼리테스인들의 여러 씨족 마을들gentes이 결합해 방어 공동체를 형성했다. 방어 공동체라는 아주 오래된 거주 형태 구조에서 ius의 단초를 인지할 수 있다. 초기에 평등한 상태로 로마의 땅에 들어와 정주하게 된 사람들에게 최초의 소유권은 선점 활동을 통해서라기보다 특정 집단에 개인들이 속했기 때문에 생겨난 것이다. 즉 거주자 각 개인은 확고한 법적 지위 내지 자격, 즉 권원을 부여받았다. 폭력으로 점철된 무법의 자연 상태를 벗어난 로마 거주자 각인은 법적 지위를 통해 분쟁 없이 유지되는 ius 질서 내에서 자신의 자유와 소유를 보장받았던 것이다. 이렇게 축복받은 각 개체는 자기에게 이익이 되는 배타적이고 특유한 것을 확보하려고 했고, 이에 부응해 도시국가의 법질서도 세워졌다.

요컨대 이런 자격부여적 성격을 볼 때, 법이란 격리된 개인으로부터 시작되었던 것이 아니고, 개인에게 확고한 법적 지위를 부여하고 보장해주는 인간들의 조직으로부터 시작되었다.

종교는 로마인들에게 생활의 불가결한 요소였다. 로마인들이 속했던 라티움족의 종교는 한마디로 조점관augur을 구심점으로 하는 천의天意 종교이다. 로마 민중은 신들의 은총venia deum을 원했던 것이다. venia(은총, 축복)란 인구조어印歐祖語에서 wenh₁- (원하다, 사랑하다. 욕구하다, 욕망하다)로 추정되는 단어에서 파생된 것으로 여겨진다. (인구조어는 인도-유럽 어족에 속하는 언어들의 근간이 된다고 여겨지는 언어이다.) 라틴어의 Venus, veneror, 더 나아가 영어 단어 wish와도 관련된다. 즉 venia deum은 신들이 원하는 바이다. 로마인들은 신들을 기쁘게 함으로써 그들의 은총을 받을 수 있다고 믿은 것이다. 우선 은총 받을 수 있는 가능성은 정주자 지위로 주어진다. 로마가 속하는 라티움 공동체에 정주자가 되어 구성원 지위를 취득하면 신들의 은총이 내려진다는 것이다. 다만, 그 은총은 조건부라서 인간들이 신들의 심기를 잘 살피고 거스르지 않아야만 받을 수 있다.

이때 조점관은 말하자면 하나의 탈것으로서 하늘과 인간세계의 통로 역할을 한다. 조점관이 좋은 징조를 확보한 후에야 나라의 모든 행사가 진행될 수 있었다. 조점관은 하늘의 신전templum을 지어 조점관의 막대기lituus로 그 신전에 경계를 그어 하늘에서 신성한 부분을 구분한다. 그래서 상서로운 부분fas과 불길한 부분nefas을 나누고 새들의 비행을 보며 징조가 좋은지 나쁜지를 판단했다. 더 나아가 지상의 질서도 하늘의 구획에 상응하도록 실현하는 것이 조점관의 업무로 여겨졌고, 이것이 토지경계획정의 배경이 되었다. 로마는 엄격한 절차의 준수를 불가결의 요소로 하는 종교 공동체였다.

'사케르 에스토sacer esto!'라는 고대 로마의 저주 형벌은 호모 사케르homo sacer가 되라는 의미이다. 호모 사케르란 바로 신의 평화pax deum을 깨뜨린 자로서 신들이 인간들에게 은총을 내리는 데 걸림돌이 된다. 응징을 받아야 할 것으로 신이 판단했기에 인간 사회의 종교적 처벌이 내려져야 하는 자이다. 구체적으로 경작지의 신성한 경계석을 옮기는 것, 부모에 대한 패륜적 폭력, 그리고 두호인patronus이 피보호자clients를 속여서 해하는 행위 등이 호모 사케르로 전락하게 되는 범죄들로 전해진다. 호모 사케르는 종교적으로 인간 공동체와 신들 간의 우호 관계를 깨뜨리는 존재이며, 이들은 사람이 직접 처벌하지는 못하고 공동체에서 배제할 수만 있었다.

하늘의 질서를 땅 위에서도

─────── 이러한 모델을 뒷받침하는 대표적인 제도가 토지경계획정limitatio 또는 백분획정centuriatio이다. 이는 로마의 독특한 토지경계획정법으로 고도의 종교적 색채를 띠었다. 토지경계획정으로 구획된 토지를 바탕으로 개별 가족의 소유권이 분배되었는데, 이는 단순한 측량을 통한 분배가 아니라 신들의 축복을 비는 엄격한 절차를 통해서 애초에는 신성한 업무로서 사제에 의해 행해졌다.

그런데 로마의 첫 번째 왕 로물루스와 그의 형제 레무스에 대한 전승에서도 레무스가 신성한 경계를 침범해 살해되었던 사실은 널리 알려져 있다. 그래서 로마는 레무스의 죽음 위에 세워졌다고도 한다. 형제의 이야기에서 무법의 세계가 극복되고 법의 세계에 진입했다는 사실이 상징적인 서사로 그려진다. 쌍둥이 로물루스와 레무스는 권력을 두고 다투었다. 하루는 새의 움직임으로 우위를 정하기로 했는데, 로물루스가 승리해 권력을 거머쥐었다. 레무스는 패했음에도 불구하고 승복하지 않고 승자인 로물루스가 건축 중인 로마의 성벽마저 무시했다. 로물루스는 레무스를 죽임으로써 결국

〈레무스를 주살하는 로물루스〉. 스위스의 판화가 마테우스 메리안의 동판화.

종교, 기술, 법 내지 제도의 모든 면에서 로마 국가의 토대를 놓은
것으로 평가된다.

　토지경계획정의 절차는 역시나 종교 의례였다. 먼저 토지를 100개
로 나누어 한 단위를 헤레디움heredium이라고 하고 그걸 또 반으로
나눈 것을 유게라iugera라고 불렀다. 유게라는 이후 로마의 기본적
인 토지 면적 단위가 된다. 그래서 100명의 사람들 혹은 100개의
가족들에게 1헤레디움(=2유게라)이 주어졌는데 1헤레디움은 0.5헥
타르, 즉 1500평 정도가 되니까 상당한 면적이다.

　우선 토지를 측량해야 하는데, 그 구체적인 과정은 다음과 같다.
우선 토지측량사gromaticus가 중앙점인 '배꼽umbilicus'을 정한다. 이후

태양이 뜨는 곳을 기준점으로 삼아 동서를 가르는 선인 데쿠마누스 막시무스decumanus maximus를 긋고, 남북을 가르는 축선인 카르도 막시무스cardo maximus를 긋는다. 이것이 토지경계획정의 **뼈대**가 되는 구획선이 되고 이후에는 이 두 축을 기준으로 더 작은 구획들이 나뉘게 된다. 이러한 토지경계획정 방법은 도시를 건설할 때뿐만 아니라 군대의 병영을 만들 때도 적용되었다.

로마에서는 신들이 축복을 조건 없이 주지는 않았기 때문에, 공동체 구성원들은 언제나 전전긍긍하면서 신들이 부여한 규칙들의 준수에 힘썼으며 신의 평화에 위반해 그들의 분노를 사지 않을까 두려워 떨었다. 로마인들은 결코 신들의 선량함을 믿지 않았던 것이다. 인간이 위반행위를 한 경우, 신들이 용서해 줄 것이라는 기대도 없었다. 로마의 신들은 강력한 데다 가차 없이 그 힘을 휘둘러 극히 위험한 존재였다. 로마인들이 전해준 자신들에 관한 이야기에서 신들을 두려워하지 않다가 멸망의 길을 간 사람들이 많이 등장하는 이유가 바로 그것이다. 특히 법정에서는 신성금sacramentum이 이용되기도 했고, 그 외에도 신에 대한 서약sponsio이 사용되었는데, 신성금을 건 재판에서 지거나 서약을 위반하는 것은 모두 신성모독으로 여겨졌다. 신이 준 은총의 기회를 걷어찬 인간의 오만은 중죄가 되어 가혹한 처벌이 뒤따랐다.

로마 소유권의 기원에 관해 19세기의 저명한 로마사가 몸젠은 로마의 토지는 크게 도시와 도시 밖의 경작지로 나눌 수 있는데, 경작지보다 도시에서 먼저 소유권이 발생했다고 보았다. 그는 특히

로마인들은 언제나 신들의 분노를 잠재우려, 달래려 노력했다. 희생제도 그 일환인데, 가장 성대한 희생제로 suovetaurilia가 있다. 희생제 명칭 안에 바쳐지는 희생 동물이 들어 있다. 'su-'는 돼지, 'ove-'는 양, 'taur-'는 황소를 각각 의미한다.

집의 일부인 정원(내지는 마당)에 주목했다. 몸젠은 정원은 울타리와 같은 경계를 본질적인 요소로 가지고 있다는 점에서 소유의 객체로서 인식되기가 쉬웠다고 보았다.

현재 몸젠의 고전적인 해석에 반론이 제기된 지는 오래다. 반론의 핵심적인 아이디어는 도시와 도시 밖을 나누는 경계는 곧 도시의 성역화라는 것이다. 그리하여 성스러운 땅인 도시는 개인의 소유권의 대상이 될 수 없기 때문에 도시보다는 도시 밖의 경작지에 대한 소유권이 먼저 발생했다고 주장한다. 이 견해는 소유권은 토지경계획정과 불가분적 관계인데 도시urbs에서는 결코 토지경계획정이 행해지지 않았다고 본다. 토지경계획정은 무엇보다 경작지에서 행해졌고, 그래서 로마 시민이 도시 안에서 거주하던 집은 공적이고 성스러운 영역인 도시의 지표 위에 말하자면 떠 있는 상태였다는 것이다. 몸젠의 해석은 로마의 왕이 도시에서도 제정행위를 통해 종교적인 권위 이상의 통치 권력을 행사했다고 보는 반면, 새로운 해석은 도시를 성스럽게 보는 전통적인 종교적 관습이 당시 로마인들에게 꾸준히 준수되었다는 점을 강조한다.

로마법, 형식적 합리성의 화신

──────── 법학을 보는 시각에도 본질론essentialism과 유명론nominalism의 대립이 있다. 본질론에서는 참된 법이 실재한다고 전제하며 그것의 탐구를 과제로 설정하는 반면, 유명론은 참된 법이 있지도 않고 필요하지도 않으며 법의 개념은 실용적·실정적으로 정해질 뿐이라고 본다. 유명론에서는 우선 확정적인 개념을 만들기 위해 의제擬制와 정의定義를 사용한다. 특히 의제에 의해 현실의 가상 세계는 법적으로 실재 세계가 된다. 유명론에 따르면 제정하는 것이 그대로 법이 되기 때문이다. 법으로서의 법의 토대를 이루기에는 본질론보다는 유명론이 더 적합하다는 말이다. 유명론은 형식적 합리성으로 이어진다.

막스 베버는 자본주의와 기독교의 관련성을 밝힌 경제사가로도, 일반 사회학자로도 이름 높지만 무엇보다 로마법에 정통한 사람이다. 베버는 합리성의 종류를 나누었다. 이론적 합리성, 실천적 합리성, 형식적 합리성, 실질적 합리성이 그것인데, 규칙으로서의 법은 형식적 합리성에 해당하며 목적에 부합하는 수단을 계산하는 것을 골자로 한다. 물론 이러한 형식적 합리성 아래서는 반드시 옳음이 보장되지 않는다는 점을 우리는 잘 알고 있다.

예를 들어 법에서 상용되고 있는 시효 제도를 살펴보자. 공동체 구성원들의 법감정에 따르면 살인죄를 저지른 사람은 얼마나 많은 시간이 흘렀든 죗값을 치러야 한다. 실질적 사고이다. 예컨대 "반인륜범죄에 시효는 없다"는 2차 대전 후 뉘른베르크 전범재판 이후 수립되고 아이히만 재판 등에서 적용된 원칙이다. 심지어 2021년 현재까지도 나치 전범들에 대한 추적과 기소와 재판은 계속되고 있다. 하지만 형식적 합리성에 따르면 목적과 수단을 고려해 규칙으로서 시효를 제정할 수 있다.

베버는 로마 이래 서양 법문명의 특이성 내지는 우월성을 여기에서 찾는다. 유럽은 로마의 유산이라 할 수 있는 형식적 합리성을 알게 되고 실천했다. 솔로몬은 아기의 어머니를 찾아준 훌륭한 재판관으로 보일지 모르지만 적어도 베버적인 형식적 합리성의 세계에선, 제대로 된 법률가는 아닌 것이다. 아기의 진짜 어머니를 찾는 좋은 결과를 이끌어냈지만 살아 있는 아기를 가르라는 해괴한 명령을 내렸기 때문이다. 베버의 형식적 합리성에서는 결과보다는 해결 절차를 지배하는 체계의 내적 정합성이 결정적이다.

물론 형식과 절차의 합리성을 추구하는 로마법의 역사에서도 가치나 필요, 특히 도덕적 가치 자체를 중시하는 흐름이 없었던 것은 아니다. 로마 법학의 대표적인 두 학파로 사비누스파Sabiniani와 프로쿨루스파Proculiani가 있었는데, 프로쿨루스파가 형식적 합리성을 강조하던 사람들이었다면, 사비누스파는 가치를 중시했던 사람들이었다. 이 두 로마 법학파의 대결 구도는 원리principle와 제도institution의 대결로 치환할 수 있다. 이들의 차이를 보여주는 한 예가 매매와 교환에 대한 해석이다. 매매는 물건과 금전을 맞바꾸는 것이고, 교환은 물건과 물건을 맞바꾸는 것이다. 매매든 교환이든 맞바꾸는 대상이 다르긴 하지만 근본적으로 동일한 행위라고 볼 수도 있다. 사비누스파는 매매와 유사한 의무를 창출하는 교환을 넓은 의미의 매매로 파악했다. 매매와 교환이 가치적으로 동등하기에 구분될 필요가 없다는 원리적 사고에 기반을 둔 것이다. 반면 프로쿨루스파는 목적에 따라 구분하고 규칙을 정하는 것을 추구하는 제도적 사고를 내세웠다. 이렇게 형식적 합리성을 중시하는 프로쿨루스파는, 법에 의해 또 언어에 의해 정해졌듯, 값을 금전으로 치르는 것만이 매매라는 입장을 견지했다. 프로쿨루스 학파가 승리하면서 21세기 대한민국 법전에서도 결국 형식적 규칙이 자리 잡고 있다.

그런데 근대 유럽에서 로마의 법정신을 이어받은 참된 후계자는 독일이다.

계몽주의가 주도 이념이었던 18세기 독일은 사회 전반에서 특히 소위 '이성을 통한 변화Wandel durch Vernunft'를 추구했다. 그 이성은 근대를 준비하는 전초이기도 했다. 진정한 시민사회가 존재하기 시작했고 귀족이 지배하는 사회는 붕괴되었다. 1806년 나폴레옹이

명줄을 끊자 영화롭던 신성로마제국은 종국적으로 소멸했다.

그러나 법의 영역에서는 로마의 영향력이 워낙 강고했다. 로마법과 같은 고등 문화가 정치체제의 교체로 쉬이 사라질 수는 없는 법이다. 정치적이고 이념적인 면에서는 새로운 시대에 진입했지만, 경제적이고 사회적인 생활은 로마에서 그 규율 방식을 배워올 수밖에 없었다. 그래서 몸젠을 포함한 많은 학자들이 로마 사회와 근대 유럽 사회가 계약과 자본의 시대라는 공통성을 보인다고 지적하기도 한다.

여하튼, 그러한 독일이 로마의 형식적 합리성의 정신을 계승해 법학을 독일식으로 크게 꽃피운 사실은 전혀 놀라울 것이 없다. 법학자들은 로마법에서 소재를 가져다가 가공해 고도의 추상적 규칙들을 만들어냈는데, 그 결과물은 독일의 영향하에 있던 지구의 다른 지역들에 전파되었으며 특히 멀리 일본과 한국에까지 전해졌다. 독일이 선배 국가들인 이탈리아, 프랑스, 네덜란드에서 발전·가공된 로마법을 받아들여 재가공해 우리에게 전해준 것이다. 로마는 명실상부 이역만리, 로마법이 수천 년의 시간마저 뛰어넘어 우리에게 이르는 그 경이로운 대장정에 성공한 사실은 기적이 아니면 무엇이랴!

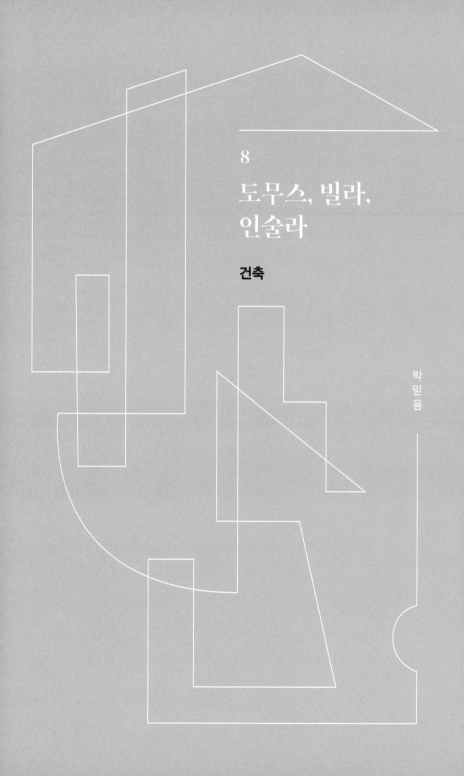

8

도무스, 빌라,
인술라

건축

박민음

집은 인간이나 짐승들이 다양한 외부의 환경으로부터 안전하게 거주하기 위해 지은 일종의 구조물을 의미한다. 또한 집은 좁은 의미로 인간이 사는 주택을 가리키기도 한다. 이러한 주택은 그 안의 구성원들에 따라 알맞은 공간을 구성하고 생활하기에 편리하고 능률적이며 생산적인 활동을 꾀한다. 집은 그에 알맞게 시설과 설비를 고루 갖추어 가며 발전하게 된다. 이러한 발전에 따라 외형뿐만 아니라 각각의 주택들이 갖는 사회적, 기능적 가치도 다양해지게 된다. 고대 로마의 주택 건축도 마찬가지로 발전의 과정을 거치면서 여러 유형으로 존재했다.

로마 시대의 주택 건축은 크게 도시주택과 전원주택으로 나눌 수 있다. 도시주택은 도무스라고 부르는 상류층의 저택과 상류층을 제외한 모든 주민이 거주하던 임대형 공동주택, 즉 인술라로 분류할 수 있다. 한편 전원주택은 단어에서 오는 선입견과는 달리 단순히 전원의 목가적 생활을 향유하기 위한 곳이 아닌 로마의 농업경제를 책임진 곳이기도 하다.

비트루비우스의 건축 이론

———— 아우구스투스 황제 시대에 활동한 건축가이자 카이사르를 따라 건축 기술자로 일했던 것으로 알려진 비트루비우스는 《건축에 관하여》라는 책을 저술해 아우구스투스 황제에게 헌정했다. 모두 10권으로 구성된 이 책은 고대의 건축서로 유일하게 전해지는 작품이며, 비트루비우스가 활동했던 당시 로마의 건축 기술과 토목 공학과 기계 기술을 비롯해 천문학과 군사시설을 아우르는 응용과학 교본이다. 비트루비우스는 자신의 저서에서 도시형 주택에 적합한 형식이 있고, 수확한 농작물을 저장해 놓아야 할 농촌 주택에는 도시형 주택과 다른 형식이 구현되어야 하며, 유복하고 호사스러운 사람에게는 또 다른 형식의 주택이 필요하다고 설명한다. 또한 중요한 지위를 차지하고 있는 사람들은 별도로 그에 맞는 형식으로 집을 지어야 한다고 덧붙여 설명한다. 비트루비우스의 주장을 한 줄로 요약하자면 주택은 그 집에 들어 사는 사람들의 계층에 맞게 지어져야 한다는 것이다. 또한 모든 건축물은 세 가지 조건을 충족시켜야 하는데, 그것은 견고성firmitas, 유용성utilitas, 아름다움venustas이라고 이야기한다. 그는 이 세 가지가 어느 한쪽으로 치우침 없이 똑같이 고려되어야 훌륭한 건축이라고 여겼다. 따라서 훌륭한 건축이란 기초를 견고하게 다지고 적절한 재료를 사용해 내구성을 좋게 하고, 건물을 알맞은 장소에 배치해 사용의 편리성을 높이고 각 부분이 제대로 된 방향을 향하게 해 유용성을 실현하며, 건물의

외관을 경쾌하고 보기 좋게 만들고 건물 각 부분의 크기와 위치 등
이 잘 맞아 대칭을 이루게 해 아름답다고 부를 만한 것이어야 한다.
물론 그의 이론은 매우 고전적인 형식미를 강조하는 경향은 있으나
실제로 로마 시대의 주택에서도 그의 이론을 어느 정도 찾아볼 수
있다.

비트루비우스는 자신의 저서에서 진흙으로 지은 초기 로마인의
집을 언급한다. 그는 아테네의 오래된 언덕 아레이오스 파고스에
있는 진흙으로 덮어 지은 집과 같은 형식으로 지어진 로물루스의
오두막이 남아 있는데, 오래된 관습에 따라 짚으로 지붕을 덮어 만
들었다고 전하고 있다. 가장 오래된 로마 시대의 주거 유적이 팔라
티움 언덕에 남아 있다. 초기 로마의 집은 비트루비우스가 언급했

던 것처럼 점토를 발라 만들고 갈대로 지붕을 덮은 타원형의 단순한 움막 형태였다. 시작은 보잘것없이 단순하고 조잡한 형태였으나 인류는 다양한 기술을 발전시켰고 마침내 균제와 비례를 갖춘 로마의 주택이 생겨났다고 비트루비우스는 덧붙여 설명한다. 아쉽게도 우리는 고대의 집들을 거의 온전한 모습으로 볼 수 있는 기회가 없었다. 늘 그러한 것은 아니지만 가끔은 역사적 문헌을 읽거나 고고학적 발굴지를 찾아가는 것보다 훨씬 더 도움이 되는 것은 시각적 효과를 극대화한 방송물이 아닐까 생각한다. 물론 부정적인 영향도 없지 않지만, 발굴된 유적을 머릿속에서 조합해 3D 영상을 스스로 합성해 내는 것보다 훨씬 더 효과적이다. 그러한 사례 중 하나로, 미국의 HBO와 영국의 BBC, 그리고 이탈리아의 RAI가 공동 제작해 2005년 방영한 TV 역사 드라마 〈로마Rome〉는 우리에게 고대 로마에 관한 많은 정보를 제공해주었다. 이 드라마는 기원전 1세기, 공화국의 몰락과 함께 카이사르와 아우구스투스 황제가 등장하고 로마 제국이 떠오르기 시작하던 시기의 내용을 담고 있다. 이 드라마는 TV용 제작물 중 가장 큰 비용을 들여 제작한 드라마로 손꼽히는데, 인물들의 관계와 역사적인 사건뿐 아니라 다채롭고 생생한 고대 로마의 파노라마는 마치 제작진이 타임머신을 타고 가서 직접 촬영해온 것과 같은 착각을 불러일으킨다. 실제로 복원한 집 벽의 프레스코와 바닥 모자이크, 광장의 달력이나 뒷골목의 더러운 거리 풍경부터 심지어 우리도 잘 알고 있는 로마 시대의 낙서까지 훌륭하게 묘사하고 있어 시청자들에게 큰 감동을 주었다. 특히 로마의 사회 계층들의 모습이나 사생활에서 노예와 주인의 관계나 종교 등 다양한 문화를 간접 체험할 수 있는 지금까지 없었던 매우 드문 경험이었다.

도무스

─────── 특히 이 드라마에서 빈번하게 묘사되는 게 저택에서의 상류층들의 삶이다. 이들이 먹고 마시고 잠을 자기도 하며, 정치를 하는 곳도 바로 집이다. 이 집을 바로 도무스라고 부른다. 라틴어 도무스domus를 사전에서 찾아보면 '집, 저택, 궁전' 등이라는 뜻이 있다. 이 중 특히 저택의 의미에 가깝다고 할 수 있는데, 이는 도무스가 일반적인 시민이 집이라기보다는 상류층이 주거하던 개인주택이기 때문이다. 또한 개인주택이면서 반드시 도시 안에 있어야 한다. 정리하자면 도무스는 로마의 상류층이 살던 도시형 개인주택이다.

고대 로마의 도무스를 묘사할 때 흔히 "요새처럼 굳게 닫힌 구조"라고 한다. 실제로 외부에서 보면 조금 답답해 보인다. 어디를 둘러보아도 높은 외벽으로 둘러쳐져 있고 창문은 거의 보이지 않는다. 설령 창문이 있다 하더라도 아주 작은 크기로 몇 개 나 있는 것이 전부이다. 이는 집 밖 거리로부터 들려오는 여러 가지 소음을 단절시키기에 좋은 구조이다. 출입문도 집의 규모에 비해 작다. 이 문으

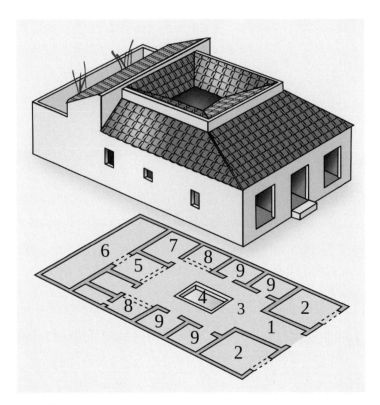

도무스 구조

1. 입구. 대문은 주로 나무로 만들었기 때문에 오늘날까지 남아 있지 않다. 대부분의 대문은 집의 규모에 비해 작고 매우 견고하며 외부 세계를 차단한다.
2. 상점.
3. 아트리움. 안뜰이라고도 부르는 큰 현관이다.
4. 빗물을 받기 위한 저수조.
5. 타블리눔. 집무실이다.
6. 부엌 정원.
7. 식당.
8. 로마인들이 날개라고 부르던 공간으로, 그 쓰임이 정확하게 알려지지 않았다.
9. 방.
©Tobias Langhammer,/Wikimedia Commons.

로 들어서면 비교적 커다란 마당과 같은 공간이 보이는데, 이곳을 아트리움atrium이라고 부른다. 아트리움은 로마 주택 구조에서 매우 중요한 역할을 하던 공간으로, 비트루비우스가 언급한 것처럼 그리스 건축 양식이 로마의 상류층 주택에 많은 영향을 미쳤지만, 이러한 구조는 기원전 5세기에서 6세기까지 뿌리를 찾아 거슬러 올라가보면, 오래전 이탈리아 땅에 거주하던 에트루리아인들의 전통이 로마에 그대로 이어진 것이다. 그리하여 기원전 3세기경에는 로마의 일반적인 주택 구조로 자리 잡게 된다. 정방형에 가깝게 뚫린 지붕으로 들어오는 빛은 아트리움을 중심으로 빙 둘러 있는 모든 방에 스민다. 1층의 작은 방들에 따로 창문을 내지 않아도 최소한의 조명이 가능한 것이다. 그렇기 때문에 도무스의 방들은 오늘날의 방과 비교해보면 무척 어두울 수밖에 없었다. 이 뚫린 지붕은 채광의 역할만 하는 것이 아니라 생활용수 공급의 기능도 하고 있다. 지붕에서 떨어지는 빗물이 뚫려 있는 지붕을 통해 집안 내부로 흘러들어오면, 가운데에 있는 장방형의 커다란 수조에 모인다. 이렇게 모인 빗물은 다시 지하의 저수조에 저장되는데, 로마인들은 이런 방법으로 물을 저장해놓고, 우물처럼 두레박으로 퍼 올려 사용했다. 수도시설이 잘 되어 있어 언제나 물을 공급받을 수 있는 오늘날과 달리, 고대에는 강우량이 불규칙한 지역이나 지하수가 충분하지 못한 곳이 많았고, 또 수도시설이 있다고 해도 물 공급이 항상 충분하지 않기 때문에 가정용수를 공급할 수 있는 자가 장치와 시설이 필요했다. 도무스는 부유한 사람들의 저택이므로 심미적인 측면도 적절히 고려해, 안뜰에 놓인 수조를 대리석과 갖가지 아름다운 것들로 장식하기도 했다. 심지어 작은 연못처럼 꾸미기도 했다. 저수조를 중심으로 복도를 사이에 두고 배치된 방들은 침실, 손님방, 사무실 또는 집무실, 식당, 거실이나 응접실이다. 그 방들 사이 구석진 부분에 부엌과 화장실이 함께 있는 경우도 있다. 부엌은 우리에게 잘 알려진 것처럼 화려한 식사를 담당하기에는 너무나 조야하고 열악한 환경이었다. 작은 공간 안에는 벽돌을 쌓아 만든 화덕이 있고, 그 위에 숯과 석쇠, 삼발이와 냄비나 솥이 있다. 그 밑에는 불을 때기 위한 장작이 쌓여 있다. 비어 있는 벽에는 팬이나 고기 꼬챙이, 저울 등이 걸려 있고, 그 아래쪽에 올리브기름이나 와인이 담겨 있는 암포라가 몇 병 세워져 있다. 그 밖의 조리 도구나 음식 재료들이 걸려 있는 정도가 로마 주택에 딸린 부엌의 일반적인 모습이다. 로마는 음식 문화가 발달했음에도 유독 부엌은 축소된 형태로 그대로 오랜 기간 유지되었던 것에 대해 학자들은 대부분 공통된 의견을 갖고 있다. 집 안에서 노예의 영역에 속해 있던 모든 공간이 그러했듯이 부엌도 주택의 주인이나 가족들로서는 그들과 상관없는 공간이었기에 효율적이고 편리하며 안락하게 작업할 수 있는 설비는 필요 없었다. 요즘 말로 그저 노예의 노동력을 '갈아 넣어' 일을 완성하면 되기 때문이었다.

처음 고고학이라는 학문을 통해 로마의 주택들을 접하고 공부하다 보면, 하나같이 건물의 1층에 관한 이야기만 할 뿐이라 사람들은 고대 로마의 주택이 단층 구조였다고 오해하기 쉽다. 이런 오해를 불러일으키는 가장 큰 이유는 유적 대부분이 위층은 없고 아래 층만 발굴되기 때문이다. 주택 건축의 연구는 상당 부분 폼페이와 주변의 유적을 통해서 이루어지는데, 아래층이 고스란히 남아 있다 하더라도 대부분 위층은 무너지면서 1층의 것들과 뒤섞인 상태로 존재하기 때문에 그것을 분류하기란 쉽지 않은 일이다. 정확히는 알 수 없으나 로마 시대 주택은 1~3층 구조로 지어졌을 것이다. 2층과 3층은 주로 가족의 구성원 중 여성과 노예들과 아이들의 공간이었거나 창고로 사용하는 방과 셋방이었다는 등 다양한 의견이 제시된 상태이다. 2층 구조로 된 집에서 1층은 남성들의 공간으로 간주되었는데, 로마 상류층의 주거공간은 공적이면서 정치적인 동시에 사적이면서 은밀한 공간이었다. 비트루비우스는 개인주택의 환경에 대해 다음과 같이 상세히 기술하고 있다. 주택을 지을 때는 거주하는 사람의 형편에 맞춰 각기 다른 구조의 집을 지어야 한다고 이야기한다. 경제적인 면에서나 사회적인 면에서 평범한 일반인은 규모 있는 집을 지을 필요가 없는데, 그 이유는 그들을 찾아오는 사람들이 없기 때문이라는 것이다. 반면 사회적 지위가 높고 나랏일을 보는 사람들과 경제적으로 부유한 사람들은 그에 맞는 규모의 집을 지어야 한다고 설명한다. 왜냐하면, 그들의 저택에 다양한 계층의 방문객들이 드나들기 때문이라는 것이다. 덧붙여 많은 방문객이 저택에 들어섰을 때의 시각적이고 심리적 효과를 극대화하기 위한 가장 중요한 요소로 비례와 균제의 아름다움을 강조한다. 왜냐하면 대칭과 비례가 조화로우면 외부인이 집에 들왔을 때 미적 구

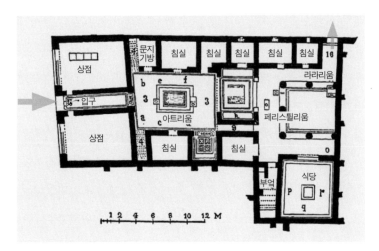

비극 시인의 집 평면도, 폼페이. 침실로 표기한 곳은 다른 용도의 방으로 사용되었을 수도 있다. ©August Mau.

성에 의구심을 품지 않기 때문이다. 대부분의 인간은 한정된 정보로 대상을 평가할 때 그 대상의 첫인상을 매우 중요하게 생각한다. 로마인들은 주택도 마찬가지라고 여겼던 것으로 보인다. 외부인이 주택에 들어오기 위한 첫 '관문'은 아트리움이었다. 비트루비우스에 따르면 주택의 얼굴에 해당하는 아트리움을 조화롭게 설치하고, 그것을 기준점으로 삼아 다른 방들의 배치와 규모를 정한다는 것이다. 따라서 아트리움의 모양과 규모에 따라 그 집의 규모를 짐작할 수 있으며, 많은 로마의 저택들이 직선을 강조하고 대칭을 이루며 반듯한 외형을 갖고 있었으며, 모든 방에는 공간적인 환영을 극대화하는 그림들로 채색되어 있었고, 바닥은 정교한 모자이크로 장식되어 있었다.

비트루비우스가 기술한 주택의 정의와 구조 및 기능과 더불어 고고학적으로 발견된 유적을 통해 로마의 저택은 그 시대의 공공미술이 그러했듯이 건축적이면서 조형적인 일종의 선전물과 같은 효과를 지향하고 있었다는 사실을 알 수 있다. 1층은 또다시 사적인 곳과 공적인 곳으로 나누어지기도 한다. 주택의 출입문을 들어서면서부터 방문객들이 잠시 대기하는 공간으로도 사용된 아트리움과 접견 장소인 집무실 또는 사무실이 대표적인 공적인 공간이었다. 여기서 우리말로 집무실 또는 사무실로 번역되는 이 공간을 라틴어로는 타블리눔tablinum이라고 부른다. 원래 이 방은 타불라tabula, 즉 책, 장부, 공문서, 편지 따위를 보관하던 방으로 사용되던 곳으로, 로마 주택의 공적인 공간 중 실무가 이루어지는 공간이었다. 다시 말해서, 우리식으로 표현하자면 가족의 수장인 가부pater familias가 재택근무를 하는 사무실의 기능을 하는 방이었고, 또 그곳에서 방문객들과 정치적 업무나 사업 및 후원과 관련된 일들을 논의하던 곳이다. 타블리눔은 보통 아트리움과 직선상에 있어, 방문객이 아트리움에서 대기하다가 바로 이 방으로 바로 들어갈 수 있다. 집의 규모가 작을 경우에는 아트리움과 타블리눔 사이에 막힌 벽이 없이 뚫려 있는 구조로 되어 있어 필요에 따라 커튼이나 칸막이로 가릴 수 있도록 했다. '아트리움 | 타블리눔 | 다른 공간'의 구조라고 본다면, 타블리눔을 가운데에 두고, 서로 다른 공간이 대칭으로 놓여 있다. 아트리움이 있는 쪽이 아닌 그 반대쪽도 벽이 없이 열려 있는 구조일 경우도 있었다. 그쪽으로는 주로 뒤에 언급할 페리스틸리움

이 자리 잡고 있어 아름다운 경관 속에서 업무에 임할 수 있게 되어 있기도 했다.

규모가 큰 저택의 경우에는 여러 개의 식당이나 정원을 두고 사적 용도와 공적 용도로 나누어 사용하기도 했던 것으로 보인다. 이렇듯 성격과 기능에 따라 구획을 나누어 놓았던 로마의 주택은 평면도상에서 보았을 때, 비트루비우스가 제시한 주택 건축의 구조에 따르면 아트리움을 그 중심축에 놓고 입구를 시작으로 일직선으로 연결되며 그 주변에 위치한 다른 구역들은 대칭을 이루고 있다. 또한 아트리움과 마주 보고 있는 타블리눔 너머의 내부로 이어지는 공간은 사적 공간으로 사용되는 경우가 많았다고 이해하면 편하다. 그러나 언제나 그렇듯 모든 로마의 주택에 동일하게 규칙이 적용되는 것은 아니다. 앞서 언급했듯이 상류층이라 하더라도 건물 부지의 형태나 위치 또는 재정 여건에 따라 다양한 규모로 지을 수밖에 없었기 때문에 생기는 차이점에 대해서 미리 염두에 두어야 할 것이다. 그러나 로마의 전통적인 주택과 주거 문화에서 기원전 3세기 말까지 이탈리아반도에서 아트리움은 독보적인 특별한 가치를 가진 요소였음은 분명하다.

그러다가 기원전 2세기경인 공화정 말기에는 페리스틸리움 peristylium이 그리스로부터 유입되면서 로마 주택에서 공적 기능을 갖는 공간이 확장되게 된다. 페리스틸리움은 장방형의 공간으로 그 가장자리에 기둥을 빙 둘러 세운 열린 정원이다. 어찌 보면 아트리움과 비슷한 구조와 양식을 갖고 있는 것으로 보이지만, 자연 친화적인 공간이라는 점에서 큰 차이가 있다. 특히 인공적인 공간 내부와 대조적인 자연은 위락 공간으로서의 그리고 목가적인 장소의 기능도 겸하고 있었다. 그러한 관점에서 페리스틸리움 양식의 정원은 나중에 유럽의 모든 공원과 궁전 정원의 핵심이 되는 요소로 작용하게 된다. 여러 개의 페리스틸리움이 있는 규모가 큰 저택도 있었다. 페리스틸리움은 기능과 효과가 여러 가지로 많은 건축 요소였다. 그늘진 통로로 사용되는 기둥이 있는 홀을 통해 그 주변에 빙둘러 위치한 방들에 접근할 수 있다. 기둥 위치에 의한 개방성은 페리스틸리움 정원의 전망을 즐길 수 있는 안뜰에 인접한 식당에서 다양한 전망을 즐길 수도 있었다. 기둥이 있는 홀과 안뜰 구역은 종종 오늘날의 갤러리처럼 조각들이 늘어서 있어 아름다움을 극대화했으며 그 주변을 따라 심어놓은 관상용 식물을 사이로 산책도 즐길 수 있었다.

주택의 규모가 큰 경우에는 타블리눔 너머에 아름다운 정원이 있고 그 뒤쪽 집의 가장 끝부분에 또 다른 정원이 있는데, 그곳에서는 관상용 식물을 가꾸기도 했지만, 향신료 작물이나 향초와 채소를 기르기도 했다. 그러나 아쉽게도 공화정 말기의 이러한 아름다운 주택 구조는 시간이 지남에 따라 서서히 달라지기 시작한다. 4세기경부터는 주택에서 아트리움이 사라지는 현상이 눈에 띈다. 이미 트라야누스 황제 시대부터 공간 부족의 문제로 골치를 앓고 있던 대도시는 결국 오랜 로마의 전통 주택 양식을 포기하고 새로운 형태로 발전하게 된다.

그 밖에 침실, 식당(사실 식당 또한 로마의 주택 문화에서 중요한 의미를 갖지만, 이번 글에서는 생략하려고 한다), 욕실 등은 초대받은 사람들을 제외하면 들어올 수 없는 사적인 공간이었다. 그런데 발굴된 주택의 구조를 정리하다 보면, 의문이 드는 점이 있다. 욕실이나 세면실은 물론이고 목욕탕 같은 시설은 대저택을 제외하면 일반 주택에서는 찾아보기 어려운 공간이다. 변소도 마찬가지다. 규모가 있는 저택이라 하더라도 변소는 최대 하나였으며, 오늘날 우리의 관점에서 더욱 경악스러운 것은 변소가 부엌에 딸려 있었다는 사실이다. 요리하고 있는 노예들과 눈빛을 주고받으며 볼일을 보고 있는 나 자신을 상상해 보라. 그러나 한편으로는 변소가 부엌과 공존하게 된 이유는 하수와 오물 처리라는 실용적인 측면에서 생각해 볼 때, 부엌에서 나오는 쓰레기와 하수를 변소의 오물과 함께 처리하는 것이 간단했을 것이므로 어느 정도 납득할 수 있는 상황이다. 여기에 덧붙여 주택 구조에서 특이한 부분이 있는데, 바로 상업시설이다.

고대 로마의 개인주택 도무스에 관해 살펴보았다. 문헌적 사료나 고고학적 사료가 충분치 않은 상황에서 도무스는 어떻다 하고 단순하게 규정짓기는 어렵지만, 도무스는 상류층이 주거하던 도시형 개인주택으로, 우리가 생각했던 것보다 훨씬 협소한 형태였지만 그 안에서 갖가지 공간과 설비를 갖춘 채 공적인 업무를 겸비하며 동시에 사적인 공간으로, 또 임대수익을 낼 수 있는 복합 기능의 정치적이고 문화적이면서 경제적인 시설의 역할도 했다고 특징지을 수 있다.

인술라

─────── 아주 흥미롭게도 오늘날의 다층으로 구성된 공동주택은 현대의 발명이 아니다. 2000년 전 또는 그보다 이전에 이미 로마 전역에 다층 구조의 공동주택이 존재했다. 그것이 바로 인술라이다. 라틴어 인술라insula는 원래 섬이라는 뜻이 있지만 로마 시대의 특정한 주거용 건물을 의미하기도 한다. 일반적으로 인술라는 직사각형 형태의 연립주택 또는 오늘날 유럽의 오랜된 아파트와 비슷하게 생긴 다층 건물이었으며, 구성적으로는 우리의 주상복합건물과 비슷했다. 또한 인술라는 도무스와 상반되는 도시형 주거 건물이라고 할 수 있다. 그러나 로마인들이 이 건물을 왜 인술라라고 불렀는지에 대해서는 정확하게 알려진 바가 없다. 또한 단순히 이렇게 생긴 건물만을 인술라라고 불렀는지 아니면, 공동주택이 모여 있는 지역을 통틀어 인술라라고 불렀는지, 또는 토지 자체를 그렇게 불렀는지에 대해서는 정확하게 알 수 없다. 왜냐하면 고대 로마에서는 오늘날과 달리 분야를 막론하고 용어가 명확하게 정립되어 있지 않은 경우가 많았기 때문이다. 그러나 이 글에서 인술라는 '공동주택'을 지칭하는 용어로만 사용하고자 한다.

인술라에 거주하는 계층이 모두 그런 것은 아니었지만, 대부분 하급 사회계층의 사람들이 거주했다. 오늘날에 비유하자면 이른바 다주택 소유자이자 건물주였던 키케로는 인술라 소유주나 상업적 목적으로 임대한 사람들이 자신의 인술라에 사는 것보다 더 나은 주거지를 선호하는 것은 너무나 정상적인 일이라고 언급한 바 있다. 이 이야기는 당시 사람들이 인술라를 어떻게 인식하고 있었으며 그곳의 생활환경을 미루어 짐작할 수 있는 대목이다.

기원후 2세기에서 4세기 사이에 수도 로마에만 4만 6000채가 넘는 인술라가 있었다고 한다. 주민등록부라던가 정확한 인구조사 정보와 같은 관련 문서나 다른 출처가 전해지지 않기 때문에 수도 로마에 있는 인술라 한 채의 평균 거주자 수는 알려진 바가 없다. 그러나 대략 한 건물당 거주자가 30~40명이라고 잡았을 때, 인술라 인구만 무려 130~180만 명이나 된다. 놀라운 숫자가 아닐 수 없다. 더욱 놀라운 사실은 비슷한 시기에 도무스는 겨우 1800채가 되지 않았다는 것이다. 이러한 불균형한 현상은 인구가 도시로 급속히 유입되면서 생긴 현상일 것이다. 특히 로마에서 이런 현상이 두드러졌다. 해외에서 거둬들인 이익으로 도시는 성장하고 있었지만, 주거공간의 확보는 그 속도를 따라가지 못했다. 한정된 토지에 많은 사람이 살 수 있는 집을 지어야 하니 건물이 높아지는 것은 필연이었을 것이다. 더불어 부를 축적하게 된 상류층들은 오늘날과 마찬가지로 건축 붐에 힘입어 임대수익을 내기 위한 하나의 좋은 투자로 너도 나도 앞다투어 인술라를 짓기 시작했다.

인술라는 여러 층에 여러 가구가 함께 사는 구조이다. 보통 6~7층 높이였던 것으로 보이고, 1층에는 테르모폴리움 같은 상업시설이 들어서 있었다. 테르모폴리움은 따뜻한 음식을 먹을 수 있는 간이 음식점이다. 인술라의 2층부터는 주거공간으로, 케나쿨룸cenaculum

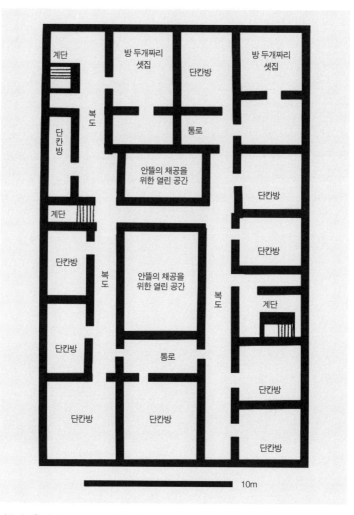

이 그림에는 다음과 같은 텍스트가 포함되어 있다:

계단

방 두개짜리
셋집

단칸방

방 두개짜리
셋집

복도

통로

단칸방

단칸방

안뜰의 채공을
위한 열린 공간

계단

단칸방

단칸방

복도

안뜰의 채공을
위한 열린 공간

복도

계단

단칸방

통로

단칸방

단칸방

단칸방

단칸방

10m

인술라 2층 평면도, 오스티아. ©박밑음.

이라고 부른다. 공화정 말기에 활동했던 박식가 마르쿠스 테렌티우스 바로에 따르면, 케나쿨룸은 원래 식사하는 작은 방이라는 뜻으로 주택의 위층 방을 일컫는 용어로 노예들의 숙소나 계층이 낮은 손님들의 숙소로 사용되었으며, 때에 따라서는 세를 놓기도 했던 곳이다. 또 가난한 사람들이 사는 집을 뜻하는 용어로 사용되었다고 하니 인술라의 주거인들이 어떠한 사회적 경제적 위치에 있었는지 짐작할 수 있다. 인술라는 2층부터 주거공간인데, 오늘날의 아파트 구조와 매우 흡사한 방 구조로 구성되어 있다. 대부분의 로마 시대 인술라는 파괴되어 정확한 구조를 알기 어렵지만, 다행스럽게도 2층의 구조를 눈으로 직접 확인할 수 있는 유적이 오스티아에 남아 있다. 인술라의 2층은 비교적 안락하다. 발굴된 유적 중에는 많지는 않지만, 발코니가 있으며, 접견실과 거실, 침실, 식당 등 여러 개의 방과 수도시설과 화장실이 구비되어 있는 곳도 있다. 방 하나가 30제곱미터(m^2)를 넘는 것도 발견되었다. 발코니가 있는 점으로 금방 알 수 있듯이 거의 모든 인술라는 커다란 창이 나 있는 방이 많았다. 흥미롭게도 로마 최고 상류층이 거주하는 도무스는 채광을 최소화했기 때문에 거주자들이 대부분 어둠 속에서 생활해야만 하는 폐쇄적인 구조였지만, 고대 아파트 2층의 거주자들은 날씨가 궂은 날이 아니라면 일 년 내내 밝은 빛을 받을 수 있는 개방적인 공간에서 생활했다는 점이 인상적이다. 그러나 넓은 창문은 건물의 위로 갈수록 작아지고 방의 크기도 함께 작아졌으며, 구비된 시설도 열악해지고 집세도 저렴했다. 앞서 잠깐 언급했듯이 로마 시대의 모든 인술라의 2층에 적용할 수 있는 결과라고 하기에는 문제가 있지만, 일반적으로 낮은 층으로 갈수록 안락한 주거환경에 맞게 높은 임대료를 지불해야 했고, 높은 층으로 갈수록 한 가구당 좁은 생활공간과 열악한 시설을 갖추고 있었으며 낮은 층에 비해 저렴한 임대료를 지불했던 것에는 변함이 없다. 그렇긴 해도 도시의 특성에 따라 인구 밀집 지역에서는 공간 부족으로 인해 임대료가 매우 비쌌기 때문에 그렇지 않은 지역보다 상대적으로 더 열악한 환경에서 생활할 수밖에 없었을 것으로 보인다. 또한 같은 건물 내부에서도 사회적 차별화가 더욱 크게 드러났을 것으로 보인다. 방이 1개에서 2개인 셋집은 특히 오늘날의 생활 편의성과 비교해 보았을 때, 상당히 비참한 수준의 시설을 갖추고 있었다. 수도시설이나 화장실은 말할 것도 없고 욕실과 유리창은 물론 난방시설 또한 갖추고 있지 않았다. 급수시설은 2층까지의 특권이자 저소득층에게는 감당할 수 없는 최고의 호사였다. 인술라에는 물을 배달해 주는 일을 하는 사람들이 존재했으나, 사실 이것도 고층 세입자들에게는 감당하기 힘든 사치였다. 그렇기 때문에 높은 층의 비좁은 공간에서 사는 사람들은 자는 것을 제외한 먹고 마시거나 배설하고 씻는 인간의 기본 욕구를 충족시키기 위해서 밖으로 나가야만 했다. 주점이나 간이음식점에서 식사해야 했고, 건물 안뜰에 공동 우물이 없다면 마실 물을 긷기 위해 공용 분수까지 가야 했으며, 몸을 씻기 위해서는 목욕탕에 가야 했다. 다시 말해서 당시 로마의 서민들은 거의 모든 일을 밖에서 해결할 수밖에 없었다.

그렇기 때문에 특히 공중변소는 사람들이 많이 모이는 곳에 있었다. 로마법은 건물 밖으로 배설물을 내버리는 행위를 금지하고 있었으므로 인술라가 밀집된 지역에는 더욱 필요했을 것이다. 기다란 벤치처럼 생긴 곳에 일정한 간격으로 구멍이 뚫려 있다. 사람들은 그 구멍에 맞춰 앉아서 볼일을 보면, 아래로 흐르는 물을 따라 하수도로 흘러 들어가게 되어 있었다. 그런데 이 공중변소는 칸막이 없어 아무 생각 없이 보면 공공장소에 놓여 있는 쉼터에 잠시 앉아 옆 사람과 담소를 나누는 것처럼 보일지도 모르겠다. 게다가 사생활 보장이 전혀 안 되는 것도 모자라 더욱더 충격적인 사실은 용변 후 사용하는 이른바 '세척봉'이 일회용 또는 개인 전용이 아닌 공용이라는 점이다. 이 세척봉은 그리스에서 들어온 것으로 보이는데, 나무 막대기 끝에 해면을 부착해 만든 것으로, 변소 중앙에 설치된 수조나 물 단지에 그것을 담가놓고 사용했다. 이 막대기는 사용 후 변소 바닥에 설치된 수로의 흐르는 물에 흔들어 닦게 되어 있었다.

로마의 풍자시인 마르티알리스가 공중변소에 구비된 세척봉의 운명을 이렇게 풍자하고 있다. "그는 알고 있다, 영벌을 선고받은 막대기 끝의 비참한 해면을."

로마의 공중변소는 앞서 언급한 바와 같이 우리가 경악을 금치 못할 특징만 갖고 있는 것이 아니라 한편으로는 기술적으로 놀랍고도 다른 한편으로는 익숙한 면도 있었다. 그것은 바로 난방시설이다. 수도 로마에는 바닥난방이 가능한 곳도 있었다. 주로 겨울철에 난방 장치가 작동되었는데, 우리의 온돌과 비슷한 방법으로 공간을 데웠다. 어떤 면에서는 사회 계층에 상관없이 모두가 평등해지는 유일한 장소가 바로 이 공중변소가 아니었을까 생각해 본다. 로마 시민이라면 누구나 인간의 기본적인 욕구 중 하나인 배설을 이렇게 처리했다. 또한 도시 곳곳에 설치되어 있던 공중변소는 대부분 유료 시설이었다. 오늘날 유럽 여행에서 흔히 볼 수 있는 유료 화장실은 이미 로마 시대부터 존재했던 것이다. 사실 공공시설로서 공중변소를 설치했다는 점부터 현대적인 개념이 아닐 수 없다. 하수처리 시설만으로도 감탄할 만한 기술인데, 환경에 따라 난방시설까지 갖추고 있었으니, 로마의 공중변소에 대해 우리가 갖고 있는 끔찍한 인상이 조금은 달라질 수 있을지도 모르겠다.

인술라를 짓는 데 사용되는 재료는 주로 고고학적 유적과 비트루비우스의 저서를 기반으로 재구성할 수 있다. 목재는 인술라 건설에 가장 중요한 자재였다. 이와 관련해 비트루비우스는 다양한 종류의 목재가 갖는 장단점을 설명하면서, 다른 목재에 비해 가벼우면서 하중을 버틸 수 있는 힘이 좋고 단단하므로 전나무가 인술라 건축에 가장 적합하다고 언급한다. 그뿐 아니라 암석과 콘크리트를 적절하게 사용해야 하며, 벽돌은 건조 벽돌과 소성 벽돌을 구분해서 사용해야 한다고도 말한다. 특히 건조 벽돌은 봄이나 가을에 만들어 안팎으로 최대한 고르게 말려야 한다고 강조한다. 왜냐하면 여름에는 바깥쪽이 너무 빨리 단단해지는 것에 반해 내부는 습기를 머금고 있는 상태가 유지되면서, 벽돌의 안쪽이 천천히 건조되어 시간이 지남에 따라 벽돌 전체가 갈라지고 완전히 부서질 수 있기 때문이다. 그러나 겨울에는 습도가 높은 날씨로 인해 벽돌이 정상적으로 건조될 수 있다는 것이다. 따라서 온전한 건조 벽돌이 완성되기까지 최소 2년이 걸린다고 이야기한다. 그러나 수도 로마와 같은 곳에서는 이러한 원칙들이 종종 무시되곤 했기 때문에 인술라와 같은 대규모 단위의 공동주택은 여러 가지 문제점을 갖고 있었다. 덧붙여 설명하자면 건조 벽돌을 사용해 건물을 지을 때는 구운 벽돌을 사용할 때보다 벽체가 두꺼워야 하중을 버틸 수 있으나, 비용을 줄이기 위해 덜 말린 벽돌을 사용하면서 얇은 벽체를 세우면 건물이 붕괴할 확률이 높아진다. 실제로 로마에서 덜 말린 벽돌로 지은 건물이 홍수로 무너진 사례가 있었다고 한다. 이에 아우구스투스 황제는 주거 건물의 높이가 70페스를 넘지 않도록 법으로 제정하기도 했다. 이는 약 20.7미터 정도로 오늘날의 7층 건물에 해당하는 높이다. 그러나 이러한 엄격한 규정이 존재했다고 하더라도 언제나 그렇듯, 시대 불문하고 법을 어기는 사람들은 어디에나 있기 마련이었다. 특히 로마에는 무허가 증축과 부실 공사로 지어진 건물들이 매우 많았다. 적은 자금으로 높은 이익을 창출하려고 하는 사람들의 부실 공사로 인해 붕괴 위험에 노출된 건물들도 많았다. 이런 곳은 대부분 1층과 2층에만 벽돌과 콘크리트를 사용했고, 그 위층부터는 저렴한 건축 자재를 사용해 건물을 지었다. 앞서 언급했듯이 빠르게 성장하는 도시의 한정된 공간은 고질적인 주택난을 야기시킨다. 집을 구하는 사람들이 늘어나게 되면서 인술라에는 더욱더 많은 방이 필요하게 되었다. 업자들은 공간을 절약하기 위해 가능한 한 얇은 벽을 세웠고, 위로 올라갈수록 바닥이나 천장은 합판 같은 목재를 사용했다. 아주 심각한 경우에는 심지어 지붕에 나무 상자를 덧대어 방을 만들기도 했다. 이런 방식으로 지어진 건물은 붕괴의 위험뿐만 아니라, 좁디좁은 도로를 사이에 두고 촘촘하게 밀집된 건물들로 인해 도시 전체를 파괴할 만한 화재에 노출되기도 했다. 실제로 네로 황제의 통치 기간인 기원후 64년에는 로마에 끔찍한 대화재가 있었다. 그 이후 로마는 새로운 도시계획 아래 재건되었으며, 새로운 법률이 제정된다. 네로 황제는 건물의 최대 높이를 이전의 70페스(약 20.7미터)에서 60페스(약 17.76미터)로 낮춘다. 화재가 번지는 것을 방지하기 위해 가장 먼저 길을 넓히고 건물과 건물 사이의 간격도 최소 10페스(약 2.96미터)로 제한한다. 인술라에 대한 새로운 규정도 생겨난다. 건물과 건물이 서로 인접한 곳에는 화재 시 구조대가 안전하게 이동할 수 있도록 판판한 지붕이 덮인 긴 회랑을 만들도록 했다. 그러나 이러한 노력에도 상황은 부분적으로 개선되었을 뿐, 미로처럼 복잡한 건물들이 다시 세워졌다.

앞서 살펴보았듯이 인술라는 로마인들의 대부분이 생활했던 곳이다. 아주 극소수만을 제외한 많은 사람이 좁고 열악한 주거공간 안에서만 머물며 생활하기란 불가능했다. TV에서 방영하는 드라마나 다큐멘터리 속 로마의 거리에 사람들이 늘 붐비고 정신없이 보였던 이유가 있었던 것이다. 실제로 잠을 자고 잠시 쉬는 정도인 최소한의 기능만을 갖고 있던 로마식 집들은 사람들을 거리로 나가도록 유도했다. 어찌하여 먹고 마시고 만나며 씻고 배설하는 로마

인들의 거의 모든 삶이 밖에서 이루어졌는지에 관한 궁금증의 대답
은 인술라가 쥐고 있었다.

빌라

빌라 루스티카

고대 세계에서는 인구 절반 이상이 농촌과 농업경제 분야에 종사했
음은 이미 잘 알려진 사실이다. 로마는 자유농민들로 구성된 작은
도시국가였다. 자유농민들은 일시적으로 생업에서 떠나 정치나 전
쟁에 참여하기도 했다. 기원전 3세기 말까지만 하더라도 자급 농업
에 의존하는 소규모 농장 농업이 주를 이루었으나, 정복 사업을 통
해 로마인들이 획득한 새로운 땅을 다양한 크기로 나누어 농부들
에게 임대하거나 식민지를 건설하기 시작하면서, 시간이 지남에 따
라 불법적인 상속과 양도 등 다양한 원인에 의해 국유지의 사유화
가 이루어지게 되는데, 이러한 현상으로 농업경제에 조금씩 변화가
일어나게 된다. 그러나 공화정 시기에도 마찬가지로 농업은 여전히
로마 사회의 일반적인 경제의 기반이었다. 다시 말해서 로마 시대
의 경제생활은 어떤 측면에서는 굉장히 원시적인 형태를 가지고 있
었으며, 로마의 사회적 지위는 기본적으로 토지에 그 뿌리를 두고
있었다. 따라서 로마 상류층의 번영은 관리자와 임차인이 관리하는
광대한 농업 단지에 크게 의존하고 있었을 수밖에 없었다. 로마 상

율리아 펠릭스의 집, 폼페이. 채광과 빗물을 모으기 위해 지붕 중앙에 장방형으로 뚫어놓은 모습이 보인다. ©Marisa Manieri Panetta.

류층의 지위는 토지 소유권에 의해 규정되었는데, 특히 그 중심에 빌라가 있었다. 그럼에도 사회적, 정치적 중심지는 도시였으며, 특히 수도 로마가 그러했다. 고고학에서 사용하는 '빌라'라는 용어는 원래 도시 경계 밖에 있는 농장과 농장을 운영하기 위한 건물이라는 뜻을 포함한다.

빌라 루스티카의 구조

로마의 농장이나 그것을 포함한 부동산을 빌라 또는 빌라 루스티카 villa rustica라고 부른다. 이 용어는 오늘날처럼 특별히 위엄 있는 특정 거주지를 의미하는 것이 아니라 농장 전체, 농장, 주거용 건물이 있는 부동산, 헛간, 공급 창고, 마차 및 장비 창고, 축사 및 마구간과 외양간과 같은 여러 형태의 농장 건물을 의미한다. 이러한 다양한 기능과 크기를 가진 부속 건물들이 어떻게 흩어져 자리 잡고 있는지에 따라 농장의 풍경은 물론이고 마을의 풍경 또한 달랐다. 경제적 측면에서 빌라는 시장에 판매하고 이윤을 창출하기 위해 합리적인 방법과 노동력을 사용하는 일종의 사업체와 같았다. 빌라 경제는 도시와 작은 마을의 비농업 종사자들과 국경 지역의 군대에 기본적인 식료품과 원자재를 공급하는 역할도 수행했다.

이렇듯 빌라 루스티카는 농사와 목축을 경제활동의 기반으로 삼고 있었기에, 농장주가 머무는 주요 건물과 여러 가지 다양한 보조 건물로 구성되어 있으며, 보통 이 모든 건물은 벽이나 나무들로 둘러싸인 안뜰에 있다. 대-카토가 저술한 《데 아그리 쿨투라》에 따르면 밀과 다른 알곡들을 비롯해 콩과 같은 협과, 순무 같은 채소나 올리브와 포도 같은 과실수도 경작했다. 포도로 와인을 생산했고, 올리브 열매로 기름을 짜기도 했다. 특히 이탈리아 본토에서는 무엇보다도 와인과 올리브 경작이 중요했다는 사실을, 고고학적 발굴을 통해서도 알 수 있다. 과일과 채소는 대도시 주변에서 재배해 유통하기 쉽도록 했다. 목축업도 성행했는데, 돼지, 양, 염소가 인기 좋은 가축이었다.

규모가 큰 농장은 담으로 둘러싸여 있는 뜰 안에 농장주와 가족들이 머물기 위한 저택과 여러 용도의 별채가 들어 있다. 이런 대농장은 단순히 농가라고 부르기에는 그 규모가 매우 크고 기능 또한 다양한 복합 주택의 성격을 갖고 있었다. 가축을 기르는 축사와 양계장을 비롯해 수레를 끌고 대형 분쇄기를 돌리는 일을 할 소나 말을 위한 외양간과 마구간, 먹이를 저장하기 위한 헛간, 구성원들의 쾌적하고 위생적인 생활을 위한 목욕시설을 갖추고 있기도 했으며, 수로와 우물 같은 상수도시설과 오수처리를 위한 하수도시설 또한 설치되어 있었다. 그해의 농사나 사업이 번창하고 농장의 일원들이 무탈하도록 집이나 가족의 수호신에게 기원할 수 있는 신당도 일종의 중요한 농장시설의 한 부분으로 농장의 필수 시설 중 하나였다. 올리브나 포도를 재배해 기름과 와인을 생산하는 농장의 경우 착즙실과 착유실, 그리고 생산된 기름과 와인을 저장할 수 있는 저장마당을 보유하고 있었다. 이런 크고 작은 모든 농장 일을 맡아 하던 노예들이 생활할 수 있는 침실은 물론, 지역적으로는 속박노예들이 달아나지 못하도록 밤 동안 가두어놓는 노예수용소, 다치거나 병든 노예들이 쉬거나 치료받을 수 있는 치료실까지 갖추고 있었다. 그밖에도 곡물창고, 제빵소, 헛간, 과일 저장고, 훈연실, 타작마당, 수레와 같은 탈것을 넣어 두는 곳, 나쁜 날씨에 작물을 보호할 수 있도록 넣어 두는 보관 창고까지 설치된 농장도 있었다. 그러나 이러한 여러 종류의 농장시설을 모두 갖추고 있는 갖추고 있기는 불가능하다. 그렇다면 '로마식 빌라'의 전형적인 특징은 무엇일까? 일반적으로 로마 시대의 빌라라고 하면 이탈리아반도에 있던 것을 모범으로 생각할지도 모르겠다. 그러나 이탈리아반도 안에 지어진 빌라와 다른 속주의 빌라와는 약간의 차이가 있다. 그 이유에는 여러 요인이 작용했겠지만, 특히 지역적 건축 전통과, 완전히 다른 문화적, 경제적 맥락에서 그 역할과 형식이 달라질 수밖에 없다. 예를 들면, 저장시설과 통합적으로 사용되는 다용도실이나 창고가 뜰 안쪽에 모여 있는 폐쇄형 단지 형태라든가, 주거공간과 욕실, 노예 숙소 및 상업 공간 등 다양한 구획을 보여주는 이탈리아반도 남부의 빌라를 들 수 있다. 특히 남쪽 해안가에 위치한 빌라에는 착유기와 착즙기, 양식장, 대형 새장이나 야생짐승 우리 등의 흔적이 있는데, 이러한 시설은 주민을 위한 기본 생계를 위한 공급 목적이 아닌, 재정적으로 강력한 투자의 개념으로 고가의 특수 작물을 재배해 돈을 벌기 위해 지어졌을 것이다. 반면 알프스 북부의 빌라는 농장주부터 성격을 달리했다. 그들은 종종 군 복무를 마치고 은퇴한 사람들로서 그 지방의 기반시설 역할을 담당할 목적으로 농장을 운영했다. 인근 마을과 수비대에게 기본 생필품을 공급하는 역할을 했다. 특히 로마 군대가 주둔하고 있던 국경 지역에 빌라 루스티카의 유적이 많이 발굴되는 것으로 설명될 수 있다. 대표적인 곳으로 카르눈툼과 같은 도시를 들 수 있다.

빌라의 운영 방식은 크게 두 가지로 나눌 수 있다. 농장 전체를 농장주가 직접 관리하거나 농장주의 신뢰를 얻은 감독노예가 위임

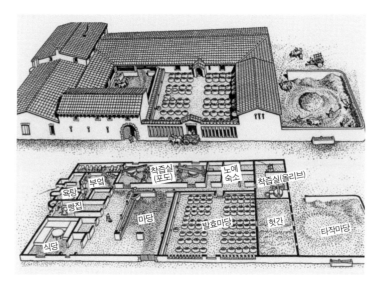

빌라 루스티카, 보스코레알레. ©cambridge.org.

을 받아 관리했다. 대부분 농장주는 다른 먼 대도시에서 생활하면서, 중요한 일이 있으면 방문했고, 거의 모든 농장 일은 감독노예가 관리하는 것이 일반적인 운영 방식이었다. 규모가 큰 대농장일 경우에는 지역을 나누어 자유농들에게 임대하기도 했다.

생산품은 빌라 루스티카의 경제적 규모, 위치 및 토양과 기후 등에 따라 달랐다. 앞서 잠시 언급했듯이 게르마니아와 이탈리아반도 또는 북아프리카 지역에서는 동일한 품목을 경작하거나 사육하고 생산해낼 수 없었다. 올리브와 포도는 이탈리아반도에서 생산했으며, 보리나 호밀 같은 곡물은 게르마니아에서, 무화과와 대추야자 같은 과일은 북아프리카 지역에서 생산되었다. 기후와 환경 조건이

다르면 경제 형태도 달라질 수밖에 없었던 것이다.

또 다른 예로 폼페이 인근의 보스코레알레에서 거의 완전하게 발굴된 빌라 루스티카가 있다. 이 농장은 소규모 농장으로 농장주가 멀리 떨어진 다른 도시에서 거주하며 소작인이나 대리인에게 농장 일을 맡기지 않고, 직접적으로 운영한 사례로 보인다. 농장 건물은 포도밭으로 둘러싸여 있으며, 농장 내에서 발견된 설비나 용품들은 거의 모두 와인 생산과 관련된 것으로 보아 와인 제조를 본업으로 삼았던 것으로 보인다. 와인 생산 규모로 보았을 때, 인근 시장에 내다 팔고 남은 수익으로 빠듯하게 생계를 유지할 정도의 수준이었다. 이처럼 다양한 사례들로 인해 빌라 루스티카를 간단하게 규정 짓고 정의하기는 어렵다.

어찌 되었든 빌라 루스티카에서 이루어지는 작업은 한 해의 주기에 따라 움직여야만 하는 고된 노동이었다. 경작지는 여러 번에 걸쳐 갈아엎어야 했는데, 작은 농장이라 할지라도 한 쌍의 소가 끄는 쟁기가 최소 몇 개는 필요로 했다. 씨앗을 뿌린 후 또다시 쟁기질을 해야 했고 정원을 파고 시기에 맞춰 채소를 심어야 했다. 또한, 가축을 몰고 초지로 나가거나 농장 울타리 안의 가금류를 돌보고, 꿀을 얻기 위해 벌들도 번식시켜야 했다. 수확 철은 특히 더 노동 집약적이어서 삯꾼이 없이는 농장 일을 실행할 수 없었을 것이다. 타작한 곡식은 저장하고 나머지 껍질은 따로 갈아 보존제로 사용하기도 하고, 동물의 젖으로 치즈를 만들어야 했다. 신선한 생산품은 빠른 시일 내에 시장에 내다 팔아야 했고, 농장에서 소모할 것들은 상하지 않도록 저장하는 것도 필요했다. 그뿐 아니라 가축들의 사료용 꼴과 초목들을 키워야 했으며, 겨울을 나기 위한 모든 준비와 농장 내 시설과 장비들을 관리하고 농장 구성원들이 입을 옷이나 가구들도 만들고 돌봐야만 했다.

앞서 잠깐 언급했듯이 로마의 경제는 기본적으로 토지에 그 뿌리를 두고 있으며, 자급자족을 중심으로 경제생활이 이루어졌다고 본다. 물론 이 부분에 대해서 많은 학자들 사이에 논쟁이 지속되고 있지만, 대부분의 거대한 토지를 소유하고 있던 상류층은 상업 활동을 긍정적이지 않은 시각으로 바라보았다는 의견이 지배적이었기 때문이다. 로마의 농업은 노동 집약적이었으며, 앞서 언급한 빌라 루스티카에 갖추어진 여러 시설에 부합하는 훌륭하고 잘 관리된 도구의 중요성은 이미 고대의 농업 관련 저술과 발굴된 유물을 통해서 알 수 있다. 포도즙이나 기름을 짜기 위해 제작한 기술적으로 정교한 착즙시설은 그 이전보다 훨씬 더 강화된 성능으로 작업의 능률을 향상시켰다. 그러나 결국 결과적으로는 지배계층이었던 대부분의 농장주는 그들이 경작하던 농산물의 생산성을 향상하기 위한 노력이나 수확한 농산물을 수익성 있게 관리하는 일에는 특별한 관심이 없었던 것으로 보인다. 지배계층에 속한 빌라 소유주들은 빌라를 투자 대상으로 보았을 뿐이고, 빌라에서 생산하는 산물 중에 특별히 수익성이 높은 산물을 관리하는 정도로 최소한의 관심을 가졌을 뿐이다.

빌라 우르바나

기원전 2세기 초반부터 빌라에 조금씩 변화가 생기기 시작하는데, 로마의 고위 정치인들과 상류층들은 그들이 소유한 거대한 부동산에 호화로운 빌라를 짓기 시작했다. 이러한 유형의 빌라는 오로지 경제적인 목적으로 지어진 빌라 루스티카와 달리 도시의 안락함을 갖춘 이른바 교외의 '별장 주택'이었다. 이것을 빌라 우르바나villa urbana라고 부른다. 이는 로마에서 정적들의 비난을 받은 귀족들이 수도 로마를 떠나 자신의 별장으로 도피하는 경우가 생기면서 유행하기 시작했던 것으로 보인다. 빌라 우르바나는 로마 귀족이 행해야 하는 공공의 의무와 거리가 먼 정치적 피난처의 기능을 한 것이다. 이것은 그리스 헬레니즘적 생활방식의 영향이기도 했다. 기원전 2세기 말에 접어들면서 임시 휴가 때 머물기 위한 빌라는 점점 더 로마 상류층 문화의 필수적인 부분으로 자리 잡게 된다. 이때부터 빌라 우르바나는 시골의 호화로운 별장이 되어, 초기 제국 시대에 이르러 전성기를 맞이한다. 풍광이 수려한 곳에 호화 별장을 여러 채 갖고 있었던 역사적 인물로는 바로와 루쿨루스가 있다. 특히 루쿨루스는 바닷가 절벽 아래 동굴을 이용해 인공 양식장을 만든 최초의 인물로도 잘 알려져 있다.

키케로도 폼페이에 빌라를 마련해 정치적인 이유로 수도 로마를 벗어날 필요가 있을 때 일종의 도피처로 활용했다. 네로의 두 번째 아내 포파이아도 폼페이 인근에 빌라를 소유하고 있었던 것으로 보인다. 그 밖에도 폼페이나 그 주변의 도시에도 다른 많은 상류층이

빌라 데이 파피리의 모습을 복원해서 만든 게티 빌라의 페리스틸리움 풍경. ©Bobak Ha'Eri/
Wikimedia Commons.

나 귀족들이 빌라를 갖고 있었을 것으로 추정된다.

별장과 그곳에서의 호화 연회는 사치의 표상이기도 해 정적들의
비난을 받기도 했지만, 정치의 장인 동시에 로마 귀족에게는 없어
서는 안 될 지위의 상징이기도 했다. 빌라 우르바나는 빌라 루스티
카와 달리 소유자의 부와 사회적 지위 및 취향을 그대로 반영한 매
우 사적인 건축물이므로 특별히 구조적 제약을 받지 않았다. 그렇
기 때문에 빌라 우르바나는 도시의 건축물과 달리 고정된 양식이
나 유형이 거의 없었으나, 저택은 도시 주택인 도무스와 크게 다르
지 않은 구조로 되어 있었다. 하지만 건물 부지 선택에 있어 다양한

미적 요소와 기후적인 요소는 중요했다. 예를 들면, 높은 곳에 있어 아름다운 경관을 내려다볼 수 있는 전망 좋은 곳이나, 추운 겨울에 따뜻하게 지낼 수 있도록 온천수가 흐르는 곳 같은 특수한 환경을 소유주들은 선호했다. 이러한 환경 조건에 맞춰 빌라의 구조도 달라지게 되었다. 또한 환경적인 특수성뿐 아니라 빌라 우르바나가 별장 주택이라는 점에서 건물 구조상 특히 페리스틸리움은 필수 요소로 인기가 있었던 것으로 보인다. 앞서 이미 언급했듯이 기원전 2세기경 그리스 헬레니즘 건축에서 영향을 받은 페리스틸리움은 초기 고급 별장 주택 건축에서 가장 중요한 건축 요소 중 하나가 되었다. 기둥으로 둘러싸인 아름다운 정원은 기본적으로 그리스식 건축을 모범으로 삼고 있지만, 다른 한편으로는 그리스 정원 조경에서는 찾아볼 수 없는 특징이 있다. 직선으로 식물을 심은 형태를 통해 축선을 강조한 다음 그곳에 들어선 사람이 원근법적 투시 효과를 느낄 수 있도록 계획하거나, 방향에 따라 철저하게 직선으로 구획된 규칙성이나 기하학적인 공간 구성은 매우 로마적이라고 할 수 있다. 페리스틸리움 양식의 근원적 뿌리를 정확하게 규정짓기에는 아직 연구가 부족하지만, 최근 들어 이러한 특성은 에트루리아의 영향이라는 새로운 의견이 제시되고 있다. 그 한 예로 헤르쿨라네움에 있는 빌라 데이 파피리를 들 수 있는데, 로스앤젤레스에 있는 게티 빌라가 바로 이 빌라를 모델로 삼아 지은 건물이다.

또 다른 예로 폼페이에서 발견된 옥타비우스 콰르티오의 집이 있다. 이 집은 매우 독특한 정원이 특징이다. 정원의 면적은 집의 몇

배에 이른다. 집의 정원에는 길이로 쭉 뻗은 테라스가 있는데 그 위에는 포도나무 잎으로 덮여 있고, 그 밑으로 물이 흐르는 수로가 있다. 그 끝에는 2인용 야외 식사용 소파가 놓여 있다. 수로는 전체 정원을 관통하고 있으면서 그 중앙에는 물이 있고 양쪽 가장자리로 지붕이 있는 산책로가 뻗어 있다. 정원의 나머지 공간에는 포도나무, 과실수들이 심어 있다. 장식용 수로, 꽃과 나무 사이의 산책로 등은 별장 정원의 특징이다. 별장 정원은 상대적으로 주택의 기능은 축소하고 장식적 특성과 생산적 특성을 결합한 구조이다. 빌라 루스티카의 전문적 생산성을 이 별장 정원에서 떠올릴지도 모르겠다. 관상용 정원에 포도나무 같은 과실수를 심어 장식적 측면과 농업적 측면을 결합했다는 뜻이다. 그러나 좋게 말해 그렇고 이 정원은 사실 안목 없는 소유주가 화려하고 규모가 큰 별장 주택의 정원을 제대로 모방하지 못해 실패한 공간이라는 것이 고고학자들의 평가이다.

오늘날을 살아가고 있는 사람들 대부분은 집이 주택 소유자 또는 거주자의 취향이나 개성을 반영한다고 여기지, 그 집이 그곳에 사는 이들의 정체성을 드러낸다고 생각지는 않을 것이다. 이 글 맨 처음에 언급했듯이 오늘날의 집은 함께 사는 사람들의 매우 사적인 비공개 공간이다. 현대 주택은 주택의 소유자나 거주자의 부유한 정도나 사회적 위치를 나타낼 수 있을지는 모르지만, 로마의 주택과는 달리 통상적으로 공적인 생활의 기능을 하지 않는다. 물론 최근 코로나-19의 영향으로 재택근무를 하는 경우가 더러 있기 때문에 공적인 업무가 완전히 배제된 곳이라고 주장하기에는 무리가 있어 보인다. 어찌 되었든 서구화된 현대 주택은 공공생활을 벗어날 수 있는 일종의 휴식처이자 피난처의 역할을 하고 있다. 한편 고대 로마의 공공 임대주택 단지 주변에 제공되었던 여가 선용과 사교를 위한 다양한 공공장소는 오늘날 우리에게 익숙한 현대적인 풍경이기도 하다. 그러나 로마의 원로든 속주의 총독이든 이런 지배계층은 자신들의 주택에서조차 후원자로서, 교육자로서, 또는 성직자로서 공적인 삶을 살아가면서, 집을 찾아오는 방문객의 관리와 동시에 가정의 의무까지 책임져야만 했다. 따라서 도무스, 즉 집이란 가정사와 공공의 역사를 함께 만들어가는 장소의 기능을 하고 있었다. 로마 지배층의 거의 모든 의식이 주로 집에서 이루어졌으며 로마라는 존재 자체를 이루었다고 말해도 과언이 아닐 것이다. 마찬가지로 빌라 또는 빌라 루스티카를 단순히 농장 경영을 위한 농장 주택으로 바라보지 않고, 가정의 가장으로서, 가장은 자녀와 아내 및 노예를 포함한 그 집을 이루는 모든 구성원들의 수장으로서 사제로서 대표되는 가부pater familias가 이끄는 하나의 운영체제로 그 안을 들여다 본다면, 도무스와 빌라도 로마인들이 시민으로서의 삶을 영위하는 커다란 전체의 일부가 아닐까 생각해 본다. 이러한 관점으로 인술라도 연구되어야 하지 않을까.

로마 제국이라는 지리적으로 광범위한 영토에 존재했던 모든 주택 건축을 몇 가지 보편적인 개념과 유형으로 설명하기에는 사실

무리가 있다. 도무스와 농장주택 또는 별장 사이의 관계는 도시와 국가의 관계만큼이나 중요하다고 생각하지만, 이 글에 소개한 내용과 매한가지로, 많은 연구자가 지금까지 이 부분에 관해 간과한 점들이 있는 것 같다. 빌라는 우리말 '별장'이라는 용어가 주는 선입견처럼 도무스에 대한 부차적인 공간이라고만 말할 수 없다. 이는 아마도 오늘날까지 전해 오는 많은 문헌적 사료, 특히 문학에 나타나는 일탈의 안식처 이미지가 빌라에 대한 고정된 인상으로 우리에게 강하게 각인되었기 때문이었을지도 모른다. 새로운 발굴 작업과 다양한 많은 연구가 나와 조금 더 이야깃거리가 풍성해지기를 바라면서, 정리하자면 로마인의 집은 그 집 자체가 그 안에 살고 있는 이들을 투영하고 있다. 따라서 로마의 집은 그 집이 로마 제국 어디에 위치하든, 그 자체로 로마인의 정체성을 대변한다고 말할 수 있다.

또한 이러한 로마의 유형 중에 특히 빌라와 인술라는 지금까지도 서양 세계와 어느 정도는 우리에게도 영향력을 행사하고 있다. 로마의 빌라는 시간이 지남에 따라 여러 형태로 변형되고 발전되면서 이탈리아반도를 거쳐 유럽 전역으로 퍼지게 된다. 빌라의 형태는 경제적 구조와 사회적 구조 두 가지 요인에 큰 영향을 받으며, 후에 특히 고전주의, 18세기와 19세기에 전반적으로 중요한 건축물로 자리 잡게 된다. 이는 그 당시 서구 세계에서 영향력 있던 자본가 계급뿐 아니라 대지주의 주택과 식민지 통치자의 별장에도 영향을 미친다. 또한 후에 로마 제국에서도 그랬던 것처럼 빌라는 18세기 말 도시 근교에 영구적으로 거주할 수 있는 시골 별장의 대명사가 된다.

이것이 지금까지 우리가 빌라라는 용어에서 받는 첫인상의 원인일지도 모르겠다.

인술라는 어쩌면 도무스나 빌라보다 한층 우리의 삶에 더 가까이 있다. 언젠가 신문에 실린 기사에 의하면 국내 아파트를 포함한 공동주택 거주자가 70%를 훨씬 웃도는 것으로 집계된 바 있다. 앞서 언급한 바와 같이 기원후 2세기에서 4세기 사이에 수도 로마에만 4만 6000채가 넘는 인술라에 130만 명 정도의 인구가 살고 있었다고 하니, 표면적으로 보자면 마치 오늘날 현대의 도시생활과 별반 다를 것 없다. 또한 인술라 거주자들은 도무스나 빌라에 거주하던 이들과 조금 다른 삶을 살았다. 그들의 거의 모든 삶은 그것이 자유시간이건 일하는 시간이건 인술라 밖에서 이루어졌다고도 말할 수 있다. 어떤 측면에서는 우리에게 너무나 일상적으로 다가오는 고대 로마의 인술라 거주자들의 삶, 그렇게 많은 도시의 인구가 이와 같은 생활을 했다면, 로마 시민들의 삶이라는 영역에서 반드시 인술라는 지금보다 훨씬 큰 비중으로 다루어져야 한다고 생각한다. 그러기 위해서는 이 분야의 관심과 연구가 활발히 이루어져 앞으로 다양하고 멋진 결실을 맺기를 고대해 본다.

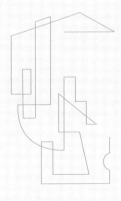

김헌

서울대학교 인문학연구원 교수, 정암학당 연구원. 서울대학교 불어교육과를 졸업하고 프랑스 스트라스부르대학교에서 아리스토텔레스의 시학과 수사학 연구로 박사학위를 받았다. 지은 책으로 《신화와 축제의 땅 그리스 문명 기행》, 《질문의 시간》, 《천년의 수업》, 《인문학의 뿌리를 읽다》, 《무엇이 좋은 삶인가》(공저) 등이, 옮긴 책으로 《'어떤 철학'의 변명》, 《그리스 지도자들에게 고함》, 《두 정치연설가의 생애》 등이 있다. 〈차이나는 클라스〉 등 다수의 TV 프로그램에 출연했다.

김기영

정암학당 전임연구원. 서울대학교와 연세대학교에서 가르친다. 연세대학교 철학과를 졸업하고 독일 베를린자유대학교에서 소포클레스의 양분 구성 드라마 연구로 박사학위를 받았다. 지은 책으로 《그리스 비극의 영웅세계》, 《신화에서 비극으로: 아이스퀼로스의 오레스테이아 삼부작》, 《신화의 숲에서 리더의 길을 묻다》(공저), 《문명의 교류와 충돌》(공저) 등이, 옮긴 책으로 《오레스테이아 3부작》, 《오이디푸스 왕 외》 등이 있다.

이윤철

충남대학교 철학과 교수, 정암학당 연구원. 충북대학교 철학과를 졸업하고 영국 더럼대학교에서 프로타고라스의 단편들을 중심으로 한 고대 객관주의와 상대주의 연구로 박사학위를 받았다. 옮긴 책으로 《그리스 사상》, 《최초의 민주주의: 오래된 이상과 도전》 등이, 연구 논문으로 〈「이중논변」: 퓌론주의의 원형적 가능성〉, 〈From Ignorance to Knowledge: An Interpretation of the Peri Theōn Fragment〉, 〈고르기아스의 진리 개념: 「헬레네 찬가」를 중심으로〉 등이 있다.

최자영

한국외대 겸임교수, 전 부산외대 교수. 그리스 국가장학생으로 이와니나대학교에서 그리스사 연구로 박사학위를, 다시 이와니나대학교에서 의학 박사학위를 받았다. 지은 책으로 《고대 그리스 법제사》, 《거짓말 공화국 대한민국》, 《시민과 정부간 무기의 평등》, 《고대 아테네 정치제도사》, 《서양고대사강의》(공저) 등이, 옮긴 책으로 《헬레니카》, 《리시아스 변론집 1, 2》, 《고대 그리스정치사 사료: 아리스토텔레스, 크세노폰 외》(공역) 등이 있다.

김경현

고려대학교 명예교수(사학과). 고려대학교에서 로마사 연구로 박사학위를 받았다. 고대 그리스와 로마의 사학사와 로마 공화정 후기부터 제정 초기에 걸친 로마의 제국화를 연구해왔다. 지은 책으로 《콘스탄티누스 황제와 기독교》, 《서양의 가족과 성》(공저), 《역사 상의 제국들》(공저), 《서양고대사강의》(공저) 등이, 옮긴 책으로 《헬레니즘 세계》, 《고대 그리스사》, 《타키투스의 역사》(공역) 등이 있다.

김남우

정암학당 연구원. 연세대학교와 KAIST에서 가르친다. 연세대학교 철학과를 졸업하고 독일 마인츠대학교에서 로마 서정시를 공부하고 서울대학교에서 호라티우스의 서정시 연구로 박사학위를 받았다. 지은 책으로 《페스티나 렌테》, 《파불라 도케트: 희랍 로마 신화로 배우는 고전 라티움어》 등이, 옮긴 책으로 《파이데이아 1》, 《아이네이스 1, 2》, 《호라티우스 시학》, 《몸젠의 로마사 1~5》(공역), 《설득의 정치》(공역) 등이 있다.

성중모

서울시립대학교 법학전문대학원 교수, 정암학당 연구원. 서울대학교를 졸업하고 독일 본대학교에서 민법상 첨부에 의한 손해보상청구권의 학설사적 연구로 박사학위를 받았다. 옮긴 책으로 《몸젠의 로마사 1~5》(공역), 《개설 서양법제사》(공역), 《설득의 정치》(공역) 등이 있고, 《유스티니아누스 법학제요》와 아리스토텔레스의 《아테나이 국제》를 번역하고 있다.

박믿음

인천대학교 조형연구소 수석연구원, 정암학당 연구원. 인천대학교에서 가르치며 국민 대학교 미술학과 박사 과정에 재학 중이다. 독일 에얼랑엔-뉘른베르크대학교에서 미술 사, 고전고고학, 고대사를 공부하고 학사와 석사학위를 받았고, 한국에 돌아와 갤러리를 운영했다. 옮긴 책으로 《좋은 음식에 관한 책: 현존하는 가장 오래된 독일어 요리 교본》, 《데 레 코퀴나리아: 로마요리에 대하여》 등이 있고, 대-카토의 《데 아그리 쿨투라》를 번역하고 있다.

나는 시민이다

그리스와 로마에서 만나는 최초의 시민들

1판 1쇄 찍음 2021년 12월 23일
1판 1쇄 펴냄 2021년 12월 31일

지은이   김헌 김기영 이윤철 최자영 김경현 김남우 성중모 박믿음
펴낸이   김정호

편집   손태현 이형준
디자인   정계수 박애영

펴낸곳   아카넷
출판등록   2000년 1월 24일(제406-2000-000012호)
주소   10881 경기도 파주시 회동길 445-3 2층
전화   031-955-9504(편집) · 031-955-9514(주문)
팩스   031-955-9519
홈페이지   www.acanet.co.kr | www.phildam.net
블로그   blog.naver.com/acanet2001
페이스북   facebook.com/acanet2015

ⓒ 김헌 김기영 이윤철 최자영 김경현 김남우 성중모 박믿음, 2021
Printed in Paju, Korea.

ISBN 978-89-5733-779-0 03920